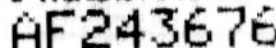

GENEALOGIE
de la maison
Des S.rs DE LARBOVR
DICTS DE COMBAVLD
sortie autrefois
PVISNEE DE L'ANCIENNE
RACE DE BOVRBON
non Royalle

Par M.re Pierre D'Hozier, s.r de la
Garde, chlr de l'ordre du Roy, l'un des
cent gentilshommes de l'ancienne
Bande de sa maison l'un des Heraulds
d'armes de sa Ma.te et gentilhomme
de la suitte de Monseigneur le Duc
D'Orleans.

A PARIS
Chez Mathurin henault,
rue Clopin, devant le
petit Nauarre
M.DC.XXIX

GENEALOGIE ET ALLIANCES

DE LA MAISON DES SIEVRS DE LARBOVR, DITS DEPVIS DE COMBAVLD,

fortie autresfois puifnée de la premiere race de Bourbon non Royalle, dés deuant l'an mil deux cens : En apres renduë aifnée d'icelle par la cheute en femmes des deux branches aifnées : Et auiourd'huy par l'extinction de toutes les autres, feule reftée de la ligne mafculine.

IVSTIFIEE PAR HISTOIRES MANVSCRITES & imprimées, Chartres d'Eglifes, Titres publics & particuliers, & par autres bonnes & certaines preuues dont la plufpart eft enoncée dans l'Arreft de la Cour des Aydes de Paris, donné auec legitime contradicteur, pour la confirmation & maintenuë de la Nobleffe de cette famille, inférée en la feconde partie du liure.

Par le fieur D'HOZIER, Cheualier de l'Ordre du Roy, Seigneur de la Garde, &c.

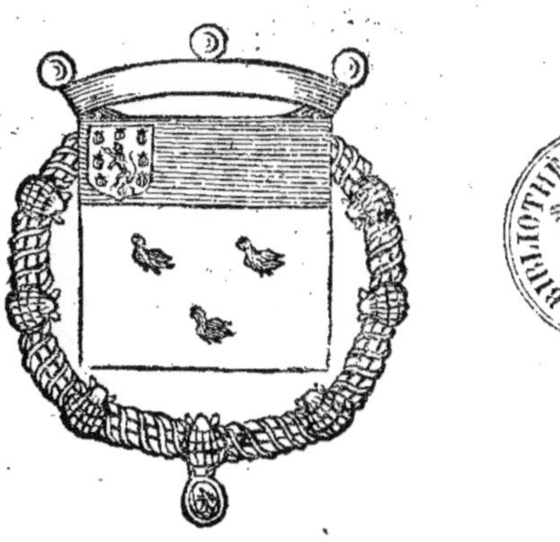

A PARIS,

Chez MATHVRIN HENAVLT, ruë Clopin, deuant le petit Nauarre.

M. DC. XXIX.

A MESSIRE

CHARLES

DE COMBAVLD,

SEIGNEVR DE FERCOVRT, &c.

CHEVALIER DE L'ORDRE

du Roy.

ONSIEVR,

Ie ne mets point ce Liure en lumiere, pour tirer vanité de mon trauail, ou pour rendre plus illuſtres des actions qui le ſont aſſez d'elles-meſmes : Leur eſclat monſtre bien qu'elles ne peuuent paſſer à la poſterité auec plus de gloire, que leur en donne le merite de ces grands courages qui les ont faites. Mais ie deſire en propoſer l'imitation à ceux qui en ſont capables : afin que des diuers exemples de toutes ſortes de vertus, dont ils verront vn ſi grand nombre en vn ſi petit ouurage, ils choiſiſſent pour reigle de leur vie, celles qui ſont les plus eminentes, & qu'ils eſtimeront eſtre plus propres à former l'idée d'vn homme de bien. Car de meſme qu'vn habille Peintre tire ce qu'il trouue de plus beau, de mieux formé, & de plus hardy, dans les originaux des excellens Maiſtres, pour en l'appliquant aux ſujets de ſes tableaux, rendre ſes pieces plus accomplies, ainſi eſt il neceſſaire que celuy que celuy qui veut profiter de la lecture des bons

ã

Liures, confidere tout à loifir ce qu'ils enfeignent de l'origine, du progrez,
& de la fin des grandes & loüables entreprifes, & qu'il ne foit pas moins
curieux de remarquer iufques aux moindres circonftances, que conftant à
rechercher l'induftrie d'obliger le public par d'auffi glorieux effets de fidéli-
té & de courage : autrement il faudroit dire que les plus doctes hommes
qui ont efté en tous les fiecles, faifoient en vain de fi grands efforts, pour
confacrer à l'immortalité les rares preceptes d'honneur & de vertu qu'ils
nous ont laiffez, & que c'eft auec vne pareille perte de temps que les ames
bien nées fe plaifent à repaffer fouuent de fi bonnes chofes par leur memoire ; Certes, la honte qu'il y auroit à fouftenir vne opinion fi ridicule &
fi dangereufe, eft vne honorable approbation du deffein des bons autheurs,
& qui doit bien piquer le cœur de ceux qui les cheriffent, d'vne gene-
reufe enuie de fuiure leurs confeils, & de compofer leur vie de toutes les
beautez particulieres, qu'ils ont admirées en celles des grands perfonnages qui nous ont precedé ; & à vray dire, ce meflange de leurs vertus
auec nos bonnes inclinations, eft comme la liaifon & la foudure d'vne vie
parfaite : vie qui d'autant plus qu'elle aura de rapport & de conformité auec
les bonnes qualitez des Anciens, & qui d'autant plus, qu'en les voulant
imiter, elle nous laiffera d'exemples de toutes les perfections que l'on remarque feparément en eux, d'autant plus auffi fera-elle eftimee accomplie, &
tenuë pour vn chef-d'œuure que la vertu veut donner aux races futures,
afin de les rendre paffionnees de fa beauté. La façon (Monfieur) dont vous
auez vefcu iufques à cefte heure, fait croire à tous les honneftes gens, que
iamais cefte merueille ne fe verra, fi ce n'eft dans le difcours particulier de
voftre vie ; & veritablement il n'y a que ceux qui n'ont pas l'honneur de
vous cognoiftre, à qui cefte efperance puiffe fembler trop hardie ; mais fi
vous continuez à bien faire, voftre reputation les retirera bien toft de leur
incredulité. Que fi vous croyez, que pour ne rien hazarder de la bonne opinion que l'on a de vous, il faut, fuiuant le confeil des Sages, que vous iet-
tiez fouuent la veuë fur quelques grands exemples de magnanimité : ne
faictes point ceft outrage à ces valeureux Caualiers, de qui vous por-
tez le Nom & les Armes, que de penfer qu'il vous foit neceffaire
de recourir pour cet effet aux Hiftoires eftrangeres, ce que vous
y rechercheriez auec peine, & quelquesfois inutilement, vous le trou-
uerez auec plaifir, & indubitablement dans celle de voftre Maifon:
Elle a donné des hommes, de qui la valeur & la fageffe ont efté re-

cherchees & admirees des ennemis mesmes de nostre nation, & qui
ont puissamment seruy à pousser bien loin dans les terres de nos voisins les bornes de la Monarchie Françoise ; & de là vient que
leur nom ne jette que trop de lumiere pour seruir de guide à ceux
qui ont de l'ambition pour la gloire, & ce qui le fera encores priser
dauantage à l'aduenir, c'est que vous imitez si parfaitement vos
braues Ancestres, qu'il se peut dire sans flaterie, que vos actions
adjoustent beaucoup d'esclat à la splendeur de leur vie, & que vous
ne les honorez pas moins par la vostre, qu'ils vous honorent par
la Noblesse, & par les vertus qu'ils ont laissees comme en partage à ceux de leur sang, & ausquelles tout le monde voit bien que vous
auez succedé : Ce qui ne vous sera pas moins glorieux, que l'honneur que
vous auez d'estre descendu en ligne masculine de ceste tige de l'ancien
Bourbon, qui a produict tant d'illustres rejettons, qu'encore auiourd'huy la
maison Royalle qui regne heureusement sur nous, en tire son origine par
les femmes : Ceux-là ne s'estonneront point de ce tesmoignage de la grandeur de vostre Maison, qui sçauront qu'auparauant ceste heureuse Alliance d'vn Fils de France, auec l'heritiere de Bourbon, & depuis encore, le
rare merite de vos predecesseurs, leur acquit la bien-veillance de leurs
Princes, qui pour rendre publique l'estime qu'ils faisoient de leur fidelité,
les esleuerent aux plus belles & plus honorables charges de ce Royaume,
& ce fut alors que vos Ancestres ayants plus de moyen d'employer pour
le bien de l'Estat les grands aduantages qu'ils auoient receus du Ciel,
leurs fidelles & laborieux seruices, engagerent à toutes sortes de recognois-
sances, & leur siecle, & tous les siecles qui suiuront apres. Le respect de
ceste obligation generale, & le seruice particulier que i'ay voüé à vostre
vertu, m'ont, ie ne diray pas, incité, mais forcé à vous faire voir icy les
pourtraicts, & la suitte veritable de tous ces grands hommes dont vous
estes issu; I'espere qu'en renouuellant ainsi la memoire de ce que la France,
doit à leur generosité, ie luy apprendray pareillement qu'il n'y a rien de si
grand qu'elle ne doiue se promettre de vous, puis que vous n'auez rien de
plus cher que d'exprimer par vos actions ce qui est de plus loüable en
celles de ces grands Heros que ie vous presente : vous pourrez desormais
prendre leur conseil en toutes occurrences, & vous entretenir paisiblement auec eux : Neantmoins ie vous supplie que le plaisir que vous y pren-

ã ij

drez, ne vous faſſe pas oublier que comme ils ſont les plus fidelles amis que
vous aurez iamais, auſſi ne trouuerez-vous perſonne qui ſoit auec plus de
paſsion que moy,

MONSIEVR,

A Paris, ce premier
Decembre 1628.

Voſtre tres-humble & obeïſſant
ſeruiteur, D'HOZIER.

A

MONSIEVR D'HOZIER,
Cheualier de l'Ordre du
Roy, &c.

SVR SON LIVRE GENEALOGIQVE
de la Maison de Combauld.

SONNET.

E temps qui finist tout, luy mesme doibt finir
Auant que des Combaulds il efface l'Histoire :
D'Hozier, tes beaux secrets en deterrent la gloire,
Et seront admirez des siecles aduenir.

Chacun apprend de toy le rang qu'il doibt tenir :
Ton esprit se faict iour dans la nuict la plus noire ;
Il ouure les tombeaux du Temple de Memoire,
Et r'appelle les morts en nostre souuenir.

Mais toy, qui comme vn Dieu, sçais nous faire reuiure,
Penses-tu que iamais on eust veu, sans ton Liure,
La Tige des Combaulds refleurir en ces lieux ?

Un de ses rejettons faict honneur à nostre âge,
Et sans doubte qu'vn iour ses illustres Ayeux
Reuiuront en luy seul mieux qu'en tout cet ouurage.

DE Lestoile.

ē

A
MONSIEVR D'HOZIER,
sur le mesme subject.

STANCES.

SVperbe ennemy de la gloire,
Temps, qui te plais à renuerser
Les monuments que la memoire
Luy faict à tous moments dresser.
Ne verrons-nous iamais finie
Cette insolente tyrannie,
Soubs qui les Titres abbatus,
Que l'honneur accorde au merite,
Sont cause que le monde quite
Le soin de suiure les vertus?

Non, non, l'excez de cette rage
A la fin a contraint les Cieux
A s'interesser dans l'outrage
Qui menaçoit mesme les Dieux:
Et pour en prendre la vengeance,
Ils ont faict naistre dans la France
D'Hozier, dont les nobles trauaux
Arrachent de la main des Parques
Toutes les venerables marques
Qu'elles moissonnent soubz ta faulx.

Sans luy le lustre de la race

Des incomparables Combaulds
Alloit s'esteindre soubs la masse
De leurs magnifiques tombeaux,
Et sembloit que leur renommée
Deuoit demeurer enfermee
Parmy les cendres de leurs corps,
Si d'Hozier, foüillant dans leur biere,
N'eust retiré de la poussiere
Le nom qui faict viure les morts.

Viuez de cette belle vie,
Grands Heros, & soyez contents
De voir vostre gloire rauie
A la violence du temps:
Et ce Charles, que vostre Histoire
Faict l'heritier de vostre gloire,
Demeure obligé pour vous tous,
A rendre la recognoissance
De l'immortelle souuenance,
Que D'Hozier merite de vous.

DV BRVEIL-LE-MAISTRE,
Gentil-homme ordinaire de
MONSIEVR.

DOMINO HOZERIO,
EQVITI TORQVATO;
DE LIBRO SVO GENEALOGICO
Familiæ Combaldorum.

EPIGRAMMA.

Claros Heroas mira dum mente recenſet
   Hozerius, ſecum pectora noſtra rapit,
Nomina magna Ducũ ante oculos, & ſtẽmata ponit,
   Vt moueant natos ſtrenua geſta ſuos.
Combaldus ſequitur magnûm veſtigia patrum,
   Et primum radians induit ipſe decus.
Natiuo Hozerij ſtudio ſplendore refulget
   Hoc Illuſtre genus: ſtemmata auita probant:
Hozerius celebrat tanto qui nomine Gallos.
   Nomen apud Gallos floreat Hozerij.

CONSTANTIN.

A MONSIEVR D'HOZIER,
sur le meſme ſubject.

EPIGRAMME.

D'Hozier, quand ces belles remarques,
Dont tes eſcripts ſont embellis,
Font renaiſtre malgré les Parques
Ceux qu'elles ont enſeuelis.

Tu rends

Tu rends preferables tes veilles
Aux vieux miracles de Memphis,
Et faicts de plus grandes merueilles.
Ny qu'Apollon, ny que son fils.

Ilz doiuent à la complaisance,
Cette imaginaire puissance,
D'auoir ressuscité des Corps.
Mais auecque bien plus de gloire
Tu faicts reuiure la memoire,
La Noblesse, et le nom des morts.

I. BAVDOIN.

AV MESME SIEVR D'HOZIER,
Sur mesme subject.

E Sprit laborieux, prodige de memoire,
Qui sans vser ta plume en des traictz complaisans,
D'vn plus fidelle soin, que celuy de l'Histoire,
Sçais affranchir les noms de l'iniure des ans.

Tu merites à bon droict vne immortelle gloire.
Offrant à l'vniuers de si dignes presens,
Dont la sincerité nous empesche de croire
Les discours des flatteurs, & ceux des mesdisans.

D'Hozier ta diligence est vrayement sans seconde,
Quand mesme tu serois aussi vieux que le monde,
Tu n'aurois point appris plus de titres diuers,

Et ie croy que tu peux faire quelque remarque
Sur tous ceux que Mercure a conduits aux enfers,
Et que le vieux Nocher a passé dans sa Barque.

FRANÇOIS L'HERMITTE dict TRISTAN, sieur de
Soulieres, gentil-homme de la suitte de MONSIEVR.

AV MESME,
SVR LE MESME SVBIECT.

STANCES.

1

D'Hozier lors que ie te contemple
Dans cet ouurage curieux,
Où tes recherches sans exemple,
Sont descouuertes à nos yeux,
   Et que parmy tant de merueilles
   Ie sens chatoüiller mes oreilles,
Des remarques de ton sçauoir,
   Mon ame en est si fort touchée,
   Qu'elle n'est pas moins attachée,
A t'ouyr parler qu'à les voir.

2

Cette antiquité venerable,
Que tu rameines du tombeau.
A qui ton estude admirable
Sert de conduite & de flambeau.
   Des Bourbons la race diuine,
   Dont Combauld prend son origine
Des plus nobles de nostre Cour,
   Estoient hors de la cognoissance
   Si ton trauail et ta sçience
Ne leur eust redonné le iour.

3

Dans la loüange qu'on te donne
Pour moy i'ay tousiours estimé

Qu'on peut en ta seule personne
Trouuer le sçauoir animé,
  Car ta memoire est si feconde,
  Qu'il n'est point de noblesse au monde
Dont tu ne rendes la raison ;
  Et des familles qu'on ignore,
  Malgré le temps qui les deuore
Tu sçais la souche, & la maison.

4

Par le crayon de tes ouurages
Tu laisses à l'eternité
Les faictz, le lustre, & les Images
Des Heros qui l'ont merité,
  Et Combauld, fils de tant de Princes,
  De qui le los dans nos prouinces
Ne sera iamais oublié,
  Digne heritier de leur courage,
  N'en pouuoit tirer dauantage
Si tu ne l'eusses publié.

5

Les esprits qui dans nostre France
Naistront aux siecles à venir,
Loüants dans cette cognoissance
Les marques de ton souuenir.
  Et qui verront en cette Histoire
  Le nom, les armes, & la gloire
D'vn gentil-homme si parfaict :
  Ne trouueront iamais estrange
  D'honorer de mesme loüange
L'histoire & celuy qui l'a faict.

DE Corbye, Controolleur de la
maison de MONSIEVR.

AV MESME,
SVR LE MESME SVBIECT.

EPIGRAMME.

D'Hozier le temps qui perd la gloire,
Et le nom Illustre des morts,
Ne peut rien sur les beaux tresors
Enfermez dedans ta memoire.
Tu trouues des titres perdus
Dans des cahos plus confondus
Que n'estoit la masse premiere,
Et Combauld voit par tant d'ayeux,
Dont tu faits briller la lumiere,
Que rien n'est obscur à tes yeux.

BOIS-ROBERT.

AV MESME SIEVR D'HOZIER
Sur le mesme Subject.

STANCES

Ceux qu'vn lien de sang assemble
Pour porter mesme nom ensemble,
Ou qui sont d'Alliance vnis,
Ont souuent aux yeux plus de feinte,
Que d'vne amitié bien empreinte
Ilz ne sont au dedans garnis.

*Mais quand vne ame faict rencontre
De quelque autre ame qui luy monstre
S'occuper sur mesme subject,
Lors l'vne à l'autre fraternise,
Et bien tost cognoissance est prise
Pour s'assister en leur project.*

*Aussi semble-il raisonnable
Que cette passion notable,
Que nous nommons affection,
Ayant dans nos ames son giste,
Aux corps ne s'attache si viste,
Qu'aux ames par election.*

*Quand quelquesfois ie me retire
Pour mes vieux memoires relire,
Traittant le penible mestier
De chercher les suittes des raçes,
Et que n'en puis trouuer les traces,
I'en viens au genereux Hozier.*

*Alors son ayde ie reclame,
Descouurant ce que i'ay dans l'ame,
Pour la dessuz le consulter,
Et la response qu'il en donne
M'est comme oracle de Dodone,
A quoy ie me doibs arrester.*

*Quelqu'vn d'esprit barbare & rude
Se moquera de cet estude,
Comme vain & de nul profit,
Mais du moins il n'est pas profane,
Ny malin comme la Chicquane,
Ce qu'estant cela me suffit.*

Or le plus souuent il arriue,
Que celuy qui plus fort estriue
Contre cet employ de loisir,
Ce n'est tant par humeur mauuaise,
Que pour n'estre en son cœur bien-aise,
Que tout ne marche à son desir,

   Et qu'il ne trouue quelque tiltre,
Quelque verriere, quelque litre,
Ou quelque monument armé,
Dont il puisse auoir cognoissance
Pour en honorer sa nssaiance,
Et s'en rendre plus estimé.

   Mais tel est en ce labyrinthe,
Qui seroit hors de toute crainte,
Si les siens fussent curieux
De laisser quelque bon memoire
De ce qui leur estoit notoire
De leur origine & Ayeux.

   Ainsi Combauld plein de courage
A faict en vn an plus d'ouurage,
Pour tirer les siens de l'oubly,
Par titres & vieil Epitaphe
Qu'aucun Courtisan par piafe,
En honneur ne s'est estably.

   Grande luy fut cette entreprise;
Mais D'Hozier, qui l'ayme & le prise,
L'a de ses escrits assisté,
Et par iugement tres-solide,
Souuent luy a seruy de guide
En l'obscur de l'antiquité.

Celuy pas ne merite d'estre
Qui n'a soucy du sang anceſtre
Dont il a tiré son eſtoc,
Si ce n'eſt quelque bon Hermite
Auquel la gloire eſt interdite,
Et qui n'eſtime que le froc.

    Le Peuple Hebreu qui d'àge en àge
N'a ceſſé d'encourir dommage,
Courbant ſoubs Egypte le dos,
Par Babylone mis en cendre,
Et par les ſuiuans d'Alexandre,
Briſé rongé iuſques aux os.

    N'a pourtant receu perte pire
Que quand ſoubs le Romain Empire
On luy bruſla ſes vieux cahiers,
Où eſtoient les races eſcrites
De leurs ayeux par longues ſuites,
Dés le temps des ſiecles premiers.

    Depuis ce temps toute leur gloire
Eſt deuenüe obſcure & noire,
N'ayant plus aucun monument,
Ny preüue qui ſoit en eſtime
Si du baſtard ou legitime
Ils ſont iſſus premierement.

    I'honore l'ame genereuſe
Laquelle euitant d'eſtre oyſeuſe
Recherche ſes predeceſſeurs,
Et par hiſtoire bien ſuiuie
Leur rend aucunement la vie,
Qu'il faict voir à leurs ſucceſſeurs.

Non pour en deuenir plus rogue
Et chercher vne vaine vogue,
Mais pour imiter leur valleur;
Et monstrer que de bonne engeance
On tire son estre & naissance.
Et qu'on ne dement cet honneur.

Et quand nous auons faict les nostres,
Si nous donnons du temps aux autres,
N'est-ce pas loisir employé
Trop mieux qu'à chercher l'origine
Des grands reflux de la marine
Dont tant de pays est noyé?

Trop mieux qu'à sçauoir la naissance
Des vents qui tant nuisent en France,
Quand on est proche des moissons,
Des gresles, foudres, & tempestes,
Des coqueluches, & des pestes,
Des fievres chaudes & frissons.

De tous ces maulx il est notoire,
Qu'on n'en dresse point de memoire,
Sinon pour les exterminer;
Mais tous les escrits que l'on dresse
Pour releuer quelque noblesse,
C'est pour son lustre luy donner.

La pierre la plus pretieuse,
Que donne l'Inde plantureuse,
Le Diamant tant renommé,
N'a rien de beau par sa nature,
Mais a besoin de polissure,
Et lustre pour estre estimé.

La pluspart des nobles de France
Viuent en si grande ignorance,
Qu'à peine escriuent ils leur nom,
Sur tout ennemys de doctrine,
Faisans estat de fiere mine
Plus que de valeur & renom.

Partant il est bien necessaire,
Qu'autre qu'eux soigne à leur affaire,
Et soit saisi des titres vieux,
Et de tout ce qui verifie
L'antique Genealogie
De leur race & de leurs ayeux.

Autrement on n'y void que fable
Et n'y a rien recommendable,
Tout est plein de faux & de fard,
L'vn prend le surnom de sa mere,
L'autre prend le rang de son pere,
Et couure son naistre bastard.

C'est pourquoy ie donne loüange
A celuy qui tres-bien arrange
Les ayeux d'vne grand maison,
Et qui lisant l'antique Histoire,
Recueille tout ce qu'il peut croire
Seruir aux autres par raison.

D'Hozier ie vous honore & prise
En vostre galante entreprise,
D'auoir de tant de noble sang
Recherché l'antique origine,
Sur tout la ligne masculine,
Et à chacun gardé son rang.

Bien que l'air de vostre Prouence
Soit autre que celuy de France,
Auquel sur terre ie fus mis,
Cette distance ne desnie,
Que par vnisson de genie,
A iamais ne soyons amis.

I. B. D. M.

Au Sieur Charles de Combauld
Cheualier de l'Ordre du Roy, sur le Liure du Sieur D'Hozier, de la Genealogie de sa maison.

SONNET.

Combauld il ne pouuoit ce temps iniurieux,
De tes dignes ayeulx effacer la memoire,
Puisque D'Hozier par toy faict renaistre leur gloire,
Et tire du cercueil vn nom si glorieux.

Desia par les debuoirs d'vn soin laborieux,
Leur vertu rallumée esclate dans l'Histoire;
Ton arbre reflorit, & malgré l'onde noire
Il porte dans le Ciel son front victorieux.

Que vous feistes beaucoup, quand vous meistes au monde
Ce filz qui vous a mis hors d'vne nuict profonde,
Heros que pour des Dieux nous tiendrons desormais :

Mais en ce commun bien c'est luy qui vous oblige,
Car il est né mortel sortant de vostre tige,
Et vous viuez par luy pour ne mourir iamais.

EPIGRAMME.

D'Hozier par ses escripts, hors d'vne nuit profonde
Retire tes ayeulx trop long temps enfermez,
Mais tu faicts auiourd'huy qu'ils renaissent au monde,
Par tes belles vertus beaucoup mieux animez.

AVTRE.

Tes ayeux que la gloire autresfois mit aux Cieux,
Par l'iniure du temps dormoient dans le silence,
Mais D'Hozier par sa plume en repousse l'offence,
Et de l'obscurité les met entre les Dieux.

DE VERNESON.

AV SIEVR D'HOZIER,
Sur le mesme Subject.

EPIGRAMME.

EXemple des cœurs genereux ;
Dont les trauaulx & la memoire
Rendent aux nobles mal'heureux
Ce qu'ilz auoient perdu de gloire.
  Grand amy de la verité
Mon Hozier, ta sincerité
Faict vn miracle qui m'estonne,
Tu ne scais mentir ny flatter,
Et toutesfois il n'est personne
Qui ne se plaise à t'escouter.

GOMBERVILLE.

AV LECTEVR;

SVR LE DESSEIN DE L'OEVVRE.

DE prim' abord, deux chofes eftonneront ceux qui liront ce Liure contenant la Genealogie de la maifon des Sieurs de Larbour, dits de-puis de Combauld, & l'Arreft iuftificatif de leur nobleffe. La premiere eft la refolution que l'Autheur a eu de donner, en toutes façons, au iour cette curieufe recherche d'vne maifon priuée, (ce qui femble n'eftant deub qu'aux races Souueraines des Princes, paffera pour vanité intolerable, en vne famille de Gentilshommes.) La feconde, (qui ne regarde que ceux qui ont efté peu curieux de l'Hiftoire) qu'hardi-ment l'on donne pour fource de race à vn Gentil-hom-me, l'origine dont le Roy tire fon extraction : Et veut-on mettre en auant, que le legitime & veritable fur-nom d'auiourd'huy des Princes du Sang, a efté autres-fois celuy de la famille des Combaulds. (Ce qui fera tenu vne temerité non fupportable.) Pour ce dernier poinct, fuppofé la preuue eftre fuffifante, (ce qui de-pend de l'examé d'icelle) l'on ne trouuera point, foubs correction, lieu de blafmer d'outrecuidance vn defir de faire cognoiftre la verité, puifque le refpect & la re-uerence, que l'on doit à la Maifon Royalle, y eft faufue toute entiere, & que la Majefté & Grandeur de nos

A

Roys, & Princes du Sang, n'y eſt en façon quelconꝗ
que, non ſeulement lezée, mais meſme pas atteinte.
Car il eſt vniuerſellement tenu conſtant en toute la
France, certifié par tous les Hiſtoriens, & non conteſté
par les Princes, Que la Maiſon de Bourbon ancien,
n'eſtoit point du Sang illuſtre de France, & que le ſurnom deBourbon n'eſt entré dans la Maiſon Royalle,
que par l'heritiere de la branche aiſnée des Sires de
Bourbon, appellée Beatrix, que Monſieur Robert de
France, Comte de clermont, fils puiſné de S. Louys
eſpouſa, laquelle meſme n'eſtoit pas de ſon chef de la
maiſon de Bourbon, mais de celle de Bourgoigne, &
n'eſtoit que de par ſa mere Dame de Bourbon : Si bien
que ce Prince l'ayant eſpouſé, & en ayant eu des enfâts
du ſurnom de clermont, qui eſtoit ſon appennage ;
Ayant pleu au Roy d'ériger la Sirerie ou Principauté
de Bourbon, en Duché : Par ce moyen le fils dudit
Prince fuſt premier Duc de Bourbon, & ainſi chef &
ſource de cette maiſon ſeconde de Bourbon, renduë
lors Royalle, non entant que ſortie de la premiere famille des Archambaulds Sires de Bourbon, (dont Agnes, mere de Beatrix, & ayeulle du DucLouys, eſtoit
heritiere de la branche aiſnée) mais entant qu'iſſuë du
Roy S. Louys, duquel Monſieur Robert de France,
pere du DucLouys, & predeceſſeur du feu Roy Henry le Grand, eſtoit fils puiſné : Et par conſequent encore que cet honneur & ce grand aduantage ſoit arriué
à la branche des aiſnez, ſi hautement & ſi illuſtrement
alliée : cela ne peut & ne doibt pas neantmoins empeſ-
cher le droict legitime d'extraction & d'origine à ceux
qui ſont autresfois ſortis de meſme tige qu'Agnes de
Bourbon, mere de la Comteſſe de clermont : car com-

me pluſieurs autres branches de ce meſme arbre, non
Royal; les vnes du ſurnõ actuel de Bourbon, qui eſtoiét
en France les Seigneurs de Montperroux, les autres en
Flandres du ſurnom de Dampierre, & les autres du ſurnom de Beçay, ont long-temps, les vnes plus, les autres
moins, ſubſiſté aux ſiecles paſſez, ayans l'honneur originairement d'eſtre de meſme ſurnom qu'eſtoient les
Princes du Sang de cette ſeconde maiſon Royalle de
Bourbon, & d'eſtre par ainſi leurs alliez, ſans toutesfois eſtre ou ſe dire du Sang, ny faire aucun prejudice
à leur grandeur : Ainſi tout de meſme, cette branche
des ſieurs de Larbour, dits depuis de Combauld, (anciennement puiſnée de toute la maiſon, & depuis renduë aiſnée par la cheute en quenoüille, de toutes les
autres) qui en ces meſmes temps a touſiours flory, &
continué ſa poſterité ſoubz la recongnoiſſance vniuer-
ſelle de cette origine, & ſoubz l'adueu particulier d'Alliance, tant de ſes parentz collateraulx, *qui illi erant ag-
nati*) de la maiſon non Royalle des Sires de Bourbon,
que de ſes alliez (*qui illi erant cognati*) de la race des Princes du Sang : Peut bien auiourd'huy ſans temerité &
outrecuidance ſe dire de l'anciéne maiſon de Bourbõ,
& mettre en auant ſans offencer la grandeur des Princes du Sang , qu'elle eſt ſortie puiſnée de cette race
premiere pluſieurs années auparauant l'alliance de la
branche aiſnée auec les Princes du Sang. Ce que la famille des ſieurs de Combauld peut d'autant plus libre-
mét articuler, que certaiñemét elle iuſtiffie ſa branche
n'auoir point deſ-honoré la ſouche, ny conſiderant le
merite des perſonnes qui ont flory aux ſiecles paſſez
en icelle, ny s'arreſtant aux charges qu'ilz ont excercé,
ny en fin recherchant les alliances qu'ils ont con-

tracté, puifque mefmes les Princes du Sang pour ne
point defaduouer l'ancienne, ont daigné vouloir leur
en donner vne nouuelle d'vne fille de leur Sang, & en
fuitte de cet honneur, affifter & eftre prefents aux con-
tractz & actes principaux de leur famille, non feulement en l'authorité de leur grandeur, mais en la qualité de l'alliance, voire dans l'explication expreffe de
l'ancienne & de la nouuelle; car de dire auiourd'huy
que quelque defcheance & decroiffement de la precedente grandeur, qui eft depuis vn Siecle arriué dans
cette famille par la diminution des biens, puiffe eftre
vn fondement certain de mefpris, & de defny à cette
maifon, de ce que le droict incorruptible de la nature,
luy a vne fois acquis, c'eft ce qui n'en peut eftablir vn
folide, & qui par le public doit eftre pluftoft plaint
que mefprifé, puifque ce font les effects de la fortune
& qui par les Princes (aufquelz cette maifon fe donne
l'honneur d'auoir attouché de quelque alliance) outre
ce fentiment general de compaffion, doibt eftre accompagné de recongnoiffance d'affectió particuliere,
& non pas du refuz de ce qui leur refte au monde (qui
eft l'honneur de cefte ancienne Nobleffe) puifque il
eft affeuré que les fieurs de Combauld ont perdu tous
ces aduantages, & grandeurs de biens au feruice de
leur maifon Royalle, eftant tout notoire & publicq
que cette decadence, & ce dommage n'eft furuenu
dans la famille, que par la paffion que le Trifayeul,
dit le Capitaine Combauld euft au feruice de Charles dernier Duc de Bourbon Conneftable de France, à
caufe de la charge qu'il auoit aupres de fa perfonne, &
à caufe de l'honneur que l'on luy faifoit en ce temps
de le recongnoiftre encore pour fon parent, dont les

deux

deux motifz l'obligerēt à paſſer pour luy tout ſon àage
dans les fatigues & peines de la guerre, ne l'abandonner iamais dans ſa mauuaiſe fortune, le ſuiure en ſa
diſgrace, vendre la pluſpart de ſes biens pour l'aſſiſter
en ſes afflictions, en ſouffrir la perte de l'autre pour l'a-
uoir ſuiuy en ſa retraicte, encourir la haine de ſon Sou-
uerain pour ne vouloir manquer de fidelité à ſon Maiſtre, & en fin tout percé de coups, viure encore aſſez,
nonobſtāt toutes ces morts, pour ſauuer ſeulement le
corps mort de cet infortunéPrince ſur les murs deR o-
me, de la rage de ſes ennemys, & de la douleur des ſiés,
& apres tout cela, n'eſtant pas auſſi moins certain & cō-
ſtant que toute la recōpence de plus de 30000 liures de
rente que ce Gétil-hóme mágea au ſeruice de ce grād
Duc, ne fuſt qu'vne ſimple retraitte en ſa vieilleſſe ne-
ceſſiteuſe, que la Princeſſe de la Roche ſur Yon, luy dō-
na dans le Chaſteau d'Aigueperſe, & que toute la reco-
gnoiſſáce de ſes longs & recōmādables ſeruices, ne fuſt
que la marque, laquelle il vouluſt luy meſme garder
en ſes armes du dernier qu'il auoit rendu à ſon defunct
Maiſtre, en acquerant à ſa memoire (par vn ſtratage-
me loüable de cacher ſon corps de ſa cotte d'armes)
la victoire que la mort auoit rauy à ſa perſonne. Que
ſi l'on ne peut reprendre la maiſon de Combauld de
rapporter ſon origine à la ſource veritable dont elle
eſt ſortie ; l'on ne pourra pas pareillement blaſmer le
deſſein de l'Autheur, qui a voulu en faire voir la preuue au public : car outre que l'exemple de pluſieurs autres familles particulieres, dont l'on a faict imprimer
les Hiſtoires, pourroit mettre à couuert, & authoriſer
cette entrepriſe ; (en moy particulierement, qui par
le deub de ma charge d'Heraud d'armes du Roy, ſuis

obligé de laisser à la posterité la cognoissance asseurée des familles nobles de ce Royaume: Ainsi que (Dieu aydant ie le feray plus amplement dans mon Miroir Armorial de Frâce, que ie dóneray bien tost au public duquel cecy sera vn eschantillon.) Et en secôd lieu, que cela se pourroit tollerer en cette maison, qui est sortie autresfois branche puisnée, & depuis renduë l'aisnée, & le chef des armes d'vne maison Souueraine, (puisque nous auons dit cela estre deub à ceux qui viennent de telle tige.) L'authorité d'vn Arrest de Cour Souueraine exempte ce dessein de tout blasme ; ne laisse point d'estonnement au Lecteur ; & ne permet à l'Autheur de chercher autres raisons à son entreprise, que celles mesmes que la Coustume a eu pour authoriser jusques à present en ce Royaume, vne practique journaliere de faire imprimer les Arrests des Cours Souueraines ; Qui sont sans doubte la reuerence de ces Oracles ; (ce qui regarde les Dieux qui les rendent) l'augmentation du droict François (ce qui s'estend au public auquel on les communique) & la resolution du faict contentieux , (ce qui ne touche que le contentement des parties, en faueur desquelles ils sont prononcés.) Or n'y ayant iugement aucun que l'on doiue honorer dauantage , que celuy qui est rendu pour l'honneur mesme ; c'est à dire pour la Noblesse : & n'y ayant rien si corrompu que la preue de son iuste tiltre , ny rien neantmons aujourd'huy si vsurpé que cette qualité: I'ay desiré donner au public cet Arrest , qui par son subject porte sa reuerence particuliere ; contient en soy vn tres beau poinct de Droict , & plusieurs de l'Histoire ; & en fin honore par vn Eloge extraordinaire la Noblesse non coustumiere

de cette maiſon : & par ainſi donne le contentement
entier à cette famille, de la confirmation & maintenuë de ſon honneur, nonobſtant les propoſitions contraires. Voylà le deſſein que j'ay eu en la II. partie du
Liure. Mais à cauſe que la nouueauté de ce poinct de
l'Hiſtoire, obligera la curioſité des Doctes, d'en vouloir eſprouuer la ſuitte de pere en fils, & que la con-
trarieté aux propoſitiós contraires, irritera peut-eſtre
le doubte de ceux qui ont voulu doubter. Ioint auſſi
que la forme d'vn Arrreſt n'eſt pas ſi conforme à vne
ſcience de Genealogie, que l'ordre des degrez y ſoit
continuëment obſerué par la methode de l'Hiſtoire,
comme neantmoins il n'y eſt pas oublié ſelon l'ordre
de la practique. Pour oſter toute difficulté aux premiers, retrancher priſe aux autres, & pour accorder la
practique auec l'Hiſtoire, j'ay voulu adjouſter à cette
ſeconde partie vne premiere, diuiſée en deux Liures,
& ſubdiuiſée en Chapitres, contenant vn diſcours Genealogique de cette maiſõ de pere en fils, depuis & deuant qu'elle a eſté ſeparée de la Tige de Bourbon, qui
eſt toute vne meſme doctrine que celle de l'Arreſt (a-
uec le rapport des preuues à iceluy, par le moyen des
additions qui en marquent & les pages & les lignes)
augmentée ſeulemét de quelques particularitez) dont
la preuue eſtoit inutile au procés ; deſquelles neantmoins la iuſtification, ou par les tiltres qui en reſtent,
ou par les memoires qui en ont eſté gardez dans la famille, ou qui d'ailleurs ſont tombez entre mes mains,
ſe trouue apoſtillée aux marges) & de la ſuitte infaillible des temps, dont la collation a eſté par moy tres-
exactement iuſtifiée de datte à datte, ſoit ſelon les tiltres que i'en ay veuz, ſoit par les conſequences que
i'en ay peu tirer neceſſairement.

TABLE GENEALOGIQVE DE LA MAISON NON ROYALE de Bourbon l'ancien, & de ses branches principales ; De deux desquelles, par femmes, se trouuent issuës les Royales Maisons de Bourbon moderne, & d'Austriche.

Les Princes de Bourbon precedens,

1 — Aymon, Prince de Bourbon, qui viuoit soubs Louys le Gros.

2 — Archambauld VI. Prince de Bourbon.

3 — Archambauld VII. Prince de Bourbon.

4 — Guy, Sire de Dampierre & de Bourbon par Marguerite sa femme, Dame desdicts lieux, luy grand Bouteiller de Champagne.

5 —
- *4* Combauld de Bourbon, dict depuis de Larbour, Cheualier sieur de Larbour, Hondiciere & Sambers.
- *3* Guy de Bourbon, Seigneur de Sainct Iust, dit dudit lieu.
- *1* Archambauld dit le Grand, 8. du nom, Sire de Bourbon.
- *5* Marguerite de Bourbon, Comtesse de Folcalquier.
- *2* Guillaume de Bourbon, dict de Dampierre, sieur dudit lieu, Comte de Flandres de par sa femme.

6 —
- Noël Combauld de Larbour, Cheualier sieur desdits lieux.
- Guillaume de Bourbon, sieur de Beçay. | Marie Comtesse de Dreux. | Archambauld, dit le ieune, 9. du nõ, Sire de Bourbon. | Guy, Doyen de Roüe. | Dreux. | Marguerite Royne de Nauarre.
- Guy de Dampierre, Comte de Flandres.

7 —
- Gabriel-Combauld de Larbour, Escuyer sieur desdits lieux.
- Guillaume sieur de Beçay.
- Mahaud de Bourbon, femme d'Eudes de Bourgoigne, Comte de Neuers.
- Agnes de Bourbon, femme de Iean de Bourgoigne.
- Robert, dit de Bethune Comte de Flandres.

8 —
- Fiacre de Combauld, Escuyer sieur desdits lieux de Larbour & autres.
- Yoland, femme de Iean Tristan de France.
- Marguerite Comtesse d'Anjou, Royne de Hierusalem & Sicile. | Alix. | Ieanne.
- Beatrix de Bourgoigne, Dame de Bourbõ, femme de Robert de France, Côte de Clermont, fils puisné de S. Louys.
- Louys de Flandres, Comte de Neuers.

9 —
- Fiacre de Combauld sieur des mesmes lieux, fait Cheualier banneret par S. Louys en 1270. en son second voyage de la Terre Saincte.
- Louys premier Duc de Bourbon.
- Louys 1. Comte de Flandres & de Neuers.

10 —
- Marcel de Combauld, Cheualier sieur des mesmes lieux, Chambellan de Louys premier Duc de Bourbon.
- *1* Pierre, Duc de Bourbon.
- *2* Iacques de Bourbon, Comte de la Marche.
- Louys troisiesme Comte de Flandres.

11 —
- Marcel de Combauld, Cheualier sieur des mesmes lieux.
- Iean de Bourbon, Comte de la Marche.
- Marguerite, Côtesse de Flandres, femme de Philippes de Frãce, Duc de Bourgoigne.

12 —
- Iulien de Combauld, Cheualier sieur des mesmes lieux, Chambellan des Roys Charles V. & VI.
- Louys de Bourbon, Comte de Vendosme.
- Iean Duc de Bourgoigne, Comte de Flandres.

13 —
- Nicolas de Combauld, Cheualier sieur des mesmes lieux, Chambellan de Iean 4. Duc de Bourbon. | 2 Nicolas. 3 Marie. 4 Iulienne.
- Iean de Bourbon, Comte de Vendosme.
- Philippes le Bon, Duc de Bourgoigne.

14 —
- Louys de Combauld, Cheualier de l'Ordre de l'Esperance, sieur des mesmes lieux.
- François de Bourbon, Comte de Vendosme.
- Charles, Duc de Bourgoigne.

15 —
- *1* Iean de Combauld, Cheualier sieur des mesmes lieux. | *2* Iean, Protenotaire du Pape. | *3* Louyse, Dame de Midry. | *4* Matie, Dame de Mouy.
- Charles de Bourbon, Duc de Vendosme.
- Marie, Duchesse de Bourgoigne, fême de Maximilien, Archiduc d'Austriche.

16 —
- *1* Louys de Combauld, dit le Capitaine, 11. & dernier Seigneur de Larbour & autres desdites terres, Escuyer de Charles Connestable de Bourbon. | *2* Louys le ieune. | *3* Fr. Emery Chĩ de Rhodes.
- Anthoine, Roy de Nauarre.
- Philippes 1. du nõ Roy d'Espagne.

17 —
- *1* Iean de Combauld, Escuyer sieur du Pointet. | *2* Gilbert de Combauld, Conseiller & Aumosnier du Roy Henry IV. | *3* Hector de Combauld, homme d'armes d'vne compagnie d'Ordonnances.
- Henry le Grand, Roy de France & de Nauarre.
- Charles le Quint, Empereur.

18 —
- *1* Gilbert de Cõbauld, sieur des Clayes. | *2* Pierre de Cõbauld, sieur de la Folterie. | *5* Louys Gilbert, Intêdãt des Finãces. | *4* François, Docteur és Droicts. | *6* Frãçois, Cõmissaire de l'Artillerie. | *3* Gilberte. *7* Marie. *8* Ieanne. | Hector de Cõbauld tresorier & Païeur de la gêdarmerie, mort sans masles viuans.
- Louys le Iuste, Roy de France & de Nauarre.
- Anne Royne de France & de Nauarre.
- Philippes II. du nom, Roy d'Espagne.

19 —
- *1* Charles de Combauld Cheualier sieur des Clayes. | *2* Claude. *3* Marie. *4* Marie. *5* Claude. | *1* Pierre de Combauld, Secretaire du Roy, sieur de la Folterie. | *2* Iean. *3* Charles. *4* Iacques. *5* Claude, Capucin. | *6* Iean, Capitaine d'vn vaisseau sur mer. | *1* Marguerite. *2* Ieanne.
- Philippes III. du nom, Roy d'Espagne.

20 —
- *2* Charles de Combauld, Cheualier de l'ordre du Roy, sieur de Fercourt. | *3* Nicolas, mort jeune. | *4* Magdelaine, Dame de Saintdier. | *5* Ieãne, Dame d'Oüaruille. | *1* Matie, morte jeune.
- Philippes IV. du nom, Roy d'Espagne.

PREMIERE PARTIE

Contenant la Genea-
logie de la maiſon de
Combauld , deuant
& depuis ſa ſepara-
tion de celle de Bour-
bon.

LES SIRES DE BOVRBON PRINCES
EN LEVRS TERRES, COMTES
ou Barons en France.

LIVRE PREMIER.

*Depuis Aymon, qui viuoit soubs Louys le Gros,
iusques en l'an 1178.*

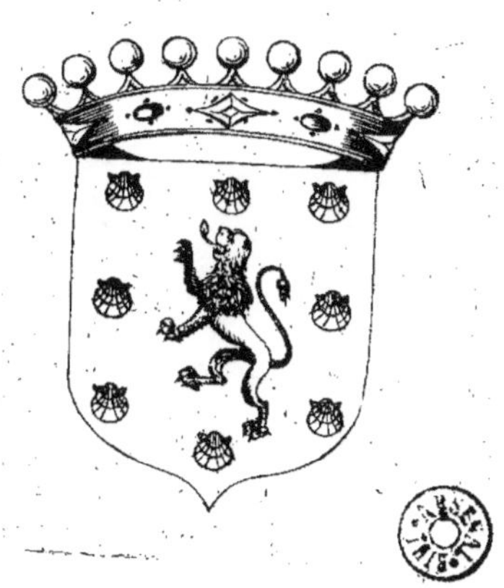

Les Princes ou Sires de Bourbon s'armoient
D'OR *au Lyon de gueules à l'orle de* 8. *coquilles d'azur.*
CIMIER.
TENANTS.
CRY *de Guerre,* BOVRBON.

GENEALOGIE

ET DESCENTE DE
LA PREMIERE RACE DE BOVRBON
DONT EST SORTIE LA MAISON DES
Sieurs de Larbour, dicts depuis de Combauld.

LIVRE PREMIER.

De l'ancienneté & grandeur de la Maison de Bourbon.

A Maison de Bourbon estoit vne des principales de France, dés soubs les premiers Roys de la premiere lignée; Elle tiroit son surnó de la terre de Bourbon, laquelle ses Seigneurs auoient de tout temps possedé en Souueraineté, les vns en tiltre de Prince, les autres en tiltre de Comte, & les autres de Sire, sous les noms d'Archambauld, d'Aimon, & d'autres: Ils estoient en France reputez des principaux Barons, ou, comme d'autres veulent, des principaux Comtes du Royaume, tant à cause de l'ancienneté de leur race, la quantité de leurs terres & possessions, que la grandeur de leurs alliances, puisqu'ils auoient l'honneur mesme d'estre proches parens des Roys de France. De rechercher l'origine de cette grande maison, l'ancienneté de sa grandeur rend ce project impossible, & la

Les Seigneurs de Bourbon Princes, selon le sieur du Chesne en son Histoire de Montmorency.

Hist. de Saincte Marthe.

A

grandeur de fon ancienneté le rendroit impertinent, joint que ce qui eft publiquement notoire fuffit pour noftre deffein, & que pour ce qui eft plus efloigné &caché, il y a tant de grands perfonnages qui fuent fous ce trauail, que d'yvouloir entreprédre, ce feroit paffer pour temeraire que de les vouloir furpaffer, ou fe faire croire du tout ignorant, que d'oublier à y dire quelque chofe.

Il fuffit que dés foubs le regne de Louys le Gros, vn Baron ou Comte de Bourbon nommé Aimon, tres-eftimé en France, eftoit pere d'vn Archambauld, lequel eftant compté le VI. de ce nom en la poffeffion Souueraine de cette terré, fait paroiftre qu'il auoit eu defia fix predeceffeurs du mefme, (fans les autres de diuers noms)Sires ou Barons de Bourbon. Et la peine que l'on remarque auoir efté prife par les anciens à la fuitte des nombres en cette famille, tefmoigne bien que l'on tenoit cette maifon tres-gráde en ces temps, puifque l'on practiquoit pour elle (en cette remarque du nombre) ce qui ne fe trouue auoir efté gueres obferué, qu'aux Maifons Royales.

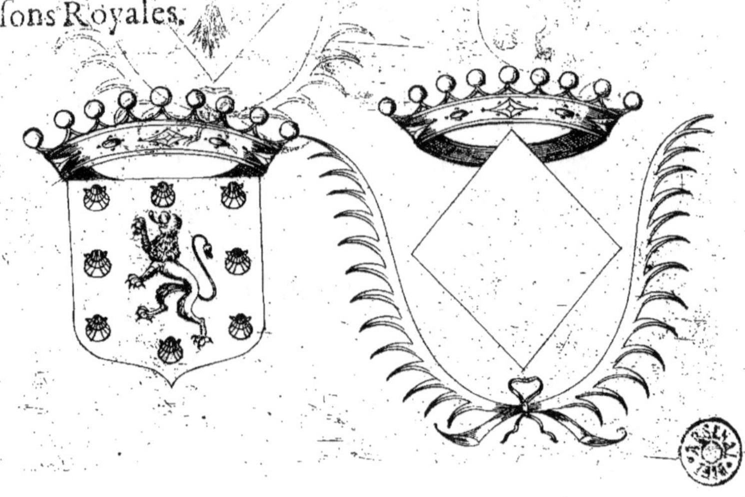

I.   AIMON *furnommé Noire-vache, Comte, Baron,
ou Sire de Bourbon.*

CHAPITRE I.

CE Prince Aimon, felon Suger en la vie de Louys le
Gros, viuoit durant fon regne enuiron l'an 1130. Et 1130.
par la Chronique de Cluny il appert qu'il fut pere d'Archambauld VI. du nom : & par confequét il fe conclud,
que deuant Aimon, il y auoit defia eu cinq Archambaulds (fans les autres de diuers noms) qui auoient pof-
fedé cette terre de Bourbon.

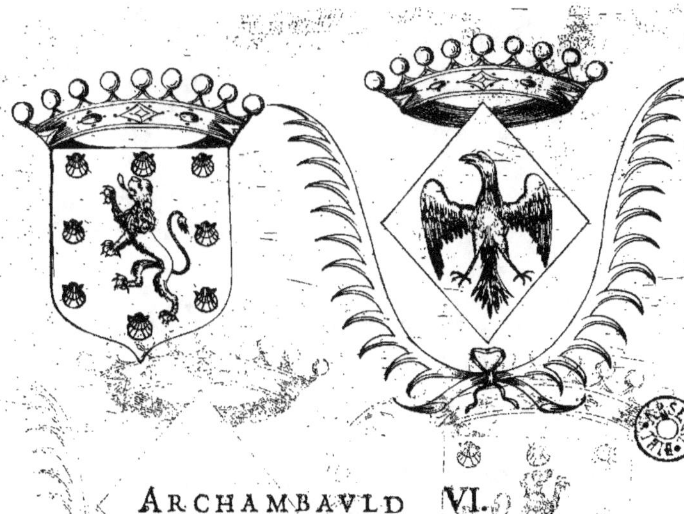

2   ARCHAMBAVLD VI.
du nom, *Prince de Bourbon, Comte ou Baron en France.*

CHAPITRE II.

ENTRE autres enfans d'Aimon, Archambauld 6. du
nó, fe rencontre fon fils, ainfi que le fieur du Chefne l'a trouué dans la Chronique de Cluny: cet Archam-

*Le fieur du Chef-
ne en fon Hift. de
Bourgoigne, fol.
45.*

bauld fust qualifié Prince, mourut l'an 1171. ayant espousé Dame AGNES DE MAVRIENNE de l'Illustre & Souueraine maison de Maurienne (c'est Sauoye) fille de Hum-
bert 2. Prince de Piedmont & Comte de Maurienne ou
Sauoye, & de Guille de Bourgoigne sœur du Pape Calixte II. de laquelle Agnez, ledit Archábauld entre autres enfans eust celuy dôt il est parlé au Chapitre suiuát.

3

ARCHAMBAVLD VII.
Prince de Bourbon, Comte ou Baron en France.

CHAPITRE III.

DANS la mesme Chronique de Cluny il est remarqué que l'an 1140. Archambauld 7. fils dudit Archambauld 6. & de ladite Agnez de Sauoye nasquit, &
mourut 26. ans apres auparauant son pere en l'an 1169.
Il espousa ALIX DE BOVRGOIGNE Princesse du Sang de
France, issuë directement de Monsieur Robert de France Duc de Bourgoigne, & par consequent des Roys
Robert, & Hugues Capet.

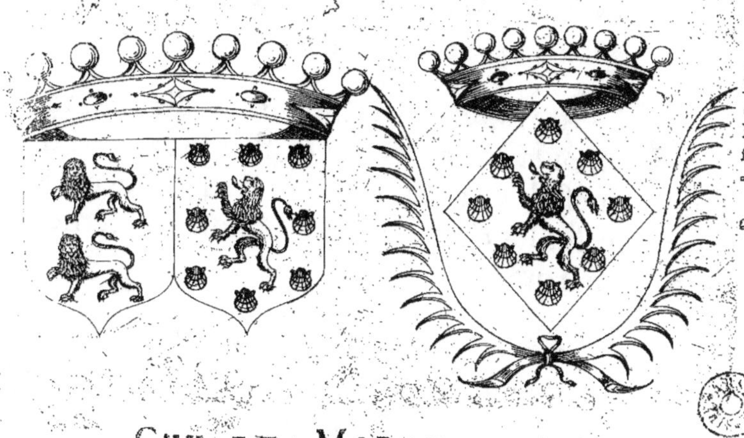

4.   GVY ET MARGVERITE
fa femme, Sire, & Dame de Bourbon.

CHAPITRE IV.

GVY Sire de Bourbon & de Dampierre, fucceda par Marguerite Dame de Bourbon fa femme, en cette Principauté ou Sirerie, audict Archambauld VII. fon pere: Il eftoit Seigneur tres-puiffant, tát en Champaigne qu'en Auuergne, & eftoit grand Bouteiller de cette premiere Prouince. Le fieur Coufin Lieutenant General du Duché de Montpenfier, dans fa Bourbonnoife qu'il eft preft de mettre au iour, iuftifie autentiquement, que le mary & la femme eftoient fort proches parens, en la pofterité defquels nous commencerons à trouuer feparation de branches, dont celles des Aifnez demeureront fans Eloge, puifque ce deffein n'eft pas le noftre, & nous arrefterons feulement à la branche puifnée, qui eft celle des fieurs de Larbour, dicte de Combauld. Iceluy Guy, & Marguerite fa femme, eurent enfemble, entr'autres enfans, les quatre mafles qui fuiuent fous la marque 5.

B

ENFANS *de Guy Sire de Bourbon, & de Dampierre, & de Marguerite Dame de Bourbon, sa femme.*

5. **ARCHAMBAVLD VIII.** du nom, dit le Grand, qui espousa N. DE MELLO, fille de Dreux de Mello, Connestable de France, dont il eut plusieurs enfans, entre autres les cinq qui suiuent immediatement sans aucune marque.

ARCHAMBAVLD IX. du nom, Baron, ou Comte de Bourbon, pere d'AGNES Dame de Bourbon, espouse de Iean de Bourgoigne, dont la fille BEATRIX de Bourgoigne Dame de Bourbon par sa mere, feit reuiure cette branche aisnée (qui estoit tombée en quenoüille en la personne d'Agnez sa mere) espousant Monsieur Robert de France, Comte de Clermont, fils puisné du Roy sainct Louys, du mariage desquels estant issu vn fils appellé Louys, le Roy lors regnant, erigea la Principauté de Bourbon en Duché, & de là en auant ce Prince du Sang Louys de Clermont, se qualifia Duc de Bourbon, & fust source de cette seconde maison de Bourbon renduë Royalle par son pere, qui est celle qui regne auiourd'huy heureusement en France, & par ainsi les Archambaulds Sires de Bourbon, ont l'honneur que leur surnom a esté pris par les Princes de l'Illustre Sang de France, & qu'ils ont produit vne petite fille mariée à vn Cadet de cette Royalle maison, dont les defcendans font Roys aujourd'huy du Royaume, duquel elle & fes anceftres eftoient Vaffaux.

MARIE de Bourbon, femme de Iean Comte de Dreux, Prince de l'Illuftre Sang de France, defquels eft iffuë toute la Royalle maifon de Dreux.

GVY de Bourbon Doyen de Roüen.

GVILLAVME de Bourbon fieur de Beçay, lequel euft pofterité, à prefent efteinte.

MARGVERITE de Bourbon, femme de Thibauld, Roy de Nauarre, pere de Henry, & ayeul de Ieanne Royne de France & de Nauarre, femme de Philippe le Bel, Roy de France.

5. GVILLAVME de Bourbon, lequel depuis quitta le furnom de Bourbon, & prift celuy de Dápierre, qui eftoit fon partage, ainfi que l'vfage du temps rédoit cette pratique ordinaire; il efpoufa MARGVERITE COMTESSE DE FLANDRES, & de Haynault: & d'eux eft iffuë l'Illuftre maifon de Flandres (qui eftoit de la race de Bourbon) laquelle tomba en femme, en la perfonne de Marguerite Comteffe de Flandres, qui fut femme de Philippes le Hardy, fils de France, Duc de Bourgoigne, dont apres quelques generations eft fortie Marie Ducheffe de Bourgoigne, efpoufe de Maximilian Archi-

duc d'Auftriche, defquels eft iffuë toute la Royalle maiſon d'Auftriche, de forte que les Sires de Bourbon, cóme ils ont l'honneur de veoir la maiſon des Roys de France fortie de leur aifné, ont auffi le contentemẽt de voir celle des Roys d'Efpagne iffuë de leur puifné, aujourd'huy les deux plus floriffantes Monarchies de l'Europe, heureufement vnies par vne nouuelle double alliance, & par ce moyen ont le bon-heur que leur tige illuftre (quoy que non Royalle) a produict neantmoins des branches qui portent plus de Couronnes que de rejettons, puifque il n'y a guere Empire, Royaume & Souueraineté de l'Europe, dont les Monarques & Princes ne foient fortis par femmes, de cette race ancienne de Bourbon, ou immediatement, ou mediatement.

5. **G**VY de Bourbon, lequel comme le precedent, prift le furnom de S. Iuft, qui eft vne Sirerie en Champaigne, qu'il euft pour fon partage.

5 **C**OMBAVLD de Bourbon, lequel pareillement comme fes freres quitta le furnom, & prift celuy de la principale terre de fon partage : qui fut Larbour (terre fituée au pays appellé maintenant Bourbonnois) duquel, & de fa pofterité (feule reftée mafculine de toute la maifon) il eft traicté au Liure fuiuant.

LES SIEVRS DE L'ARBOVR DICTS DEPVIS DE COMBAVLD, SORTIS DE LA IV.

& derniere branche de Bourbon ancien, renduë l'aifnée par l'extinction des autres, & auiour-d'huy feule reftée de la ligne mafculine.

LIVRE SECOND.

Depuis l'an 1178. ou enuiron (que nafquift Combauld de Bour-bon) iufques en l'année 1628.

CEs DEVX ESCVS ACCOLLEZ (qui font au premier, les Armes natu-relles de la famille, dont Combauld de Bourbon, chef de la maifon des Sieurs de Larbour dicts de Combauld, eftoit forty : & au fecond, les parti-culieres qu'il prift) marquent, & font paroiftre de l'extraction de cette branche, de fa veritable tige ; & tefmoignent d'ailleurs comme l'vfage du temps feit changer à ce puifné le nom & Armes de fa race.

Av PREMIER efcu, de Bourbon comme cy-deuant.

Av SECOND, de Combauld, qui eft Larbour. Vid. fol. feq.

C

ARMES PLEINES DE LA MAISON DES

SIEVRS DE LARBOVR, DITS EN APRES DE COMBAVLD,
depuis que Combauld de Bourbon (ayant laiſſé ſon ſurnom
naturel pour celuy de Larbour) quitta les Armes de ſa famille
pour porter celles de ſon partage, cy deſſous blaſonnées , leſquelles ont touſiours continué en la meſme eſſence iuſques à
preſent, dans la famille, n'y ayant depuis eu que la figure changée, & quelques ornemens adjouſtez, côme il ſe voit cy apres.

LES ARMES *ſont d'or, à 3. Merlettes de ſable au chef de gueules.*
SVPPORTS *Deux griffons dragonnez.*
CIMIER. *Un autre griffon de meſme; tous trois d'or, armez &*
lampaſſez de gueules.
LA DEVISE. *Ie ne le quitte à nul autre.*
LE CRY. *Bourbon.*

Des Armes, Supports, Cimier, Deuise, & Cry de la Maison des Sieurs de Larbour, dits depuis de Combauld.

COMBAVLD, 4. fils de GVY Sire de Bourbon & de Dampierre, Grand Bouteiller de Champaigne, & de MARGVERITE Dame de Bourbon; comme par sa naissance il n'auoit autre surnom que celuy de Bourbon; qui estoit celuy de ses parens : Aussi n'eust-il autres armes, que celles de cette famille, iusques à ce qu'il quitta celles-là, à fin d'en prendre de nouuelles, à cause qu'il auoit pris le surnom de Larbour, & quitté celuy de Bourbon, pour les raisons deduites cy-apres. Or il voulust, comme l'vn suit l'autre, prendre les Armes de la famille dont il prist le surnom. La maison de Larbour auoit esté vne ancienne & grande maison au pays appellé maintenát Bourbonnois, qui tiroit son surnom d'vne terre située audit pays; & s'armoit *d'or à trois Merlettes de sable, au chef de gueules*, dont l'heritiere porta en la maison de Dampierre, & par icelle, en la famille de Bourbon ancien, cette terre de Larbour. De sorte que Combauld de Bourbon, auquel elle escheut en partage, ayant pris le surnom, en prist aussi les armes, qui estoient celles que nous venons de blasonner : ce qui n'estoit extraordinaire, puisque nous voyons qu'en ces mesmes temps, ou peu auparauát, Robert de France, fils du Roy Robert, ayant quitté son surnom naturel pour prendre celuy du Duché de Bourgoigne, en prist aussi les Armes. Pierre de France, fils du Roy Louys le Gros, ayant pareillement quitté le sien pour prendre celuy de la Sirerie de Courtenay, prist aussi les Armes de la famille de Courtenay, qui auoit possedé cette terre, & vn nombre d'autres Princes

de cette Royalle maifon, defquels, auffi bien que de ces
trois, nous pourriós rapporter les exemples fur ce point,
non pour faire la comparaifon des Princes du Sang auec
des moindres, mais pource que les petits fe sót toufiours
conformez aux grands: Et pour ce que cela s'eftant pra-
ctiqué par des Princes du Sang, il peut bien l'auoir efté
par des Gentils-hommes, qui n'ont pas tant d'intereft
de conferuer ces marques de leur extraction, que ceux
aufquels cét oubly feroit perdre des Couronnes.

Quant aux tenans & Cimier de la maifon, qui y ont
toufiours efté les mefmes depuis la feparation de cette
branche de fa tige, & lefquels font des griffons, mais des
griffons portans marques de dragós, à fçauoir des efcail-
les : & partant que l'on peut dire griffons-dragons, ou
griffons dragonnez; Combauld les prift de fa phantafie,
ou pluftoft pour quelque raifon particuliere que l'on n'a
point encores defcouuert dans la famille, non plus que
celle qu'il euft pour prendre la deuife : *Ie ne le quitte à nul
autre*; qui marque la grandeur de fon courage & de fon
efprit, lequel ne vouloit ceder à perfonne: Ce qui neantmoins fe peut pluftoft expliquer de la paffion qu'il auoit
au feruice des Roys de France, que de l'ambitió qu'il euft
d'eftre eftimé plus grád que les autres, quoy qu'en toutes
façós il fe trouue en cette deuife plus de generofité que
de vanité, & plus de prudence que d'outrecuidance: Car
cóme vn homme fage & courageux ne fe doit pas tenir
plus que les autres. Auffi vn homme genereux & pru-
dent peut bié dire qu'il n'eft pas moindre que les autres,
qui eft le fens de cette deuife. Pour le Cry que Combauld
a laiffé à fa famille, il ne faut que le mot mefme pour
rendre raifon de fon origine, qui eft qu'ayant efté celuy
de la famille de Bourbon, ce cadet le vouluft conferuer

pour marque de fon origine ainfi que nous le voyons a-
uoir efté retenu par d'autres branches qui venoient de
mefme fouche, tefmoin *Saintré*, qui faifant mention
des Cheualiers & Seigneurs de la Marche, de Berry, &
d'Auuergne, qui l'accompagnerent, il nomme Philippes de Bourbon (iffu fans doute de la branche de Mót-
perroux) qui s'armoit, dit-il, *d'Or au Lyon de gueulle à l'orle
de Coquille d'Azur,* & crioit *Bourbon.* Or les armes cy-deuát blafonnées que prift enuiron l'an 1217. Cóbauld de
Bourbon, ont efté toufiours depuis continuées dans la
famille, fans mutation quelconque, iufques en l'année
1627. fors la figure d'icelles qui en fut changée enuiron
l'an 1270. que Fiacre de Combauld 2. du nom, duquel
Combauld eftoit trifayeul, ayant efté faict Cheualier
Banneret, euft droict, & depuis par confequent tous fes
defcendans, de porter en banniere les armes, que fes
predeceffeurs auoient porté en efcu, & de les couronner du cercle de banneret, pareil à celuy des Vicomtes,
fuiuant la doctrine du fieur Fauin en fon Theatre d'hóneur: I'ay dit qu'il n'y auoit point eu de changemét aux
armes de la maifon iufques en l'an 1627. Car il eft vray
qu'en cet an 1628. Charles de Combauld 2. du nom, Cheualier de l'Ordre du Roy, ayant authentiquement iuftifié fa race eftre fortie de celle de Bourbon ancien par la
preuue qu'il a efté neceffité de faire à la Cour des Aydes
de Paris, & ayant obtenu vn folennel Arreft confirma-
tif de fon ancienne & illuftre Nobleffe, a chargé le premier quartier du chef de fes armes, d'vn petit efcu de
Bourbon ancié, pour marque de fon origine, ainfi qu'il
fe verra au 16. chap. de ce liure. Quát à la preuue de poffeffion par cette famille, des armes cy deuant blafonnées, elles fe veoient ainfi peintes, empreintes, grauées,

& taillees (qui ne font neantmoins que fort peu de re-
ftes & de veftiges) à Aigueperfe, aux Clayes, à Paris, &
nommément en l'Eglife de S. Blaife d'Efcolle, où elles
y ont efté mifes il y a pres de deux cens ans, en cette forme, auec le timbre tarré de front, ainfi qu'il eft iuftifié
en l'Arreft, fol. 21.27.31. & 65. Et en plufieurs defdits lieux
la cotte d'armes (qui fe verra cy apres auoir efté adjou-
ftée, il y a enuiron cent ans, pour recompence) s'y recognoift entourer la banniere : & la poffeffion continuë
s'en retrouue depuis que Louys de Combauld, dit le
Capitaine, fils de celuy qui fit peindre & timbrer de frót
fes armes à Efcolle, ayant couuert Charles de Bourbon
fon Maiftre, de fa cotte d'armes, & par ce ftratageme
efté la principale caufe de la victoire qui fut acquife à la
memoire de ce Prince, voulut laiffer à fa pofterité vne
marque de ce fignalé feruice, par vne pareille cafaque
dont il entoura la banniere de fes armes, y adjouftant
vne deuife Latine dans le reply d'icelle, *vbi mel ibi fel*, qui
eft la feconde deuife de la maifon de Combauld continuée depuis ce temps, qui fut enuiron l'an 1530 iufques à
aujourd'huy, par laquelle ce grand Capitaine vouloit fi-
gnifier, qu'auec les contentemens de la victoire dont il
auoit efté l'inftrument, il auoit receu les douleurs de la
mort de fon Prince, dont il auoit efté tefmoin oculaire,
ainfi qu'il eft iuftifié en l'Arreft, fol. 21 27. 62.

DE LA MAISON DES SIEVRS DE

*Larbour, dicte depuis de Combauld, en general; de ce qui
s'y doibt principalement remarquer: Et nommément des
changemens de Nom & d'armes de Bourbon.*

AV parauant que de parler des degrez particuliers de la maison de Combauld, & de ce qui est remarquable en iceux, il est raisonnable de dire, comme par auant-propos, vn mot de la famille en general, & de ce qui est considerable en icelle, soitqu'elle a de cómun auec toutes les autres, soit qu'elle a de particulier en soy, depuis qu'estant bráche particuliere, detachée de sa tige, elle a fait vne nouuelle race. Les aduátages qu'elle a communs auec toutes les autres, & les plus illustres, sont les 4. que l'on dit d'ordinaire rendre vne famille cósiderable en son pays, l'ancienneté de l'origine, la grádeur des alliances, le lustre des charges, & la quátité des biens. Le 1. se recognoist, en ce qu'il y a 400. ans, ou enuiró, que cette famille est separée de la tige de Bourbó, auparauát lesquels il y auoit de tout téps eu des Princes Souuerains en la terre de Bourbó, predecesseurs de cette famille. 2. La grádeur des alliáces s'y rencótre, tant auparauát la separatió, que depuis; Auparauát, en ce que les Sires de Bourbó sont descendus d'vne Princesse du Sang de Fráce, ALIX de BOVRGOIGNE, issuë des Rois Hugues Capet & Robert, & d'vne fille de la maison de Sauoye Niepce du Pape Calixte second, & que depuis la separatió de cette branche de sa tige, les sieurs de Combauld ont pris alliance dans de tres-illustres maisons, comme celles de Saintré, de la Tour, de Courtenay, de Chazeró, d'Allegre, de Bourbon Royal, & quantité d'autres, au

moyen desquelles ceux qui sont à present de cette maison, peuuent dire, qu'ils ont l'honneur d'auoir parenté
auec la plufpart des illuftres, Souueraines & Royalles
maifons de l'Europe; outre que de leur chef, & par eux
mefmes ils ont l'honneur d'auoir defia la mefme con-
fanguinité, en ce que il y a fort peu de maifons Imperi-
ales, Royales, Ducales, Souueraines, & illuftres, qui
ne foient defcenduës par femmes, ou mediatement, ou
immediatement de la race de Bourbon ancien, de laquelle la maifon de Combauld eft iffuë en ligne mafculine. Troifiefmement l'aduantage qui fe tire du luftre
des charges, ne fe rencontre pas moins en cette famille,
qu'en beaucoup d'autres: car outre qu'il fe trouue neuf
Gentils-hommes de pere en fils, qui ont toufiours
pris qualité de Cheualiers, deux qui ont efté Cheualiers
d'Ordres, deux en outre Cheualiers d'honneur de
grandes Princeffes: il s'y en rencontre de Chambellans
de nos Roys, Chambellans, premiers Maiftres d'Hoftel, premiers Efcuyers de Princes du Sang, & de Capitaines dans les armées. Que fi à ce troifiefme aduantage fe peut encore rapporter, ce que raifonnablemét
l'on peut faire, celuy que l'on tire des bonnes actiós, &
des hauts faicts defquels on s'eft fignalé dans ces em-
ploys, principalemét au téps de la guerre : il y a encore
à dire àl'hóneur de cette famille, qu'elle n'a pas efté des
moindres à fe rencontrer de tout téps dás de tres-belles
occafions, & d'y feruir dignemét. Ainfi pour auoir reüf-
fy aux guerres de fon temps, Noël Cóbauld fieur de Larbour, s'acquift, il y a plus de trois cens ans, le titre de
Capitaine furieux, Tefmoins les voyages de la Terre
fainćte, où ces Gentils-hómes ont efté hazarder leur vie
pour la Foy, & nommément le fecond qu'entreprift en

1270. le bon Roy S. Louys, & qu'il n'acheua pas, auquel
Fiacre de Combauld 2. du nom merita vn honneur
tres-particulier, d'estre faict de la main de ce Grand &
Sainct Roy, Cheualier banneret, dont il a transmis les
droicts & les honneurs à ses descédans jusques à auiour-
d'huy, Tesmoins toutes les guerres d'Italie, esquelles
Iean de Combauld premier du nom, accompagna Gilbert comte de Montpésier; tesmoin la journée de Marignã en 1515. où le capitaine Louys de Combauld com-
mãdant en vne compagnie de gens-d'armes, dãs l'ad-
uãtgarde de l'armée Royale, fust la principale & premiere cause de cette signalée victoire obtenuë par Frãçois I. en la défaite des Suisses & prise de Milan, vne des
plus considerables qui se récontre dãs l'Histoire : si que
ce gentil-hóme qui desia auparauãt pour sa valeur auoit
merité le surnom de capitaine, comme d'autres de ses
predecesseurs, ainsi que l'Histoire le porte, depuis ce seruice signalé merita treuuer loüange dans l'Histoire du
sieur de Marillac, tesmoin oculaire de ses actions. Tesmoin le sac de Rome en 1627. par Charles Connestable
de Bourbon, où le mesme Capitaine Louys de Cóbauld
fust encore la plus grande cause de cette grãde victoire,
qui rendit vaincuë cette ville, qui auoit vaincu tout le
monde, ayant par vn stratageme admirable, couuert de
sa cotte d'armes le corps mort de ce Prince, dõt il estoit
Escuyer; En signe dequoy, depuis ce temps-là iusques à
auiourd'huy les Armes de la famille sont entourées
d'vne cotte d'Armes, pareille à celle qui fust l'instrumét
de cette belle action. Tesmoin encore depuis, toutes
les guerres de Piedmont & d'Italie, & principalement
le siege de Carmagnolles, où Iean de Combauld, fils
de ce susdit Capitaine, commandant aussi à vne Com-

pagnie de gens de pied, rendit plusieurs grandes preuues de son courage:En fin tesmoins les guerres dernieres ciuilles, où Gilbert de Combauld sieur de clayes,
suiuit tousiours la fortune de son Roy, & parust à cette
renommée bataille d'Iury au troisiéme rang, armé de
pied en cap soubs la cornette blanche, proche la personne du Roy, & y combattist si vaillamment (comme
aussi deuant & depuis à toutes les batailles, journées,
rencontres & autres occasions) que les Seigneurs &
Gentils-hommes, tesmoins de ses bonnes actions, ont
honoré les enquestes qui en ont esté faictes de l'authorité de la cour, de loüanges tres-aduantageuses, touchant la vertu de ce bon vieillard, qui merita par ces
seruices de ce grand Roy, l'honneur de la qualité de
(PERE) Que si en quatriefme lieu les grands biés marquent la grandeur des maisons, si l'on considere ceux
qui ont esté dans cette famille, il ne s'y rencontrera
point lieu de la rabaisser par ce costé-là, puisque les terres de Larbour, celles de Hondicieres, Sambers, Har-
uilliers, & Loucharre, situées en Auuergne, Bourbonnois & Forests, toutes belles terres qui ont subsisté
trois cens ans durant dans cette maison, sans plusieurs
autres, & quátité de biéns d'autre nature, font bien paroistre que la fortune auoit aussi fauorisé de richesses
cette famille, que d'autres aduátages. Mais pour ce dernier, l'ayant donné d'vne main, elle l'a osté de l'autre: &
cela en la personne de Louys de cóbauld deuxiesme du
nom, Escuyer du connestable de Bourbon, lequel pour
suiure la fortune de ce Prince, son Maistre, & pour l'assister en ses afflictions, vendit la plus grande part de tous
ses biens, qui auoient tousiours successiuement subsisté
dás la famille iusques à luy, & pour n'auoir point voulu
abandon-

abandonner fon party, en veit depuis confifquer le refte. Voylà les quatre poincts que la maifon de Combauld peut auoir remarquables en commun auec toutes les bónes maifons. Quát à ce qu'elle a en foy de particulier confiderable, foitpour fon aduantage, foit pour
fon mal-heur, ou en fin pour l'indifference ; l'on doibt
remarquer, qu'elle eft iffuë d'vne Maifon Souueraine ;
qu'elle eft auiourd'huy la tige aifnée, & la feule en ligne
mafculine, qui a continué la pofterité en la maifon de
Bourbó non Royalle: que de cette famille eft fortie par
femme, nommément la Maifon de France, qui regne
auiourd'huy, mefmes qu'elle en a pris le furnom. Que
fort peu de familles fe rencontrent où la fucceffion de
mafle en mafle, & d'aifné en aifné, fe trouue fi longue &
fi continuë qu'elle faict en cette maifon, en laquelle
Charles de Cóbauld 2. du nó, eft auiourd'huy le 16. depuis lafeparatió de mafle en mafle, &d'aifné en aifné sás
interruption ny reprefentation aucune: Qu'elle eft vne
des feules races qui de fi long-téps ait cóferué le droict
& les marques du tíltre de Cheualier banneret, qui eft
vn poinct d'Hiftoire, & aduantage de Nobleffe. En fecond lieu, pour le mal-heur, l'on peut confiderer comme cette famille a efté fort fterile en branches, fort affli-
gée de diuers accidens, tant en la perte des biens, cy deuant déduite, qu'en la ruine des Eglifes où eftoient les
monumés de leur ancienneté, qu'en la perte des tiltres
& papiers arriuée en l'embrafement du Chafteau d'Aigueperfe (où ils eftoient) en 1574. comme il eft iuftifié
en l'Arreft, fol. 65. qui doibt feruir de iufte excufe au peu
de preuues qui reftent de l'ancienneté de cette maifon,
où apres tant de mal-heurs, les apparences, conjectures,
& quelques tiltres, doiuét efgaler la multitude de preu-

F

ues des autres familles. Quant aux chofes indifferétes,
dont neantmoins la cognoiſſance ne ſera point deſa-
greable , il faut ſçauoir que la famille des Côbaulds, au
commencement de ſa ſeparation s'eſt habituée principalemét au Duché de Montpenſier, proche la ville d'Eſcolle, meſme dans icelle, où elle poſſedoit pluſieurs terres, heritages, maiſons & poſſeſſions, outre celles qu'elle auoit de ſon partage aux pays circonuoiſins: Ce qui a
donné lieu de croire qu'elle eſt originaire d'Eſcolle , ou
des terres d'alentour, tant il y a long-temps qu'elle y eſt
recogneuë. Ce n'eſt pas ſans raiſon, que ces Gétils-hom-
mes ont choiſi ce pays pour leur principale habitation:
car la Limaigne d'Auuergne (dont cette ville faict la fin)
peut bien ſans contredit paſſer pour vne des plus belles
& des plus floriſſátes parties, quoy que des plus petites,
du Royaume. Reſte de dire vn mot ſur le changement
que cette maiſon a fait de ſon premier nom de Bourbó
en celuy de Larbour ; & en fin comme par ſucceſſion de
téps celuy de Combauld eſt auiourd'huy le ſurnom de
la famille, & non celuy de Larbour: ce qui n'eſt pas choſe ſi eſloignée de la raiſon, qu'elle paroiſt, ny qui doiue
diminuer du luſtre de cette maiſon, puiſque ce changement n'a eu autre fondemét que la practique du temps
& l'exéple de toutes les familles de cet âge; Cette mutation donc eſt arriuée en cette façon. Nous auons dit
que de Guy Sire de Bourbon & de Dampierre, & de
Marguerite Dame de Bourbon ſa femme, naſquirent 4.
fils entre autres enfans, Archambauld, Guillaume, Guy,
& Combauld , pour ne les ſpecifier que par leurs noms
de Baptéſme : Tous les quatre naturellement, du viuát
de leur pere , porterent le Nom & les Armes de Bourbon: Et de faict, Combauld eſt ainſi nommé dans le te-

ſtament de Iulien de Combauld faict en 1409. MAIS à la mort de leurdit pere, ayans diuiſé ſes biens, ils feirét lors entr'eux ce qui ſe pratiquoit entre tous en ces téps, depuis Hugues Capet iuſques au Roy S. Louys, ſçauoir eſt que chacun priſt le nom de ſon partage : & par ainſi Combauld de Bourbon, ayant eu la terre de Larbour (terre d'vne ancienne maiſon de Larbour, fonduë en celle de Dampierre, & depuis en celle de Bourbon) à la reſerue de quelques dependances & droicts conſeruez à l'aiſné, priſt le ſurnom, & par conſequent les Armes de cette famille. Or que cela n'ayt eſté incóueniét à cette perſonne, il ſe voit en ce que les 3. autres le feirét de meſme : & cela conſtamment par toutes les Hiſtoires : car Archambauld huictieſmë du nom cóme aiſné euſt la terre de Bourbon, & ſeul en retint le nom & les armes. Guillaume euſt la terre de Dampierre, & en priſt auſſi le ſurnom & les Armes : & Guy quitta auſſi le ſurnom de Bourbon, & priſt celuy pareillement de ſon partage, qui fuſt Sainct Iuſt. Tellement que ce que tous les Hiſtoriens remarquent de ces trois freres, peut bié faire la raiſon pour le quatrieſme, puiſqu'il eſt conſtát, comme nous iuſtifierós cy-apres au premier Chapitre du ſecond Liure, que ce Combauld eſtoit frere de cet Archambauld Sire de Bourbon, qui euſt pour freres Guillaume & Guy, & pour femme vne fille du Conneſtable de Mello : & que pour marque de cette verité il ſe trouue de faict, que ce meſme Combauld, qui par preuue authentique eſt dit venir des Sires de Bourbó, & par d'autres expreſſémet eſt appellé Cóbauld de Bourbon, a eu des deſcendans, nommémét ſpecifiez iſſus de luy, qui ſont appellez de Larbour en ſurnom, & non en Seigneurie : ce qui n'a pas eſté, en ces téps, particulier,

comme j'ay dit, en cette maiſon; mais ordinaire en toutes, ſoit de Princes, ſoit de Gentils-hommes, deſquelles
le ſeul aiſné retenoit le nó paternel, quoy que bié ſou-
uét il s'en ſoit trouué qui l'ont quitté; & tous les cadets
prenoient le ſurnom & les Armes de leur apennage ou
de leur partage. Ainſi a-il eſté pratiqué dans la maiſon
de Fráce, où les puiſnez ont pris le ſurnom en ces téps,
&deuát &depuis, de Poictou, de Toloſe, d'Eureux, d'Artois, de Dreux, de Clermont& d'autres. Et quant aux
maiſons particulieres, ne tirant exemple que de celles
qui vniuerſellement ſont cogneuës, & dont les Hiſtoires imprimées font foy de noſtre dire, puiſque auſſi
bien le nóbre en ſuffit pour tirer vne conſequence vni-
uerſelle ; Dans la maiſon de Montmorency vn cadet a
pris le ſurnom de la terre de Marly, vn autre celuy de
Bray, & vn autre celuy de Laual. Dás la maiſon de Chaſtillon ſur Marne, des cadets ont pris le ſurnom de la
terre de Baſoches, les autres de celle de Mont-jay, d'autres de Porcean, d'autres de S. Paul, d'autres de Blois, &
d'autres de Bretaigne. Dans la maiſon de Vergy des cadets ont pris le ſurnom de Châlon, les autres de la terre
de Beluoir, & les autres de celle de Donzy. En fin il eſt
notoire, qu'en ces téps les enfás des familles prenoient
le nom & les Armes de leur partage, ou de leur féme,
ou meſme de leur charge. Voylà donc comment il n'eſt
point inconuenient, que Combauld de Bourbon, chef
de cette famille, ait quitté le ſurnom de ſa tige : eſtant
hors de propos ce que l'on pourroit objecter, que le
luſtre de la maiſó de Bourbó eſtoit ſi grád, qu'il eſt difficile de croire, qu'vn hóme quittaſt vn illuſtre nom pour
en prédre vn bié moindre : Puiſqu'il ſe veoit que Monſieur Louys de Clermont, Prince du Sang de Fráce,)qui
eſt

eſt choſe bien plus conſiderable)quitta le ſurnom de ſon
appennage pour prendre celuy de la terre de Bourbó, &
qu'auparauant Pierre Sire deCourtenay,quitta le ſurnó
& les Armes de la maiſon Royalle , pour prendre ceux
d'vne famille particuliere,& infinis autres,dót les exemples peuuent eſtre rapportés ſur ce ſubiect, pour faire
veoir que le changement de nom &d'Armes fait en ces
temps,ne peut auoir coup cótre cette branche,qui d'ailleurs ſera iuſtifiée cy-apres ſortir de cette tige , & auoir
eſté recognuë par les autres branches Royalles & non
Royalles,de tout temps,pour eſtre de l'ancienne maiſon
de Bourbon. Il appert donc que dans la ſeparation de
cette branche de ſa tige , cette maiſon ſe ſurnómoit de
Larbour;qui eſtoit vne terre belle & riche, qu'il appert
par quelques anciens tiltres auoir eſté ſituée en Bourbó-
nois.Et il ſe veoid queCombauld s'appelloit Combauld
Sire de Larbour.Or cóme de ce nó propre de Cóbauld,
le ſurnom de la famille en a eſté faict: En voicy la ſuitte.
En ces temps , dans la France , mais nommément en
ces pays & circonuoiſins , (mais que dis-je en ces temps
& en ces contrées?) touſiours,& par tout,il a eſté receu,
de donner aux enfans deux noms au Bapteſme , meſme
bien ſouuent celuy du pere,ou de quelque predeceſſeur,
dont la volonté ou vertu auoit ordonné ou merité ce
reſſouuenir.Icy la vertu & les haults faits de Combauld
meriterét que ſon fils Noël fuſt honoré auec ce premier
nom de celuy de ſon pere:&le deſir de ce braue homme
fuſt,que ſon fils au Bapteſme euſt ces deux noms Noël
Combauld : & par la meſme raiſon Noël le continua à
ſon fils Gabriel,& Gabriel à ſon fils Fiacre,ſi que ce nom
leur paſſa en agnom , & leur fuſt hereditaire iuſques à
celuy que nous dirons cy-apres, lequel en feiſt le ſurnó

qui dure iufques à prefenr. Ainfi lifons nous dans l'Hiftoire des Comtes de Foix, compofée par Bertrand He-
lie, que Roger Bernard 2. Comte de Foix, euft vn fils
qui en fa confideration fuft appellé Raymond Roger
de Foix. Dans la Genealogie des Comtes de Prouence,
(tous pays voifins de l'Auuergne) appert que Berenger
Comte de Prouence, euft pour fils qui fut ainfi appellé
en confideration de fon pere, Raimond Berenger le jeune. Et pour rapporter des exemples, efquels non feulement le fils ayt porté le nom du pere ou d'vn parét auec
le fien, pour quelque reffouuenir de fon merite ; mais
mefme qui ayt en apres paffé en agnom hereditaire
aux defcendans. Dans la famille de Tournon, à caufe de
Sainct Iuft qui a efté de cette race, tous ceux de la maifon hereditairement entre leur nom & leur furnom,
portent cét agnom de Iuft. La commune opinion eft
que dans la maifon de Polignac en Auuergne, pour ce
qu'il y a eu vn grád perfonnage appellé Armand en cette race, que tous les defcendans portét hereditairement
cet agnom, & s'appellent, Tel, Armand de Polignac.
Ainfi dans la maifon de Laual le nom de Guy a efté hereditaire : dans celle de Montmorency le nom de Bou-
chard : en celle de Chaftillon fur Marne le nom de Gau-
cher : en celle de Bourbon le nom d'Archambauld : en
celle de Sauoye le nom d'Amé : en la maifon de la Ro-
che-foucaud celuy de Foucaud : en celle de Neuf-chaftel
celuy de Thibaud : en celle de Coucy celuy d'Enguer-
rand & de Thomas. Et en toutes : cela en côfideratió d'vn
premier de ces noms, dót la vertu ou la volôté auoit merité cette recognoiffance en fa pofterité. Ainfi en la maifon de Milan, Galeas 2. du nom, XI. Vicomte de Milan,
euf pour fils & fucceffeur, ainfi nommé en confideratió
du pere, Iean Galeas premier Duc de Milan ; nom de

Galeas qui à depuis esté hereditaire, & a passé en agnom
à plusieurs de ses descendans. Ainsi ce Duc Iean Galeas,
en consideratió de quelque Dame sa proche parente, fit
nommer son fils Iean Marie de Milan, lequel nom de
Marie a depuis esté hereditaire & agnom à toute la famille, si que mesme Sforce (qui n'estoit de la race) le
continua à ses enfans, les faisant appeller Galeas Marie,
& Iean Marie. En fin, ainsi en la maison des Chastellains
de Gand, Villain de Gãd, fils puisné de Hugues Chastellain de Gand, eust pour fils Alexandre Villain de Gand,
dont la posterité continua cet agnom. Or en dernier
lieu, depuis de cet agnom de Combauld, par succession
de temps, s'est fait le surnom de la famille (cessant le surnom de Larbour) en cette façon. Nous auons dit comme le fils de Gombauld de Bourbon, & depuis de Larbour sieur dudit Larbour], s'estoit appellé Noël Combauld de Larbour sieur dudit lieu; son petit fils Gabriel
Combauld de Larbour aussi sieur dudit lieu ; & son arriere petit fils Fiacre Cóbauld de Larbour pareillemẽt
Seigneur d'icelle terre: & ce en ressouuenance de ce predecesseur, suiuant la pratique de beaucoup d'autres familles. Or selon l'exemple de quelques-vnes de celles
que nous auons allegué, ce Fiacre fit en fin de cet agnó
vn surnom, car bien qu'il eust esté né & esleué en sa ieunesse soubs le nom de Fiacre Combauld de Larbour, &
l'eust tousiours porté du viuãt de son pere ; neantmoins
à sa mort il le quitta, & ne cõtinua plus le mot de Combauld en agnom, mais en fit vn surnom, & celuy de
Larbour, ne le porta plus qu'en tiltre de Seigneurie ; &
depuis luy, en suitte, les descendans ont tousiours continué de ne se plus qualifier qu'en Seigneurie du tiltre de
Larbour, & en surnom de celuy de Cóbauld, dõt on ne

peut donner raiſon que celle de la phátaiſie, nõ plus que l'õ n'é peut trouuer d'autre en la maiſõ des Dauphins de Viennois & d'Auuergne, où le nom propre a eſté faict le ſurnom de la famille: & en celle de Gand, en laquelle les deſcendans d'Alexandre Villain de Gand quitterent entierement le ſurnom de Gand (comme les ſieurs de Combauld celuy de Larbour) & firent pour ſurnom de la famille ce mot de Villain, comme ceux-cy celuy de Combauld, qui auoit eſté à quelques predeceſſeurs ag-nom, & au triſayeul nom propre, comme celuy de Vil-lain auoit eſté en celle-là au pere agnom, & au predeceſ-ſeur nom propre. Ce que rapportent *Antonius Sanderus lib. 3. Rerum Gandauenſium, & Dauid Lindanus lib 3. de Tene-ramunda ap. 3.* Ainſi eſt auſſi ſans autre raiſon, ſur pareil ſubject, de faire d'vn nom propre vn ſurnom hereditai-re à ſa poſterité (puis qu'en effect ces agnoms eſtoient o-riginairement & veritablement des noms propres de perſonnes.) Les maiſons de la Roche-foucauld, de laRo-che-guyon, & de la Roche-anderic, où les noms propres de Foucauld, de Guyon & d'Anderic, ont fajt les ſurnós de ces grandes familles. Ainſi eſt il de la maiſon du Bel-lay ou Berlay, en laquelle le fils d'vn Berlay de mõſtreul, appellé Tel Berlay de Monſtreul, quitta le ſurnom de Monſtreul, & s'appella ſeulement, & depuis toute la ra-ce, Tel de Berlay ou de Bellay: Ainſi de meſme eſt la maiſon des Gouffiers, qui ſe dit tirer ſon ſurnom de Gay-fer Duc d'Aquitaine: Ainſi celle des Charles, Seigneurs du Pleſſis Piquet, laquelle à ſon ſurnom d'vn Gentil-homme qui s'appella ainſi en nom propre: Ainſi en fin, entre mille autres, celles de Grignan, d'Anjorrand & de Morlet tout conformément à la noſtre. En la premie-re deſquelles trois maiſons, le mot d'Adhemar, qui

auoit

auoit esté originairement nom propre, fust depuis agnom, & en fin surnom de cette famille, qui auparauant
se surnommoit de Monteil. En la seconde, Anjorrand
estoit nom propre, & le surnom de la famille estoit
Bourré, & les descendans d'Anjorrand Bourré Seigneur
de la Sourciere, quitterent en fin, par succession de téps
ce surnom de Bourré, & de ce nom d'Anjorrand en firent en apres le surnom de la maison. Et en la derniere,
le mot de Morlet estoit vn nom propre, les descendans
se sont depuis surnommez Tel Morlet, sans auoir retenu ordinairement le surnom du Museau. Voila donc en
fin, comme le surnom de la maison de Combauld, qui
a duré iusques à auiourd'huy, s'est ainsi tiré, aussi bien
qu'en beaucoup d'autres, du nom propre; où l'on ne
doit obiecter la disparité d'auec ces exemples: en ce qu'-
en ceux-là le surnom s'est faict du nom propre, & icy
d'vn agnom, puisque cét agnom-cy a esté nom propre,
& n'estoit pas comme d'autres agnoms qui se tirent de
quelque autre rencontre particuliere, comme en la maison de Caulmont celuy de Compar, en celle d'Vrfé celuy de Paillart: & ainsi en beaucoup d'autres; mais estoit
tellement vn agnom, que ce n'estoit qu'vn nom de
Baptesme joint auec vn autre, & que i'appelle seulement agnom analogiquement, non pas vniuoquemét.
A quoy l'on pourroit adjouster, en faueur de toutes ces
maisons, dót les surnoms ont esté tirez des nós propres,
qu'il n'a pas esté plus inconueniét de les tirer des noms
propres que des charges: & que nous voyons que quantité de bonnes familles ont les surnoms des charges de
leurs predecesseurs: Ainsi celle de Veneur Côtes de Tillieres: celle de Bouteiller Comtes de Senlis: celle de Se-
neschal Seigneurs d'Auberuille en Caux, & celle des Mai-

res Seigneurs de Parifi-fontaine, ont cela de remarquable en leurs races. L'on voit par ainfi les anciens & mo-
dernes furnoms de la maifon de Combauld : car originairement, & dans la feparation des branches de la tige
de Bourbon, elle eut le furnom de Larbour enuiron en
1215. & en apres, par le progrés cy-deffus déduit, elle fuft
renommée de Combauld fous Fiacre de Combauld 1. du
nom, fieur de Larbour enuiron l'an 1290. depuis lequel
temps, iufques à auiourd'huy, elle n'en a point changé,
ayant peu toufiours neátmoins iufques enuiron l'an 1518.
ou 1520. ou 1522. monftrer la terre de Larbour terre de só
veritable & originaire furnom, cóme branche & famille
feparée de la tige de Bourbon. Que fi on vouloit obiecter (contre ce que nous auons dit, que de ce mot Combauld, qui eftoit nom propre, a efté fait le furnom en
cette famille comme en beaucoup d'autres) que ce mot
Combauld n'eft pas apparemmét vn nom propre, nous
renuoyerons ceux qui en voudroiét douter, au fieur Fauin en la 2. partie de fon Theatre d'Honneur, où il mó-
ftre qu'il y a eu vn Roy de Bourgoigne qui auoit tel
nom : joinct que les noms d'Archambauld & Clerem-
bauld ne font pas plus familiers que celuy-là, ny pour la
confonance, ny pour la fingularité. On doit encore icy
remarquer que Fiacre de Combauld I. du nom fieur de
Larbour, encore qu'il femble auoir changé fon nom en
ce qu'il ne portoit plus le tiltre de Larbour qu'en Seigneurie, & non plus en furnom, & que de cét agnom
Combauld il en feit fon furnom, que neantmois il con-
ferua toufiours les Armes de Larbour : & cela d'autant
qu'il faifoit fon furnom d'vn nom propre, & nó pas de
quelque terre dót il peuft prendre les Armes, comme
Combauld fon predeceffeur auoit fait, qui prenát le fur-

nom de la terre de Larbour, euſt lieu de prendre les armes de cette terre, ou plutoſt de la famille qui auoit autresfois tiré ſon nom d'icelle ; Outre que Fiacre & ſes
deſcendans retenans touſiours cette terre de Larbour,
eſtoient bien aiſes de conſeruer, ſinon toute, au moins
vne partie de la memoire de leur partage : De ſorte
qu'il rendiſt les Armes de la maiſon de Larbour, de là
en auant, les Armes de la maiſon de Combauld, ainſi
que tous ceux dont nous auons cy-deuant allegué les
exemples, qui ont laiſſé à leurs familles les Armes de
leurs veritables & anciens ſurnoms, bien qu'ils les quit-
taſſent, & fiſſent de nouueaux ſurnoms, ou de leurs
noms propres, ou de leurs agnoms.

LEcteur, la seconde partie qui contient l'Arrest, enferme dans le corps d'iceluy, l'inuentaire des tiltres & autres preuues iustificatiues de ce qui est traicté en la premiere partie, en laquelle de chaque chose la marge par les cottes tres-fidelles des pages & des lignes renuoye à l'Arrest pour verifier le dire : Mais il est arriué vn accident en ceste seconde edition, qui donneroit de la peine s'il n'y estoit preueu par ce mot d'aduis, car l'Imprimeur ayant voulu pour l'ornement du Liure faire l'Arrest d'Italique, qui auparauát estoit de Romain, & par ainsi ayant rendu le nombre des pages de l'Arrest moindre ceste fois, d'vne, que la premiere, à cause du caractere, n'a pas pris garde que par ce moyen il rendoit fausses toutes les cottes qui sont la premiere partie, relatiue à la seconde, à quoy il n'y a qu'vne seule chose à remarquer, qui est qu'il faudra tousiours chercher en la page de l'Arrest precedente celle qui sera cottee: Par exemple, s'il est dit, *preu. pag.* 3. cherchez *pag.* 2. si *pag.* 10. cherchez *pag.* 9. si *pag.* 30. cherchez *pag.* 29. & ainsi de toutes les autres, ce qui est vniuersellement certain, & qui supplera à la faute de l'Imprimeur; car pour les lignes ce n'est pas chose de consequence, estant suffisant de donner aduis pour trouuer la page, en laquelle se voit la iustification de l'exposé.

GENEALOGIE

ET DESCENTE DES SIEVRS
DE LARBOVR DICTS DEPVIS DE
Combauld, iſſus de l'ancienne maiſon de Bourbon.

LIVRE SECOND.

ANS DE IESVS-CHRIST.

BOVRBON comme cy deuant.

LARBOVR d'or à trois Mer-lettes de ſable, au chef de gueules.

SAINTRE' de gueules à la bã-de d'argēt, au lam-bel de 4. pieces, de meſme en chef.

5.

COMBAVLD
DE BOVRBON, *depuis* DE LARBOVR, *Cheualier* 1. *Seigneur des terres de Larbour, Hondiciere & Sambers.*

CHAPITRE I.

COMBAVLD eſtoit quatrieſme fils de Guy Sire de Bourbon & de Dampierre, & de Dame Marguerite Dame de Bourbon: Il naſquit enuiron 1178. iuſques à preſent, par la perte des tiltres, il ne s'en trouue aucun dãs la famille, 1178.

I

qui iuftifie que Combauld fuft iffu dudit Guy; mais cette filiation fe prouue en ce que l'on produit d'vne part, tiltres, & autres pieces authentiques, qui iuftifient qu'il eftoit forty d'vn des Sires de Bourbon indeterminémét, & d'autres, par lefquelles, d'autre part, il demeure conftant, qu'il eftoit frere d'vn Archambauld, lequel auoit efpouzé vne Dame de Mello. Or il eft affeuré que celuy là eftoit Archambauld le grand, & le fils aifné defdits Guy & Marguerite, & partant que Combauld eftoit auffi leur fils: car outre que depuis ce temps, les Combaulds comme par poffeffion ont retenu vne continuation d'honneur, que de temps en temps les Princes du Sang, iffus de cette maifon de Bourbon l'anſié par femmes, les ont toufiours recogneuz aux actes publicqs pour parents, iufques il y a enuiron quatre-vingts ans, que les biens de la maifon ont diminué. Dans vn ancien Tableau en forme d'Epitaphe, en l'Eglife de fainct Blaife d'Efcole, reftaurée par les fieurs de Combauld, contenant la genealogie defdits fieurs, depuis les Sires de Bourbon, iufques à celuy qui l'a fait mettre audict lieu, qui fut Iean de Combauld premier du nom, en l'an 1485. Iceluy Iean fpecifie nommément, que Combauld fon 9. ayeul, eftoit iffu & fils maifné, c'eft à dire, puifné d'vn des fires de Bourbon, & pour marque de cette veritable extraction, au mefme lieu les armes anciennes de la premiere maifon de Bourbon, cy deuant blafonnées, y font peintes auec les Armes pleines des Combaulds, c'eft à dire de Larbour. Et dans le teftament de Iulien de Combauld fait en 1409. luy teftateur ordonne, & enjoint nómément, que certaines fondations qu'il dit auoir efté jadis faites à Bourbon & Moulins par fes predeceffeurs Meffires Archambauld Sire de Bourbon, &

Combauld de Bourbó freres foient entretenuës par fes
heritiers, mefmes fi befoing eft, leur commande de re-
fonder & renouueller celles qu'il dit auoir efté faites
aux mefmes lieux par les femmes d'iceux fes predeceffeurs qu'il nomme les Dames de Mello & de Saintré. Ce
qui fait inferer que Cóbault eftoit fils de Guy, puisque
il eftoit frere de cet Archambauld qui efpoufa la fille
du Conneftable de Mello, lequel d'ailleurs eftoit affeu-
rément fils defdits Guy & Marguerite: & qu'au cómen-
cement il auoit porté le nom de Bourbó, comme naturellement il le deuoit, puifque il eftoit ainfi qualifié en
ce lieu, d'où vient que nous luy auons dóné deux Efcuf-
fons accollez des deux maifons. Ce Combauld efpoufa
VNE DAME DE L'ANCIENNE MAISON DE SAINTRE, tant
renommée dans les Hiftoires de France, & ce enuiron
l'an 1194. aagé feulement de feize ans, du viuant de fon
pere, comme nous venons de monftrer, il auoit porté
le nom & les armes de Bourbon, comme eftant fils du
Sire de Bourbon, mais à la mort d'iceluy, il prit le nom
& les armes de Larbour, qui fut fon partage: Pour quoy
preuuer, il fe trouue que fon petit fils Gabriel-Cóbauld
(duquel par le Tableau d'Efcolle cy deuant allegué, il
paroift auoir efté ayeul) portoit le tiltre de Larbour en
furnom, & non en Seigneurie, s'appellant Gabriel Cóbauld de Larbour Efcuyer: ce qui fe voit en vn contract
par luy paffé auec Monfieur & Madame la Comteffe de
Clermont, lequel, comme nous dirons cy apres chap. 3.
eft relatif au partage fait par Combauld auec Archambauld de Bourbon fon frere, & partant iuftifie indubitablement que Combauld eftoit iffu de cette illuftre
Maifon de Bourbon : Auquel contract fe voit encore
comme les defcendans de Combauld portoient here-

I ij

ANS DE IESVS-
CHRIST.

Preu. pag. 58. lig.
20.

Hiftoire de Bour-
goigne, du fieur
du Chefne.

Preu. p. 58. l. 20.

1194.

Preu. p. 58. l. 18.

Preu. p. 33. lig. 14.

Preu. pag. 60. l. 9

Ibidem lig. 9.

ANS DE IESVS-CHRIST.

Pag. 7. lig. 13.

Roman de Saintré, fol. 58.

ditairement & succeßiuement ce nom de Combauld auec le leur, en forme d'agnom: ce fut luy qui ayất pris le nom & les armes de la terre de Larbour, son partage, adjousta, cóme nous auós dit, de sa fantasie, les Cimier, Supports, & Deuise, qui sont iusques à preset dás la maison, & conserua à sa posterité pour marque de son origine le Cry de guerre, *Bourbon*, Preuue encore concluante en faueur de la maison de Cóbauld, pour iustifier qu'elle est sortie de la race de Bourbon, que la posseßió retenuë iusques à aujourd'huy de ce Cry dás sa famille, ainsi qu'anciennement en la maison de Trie, vne des preuues qu'elle estoit issuë des Comtes de Bologne, estoit qu'elle crioit, *Bologne*: Ce 1. Seigneur de Larbour (car tel le dirons nous pour la facilité de l'ordre, depuis que cette terre tomba en la maison de Bourbó) encore que ses terres fußent en Bourbonnois, Forests, & Auergne, neất moins attiré de la douceur du pays, s'habitua principalemất en la ville & aux enuirons d'Escolle, petite ville scituée au Duché de Montpésier, en laquelle & autour, il acquist plusieurs fiefs, droicts, terres, & autres heritages, sur lesquels, & nommément en icelle ville, il fit bastir plusieurs maisons, entre autres la principalle, dont quelques restes subsistent encores assez pour luy conseruer le nom de la maison ancienne des Sieurs de Cómbauld, vis à vis la Chappelle de S. Blaise, d'où vient que pour la longue & ancienne demeure que cette famille a fait de temps immemorial en ce pays, les anciens du Duché, tiennent & disent qu'elle est de tout temps originaire d'Escolle. Le mesme Cóbauld donna à la pluspart de ses heritages, voisins dudit lieu d'Escolle, son nom; d'où vient iusques à aujourd'huy, que les moulins prochains de cetteville sót appellez les

Moulins

Moulins Combauld, qu'vniuerfellemét l'on tient dans le pays auoir efté de l'ancien domaine de cette maifon. Or comme ce Combauld eftablit pour luy & fes fuccef-feurs viuans des demeures dans la ville & enuirons: auffi efleut-il pour luy, lors qu'il feroit mort, & pour fes def-cendans, & auffi pour fa femme, & les leurs, vne fepul-ture dans l'Eglife Parrochialle d'icelle ville : dequoy & des tombeaux, l'on ne peut parler que fur la foy traditi-ue qui en refte dans la famille, attédu qu'à prefent cette Eglife n'eft plus qu'vne trifte mafure, non plus que les maifons des fieurs de Combauld, & quafi toute la ville pillée, rauagée, & bruflée par plufieurs fois durant les guerres. Par cette tradition donc on apprend que dans cette Eglife eftoient de grands & fuperbes tombeaux de cette maifon, où de pere en fils tous les defcendants de-puis celuy-là, ont efté enterrez, iufques à Iean de Com-bauld premier du nom, qui nafquit en 1445. Et cette tradition fe recognoift, outre les memoires, par les til-tres de la maifon, & nommément par le teftament de Iulien de Combauld; où il fpecifie expreffement, qu'au-dit lieu d'Efcolle eftoient les tombeaux de fa famille. Combauld fieur de Larbour mourut aagé de quarante deux ans, enuiron l'an 1220. & fuft enterré en l'Eglife Parrochialle d'Efcolle, au tombeau qu'il feit conftruire pour fa maifon, où quelque mois apres fuft auffi enfe-pulturée la Dame de SAINTRE' fa femme : ayans laiffé quelques enfans.

Ans de Iesvs-Christ.

Preu. pag. 58. lig. 11.

1220.

K

ENFANS DE COMBAVLD
Sieur de Larbour, & de la Dame de SAINTRE.

6. **NOEL-COMBAVLD DE LARBOVR,**
QVI A SON ELOGE AV CHAP. II.

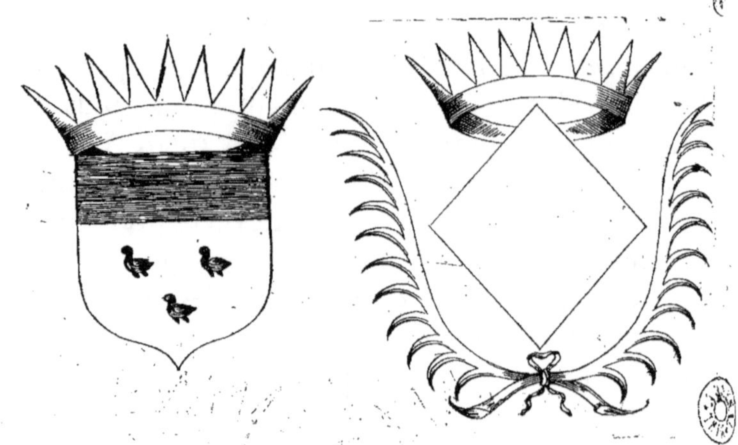

6. **NOEL-COMBAVLT**
de Larbour, dict le Capitaine Furieux, second Seigneur de
Larbour, Hondiciere & Sambers.

CHAPITRE II.

IL n'asquist de Combauld de Bourbon & de la Dame
de Saintré enuiron l'an 1195. La vertu de son pere merita, & sa volonté arresta qu'il fust nommé Noël-Combauld de Larbour; Il porta les Armes pleines de Larbour comme son pere, & succeda aux terres & au reste
de ses biens par sa mort arriuée l'an 1220. Il fut de son
temps tres-grand guerrier:& pour cét effet fut surnom-

Preu. pag. 33. lig.
15. & pag. 58.
lig. 20.

mé le Capitaine Furieux. Il fuiuit toufiours aux guerres
les Archambaulds Sires de Bourbon : fes oncle & coufin, à fçauoir Archambauld le grand, & Archambauld
le ieune : & rendift de notables feruices aux Roys de
France dans les armees, où il fut toufiours dignement
employé. Il mourut aagé de quarante-cinq ans, enuiron
l'an 1240. ayant laiffé de fa femme, entr'autres enfans, vn
fils, cy apres nommé : & fut enterré au tombeau de la famille en l'Eglife Parrochialle d'Efcolle.

Ans de Iesvs-
Christ.
Preuues, p. 33. l. 15.
Ibidem.

ENFANS DE NOEL COMBAVLD
de Larbour, & de fa FEMME.

7   GABRIEL COMBAVLD DE LARBOVR,
QVI A SON ELOGE AV CHAP. III.

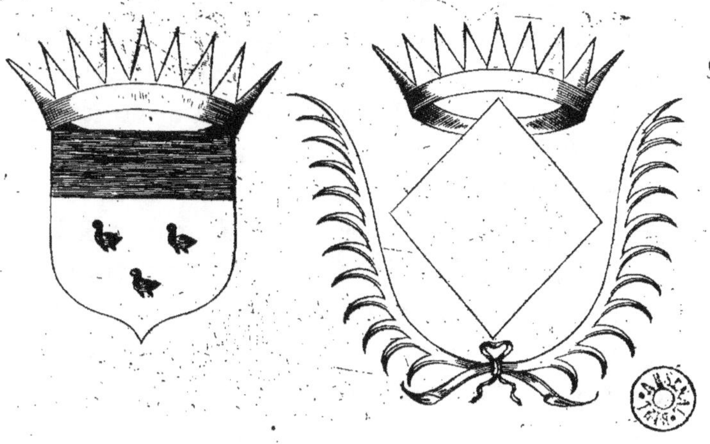

LARBOVR.
comme cy-deuant

GABRIEL-COMBAVLD
de Larbour Escuyer, 3. Seigneur desdits lieux.

CHAPITRE III.

Preu. p. 33. lig. 14.

Preu. p. 33. lig. 11.

1289.

Preu. p. 60. lig. 9. 10. 11.

GABRIEL-COMBAVLD nasquit enuiró l'an mil deux cens douze: (son pere n'ayant lors que dix-sept ans.) Il eut pour pere le susdit Noël-Combauld dit le Capitaine Furieux, aux biens duquel il succeda, enuiron l'an 1240. aagé de 28 ans ou enuiron ; & porta tousiours les armes pleines de Larbour. Il faut necessairement qu'il ayt esté marié fort ieune, & qu'il soit mort fort vieil, pour ce que son petit fils accompagna S. Louys en son second voyage de la Terre Saincte, faict en 1270. auquel temps il viuoit encore, puis qu'il se trouue viuant dix-neuf ans apres en l'an 1289. qu'il contracta auec Mósieur Robert de France Comte de Clermont & Sire de Bourbon, fils puisné de S. Louys, & auec Madame BEATRIX, femme dudit Prince : Auquel contract Gabriel est qualifié plusieurs fois parent de ladite Comtesse de Clermont, BEATRIX, Dame de Bourbon : qui est vn cótract de vente faicte par lesdits Seigneur & Dame vendeurs à iceluy Gabriel-Combauld achepteur, de quelques droicts & dependances de la Seigneurie de Larbour, qui estoient demeurez, comme il a esté cy deuant dit, fol. 21. lig 9. à Archambauld, bisayeul d'icelle BEATRIX, en partage, faisant auec Combauld son frere, ayeul d'iceluy Gabriel, lequel par consequent estoit parent du tiers au quart auec BEATRIX, Dame de Bourbon. Auquel lieu il prend le tiltre de Larbour en surnom, & celuy de Combauld en agnom, & laisse à conclure, tant par la parenté qui y est énoncée auec

l'heritier

l'heritiere de Bourbon , que pour quelques
droicts communs qu'ils auoient en cette terre eſtás des
deux branches, que la terre de Larbour venoit de l'ancien domaine de la tige, & que la proximité venoit de
la meſme ſouche. La perte de la plus grande & meilleure
partie des tiltres de la maiſon, & la grande diſtance des
temps, fait qu'on ne ſçait point quel fut le nom de ſa
femme, non plus que de ſa mere, ny de ſa bruë, qui ſont
les trois femmes, dont les noms & ſurnoms ſont ignorez
en cette Genealogie. Ce Gabriel Combauld mourut
vieil, aagé d'enuiron 78. ans en l'an 1290. & fut inhumé
en l'Egliſe Parrochialle d'Eſcolle, auec ſes pere & ayeul,
ayant laiſſé entre autres enfans de ſa femme, celuy qui
ſuit.

ENFANS DE GABRIEL-COMBAVLD
de Larbour, & deſa FEMME.

8   FIACRE DE COMBAVLD SIEVR
      DE LARBOVR.

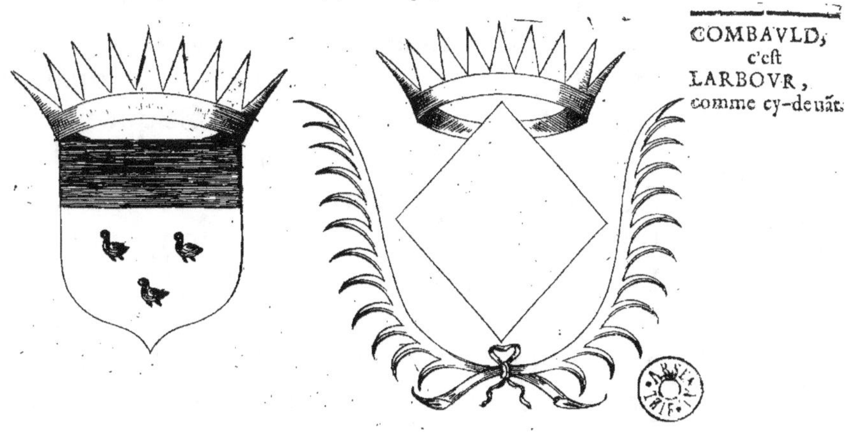

L

8 ## FIACRE DE COMBAVLD

1. du nom, 4. Seigneur de Larbour, Hondiciere, Sambers et autres lieux,

CHAPITRE IV.

CE Fiacre premier succeda aux biens de son pere, seulement enuiron l'an 1290. aagé lors de 62. ans, ayant esté né dez l'an 1228. du susdit Gabriel Combauld, comme il se iustifie par preuues authentiques & indubitables: Du viuant de son pere il porta tousiours le tiltre de Larbour en surnom, & le mot de Combauld en agnom, & s'appella Fiacre Combauld de Larbour cóme es pere & ayeul; mais depuis la mort du susdit Gabriel son pere, iusques à la sienne, il quitta le surnom de Larbour, dont il ne retint plus le tiltre qu'en Seigneurie, & 'u mot de Combauld en feit, à luy & à ses descendants, surnom, qui depuis ce temps iusques à present a continué dans la maison, conseruant neantmoins tousiours les Armes pleines de Larbour, les faisant de là en auant les Armes de la maison de Combauld, qui auparauant luy & ses pere & ayeul, veritablement estoient & sont les Armes de la maison de Larbour: Ce que nous auons iustifié n'auoir esté inconuenient. Or ce poinct susdit se iustifie en ce que par tous les tiltres des descendans de ce Fiacre, il ne se voit point qu'aucun ayt porté le tiltre de Larbour qu'en seigneurie. Il fut, aussi bien que son pere, tres-vaillant guerrier, & mourut enuiron en 1296. aagé de soixante & tant d'années, & fut enterré auec ses peres, ayant laissé entre autres enfans, le fils aisné, qui suit.

Preuues, pag. 33. lig. 14.

Preu pag. 58. lg. 2. pag. 57. lig. 4. & lig. 10. pag. 55. lig. 1. & 21.

296.

ENFANS DE FIACRE DE COMBAVLD *premier du nom, & de sa* FEMME.

FIACRE DE COMBAVLD,
SECOND DV NOM.

9

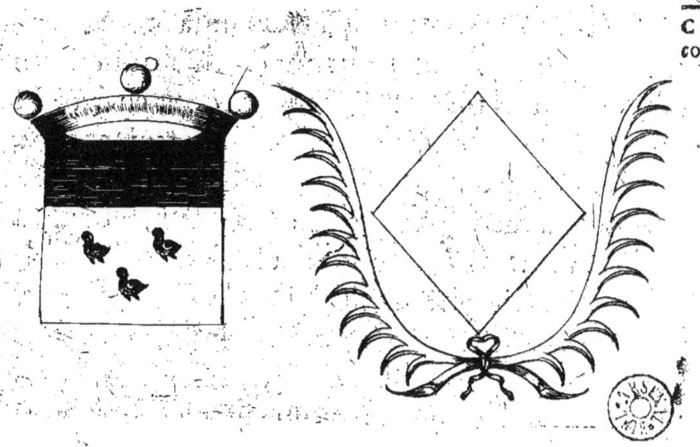

9 FIACRE DE COMBAVLD *2 du nom, Cheualier banneret, 5. Seigneur de Larbour, & autres desdites terres.*

CHAPITRE V.

IL nasquit enuiron l'an 1249. de Fiacre de Combauld 1. du nom, aagé lors de 21. an, duquel il fut fils aisné. Il est à croire, qu'aussi bien que son pere, il ne porta le tiltre de Combauld en surnom, que depuis la mort de son ayeul, du viuant duquel (tant en peu de temps il se rendit vaillant) il fut trouué digne & capable, aagé seulement de 21. à 22. ans, de suiure S. Louys Roy de France, en son second voyage de la Terre Saincte, en l'an 1270. *preu.p.33.lig.14.*

L ij

Ans de Iesvs-Christ.

ce qu'il executa au grand contentement de ses proches, & nommément de son ayeul Gabriel, qui viuoit encore, aagé de 58. ans, comme il a esté cy deuant iustifié. Il eut l'honneur d'accompagner ce grand Roy à ce sainct voyage, auec vne Compagnie d'hommes d'armes à ses despens, dont il leua banniere, puis que selon le sieur Fauin, telle estoit la coustume des Cheualiers bannerets; & pour cet effect merita d'estre, de la propre main de S. Louys, faict Cheualier banneret : Ce qui est cause que

Preu.p.33.lig. 11.

luy, & depuis tous ses descendants, ont eu droict de porter leurs armes en banniere, qu'ils portoient auparauant en escu, & de les couronner d'vn cercle à 3. perles. Cet

Le sieur Fauin en son Theatre d'Honneur,

honneur receu du Roy S. Louys par ce nouueau Cheualier, se iustifie en ce qu'il est dit dans le Tableau, en forme d'Epitaphe, de S. Blaise d'Escolle, que ce Fiacre, fils d'vn autre Fiacre, & petit fils de Gabriel, fut fait Cheualier banneret, au voyage de la Terre Saincte. Or au temps qu'il viuoit, mesme du viuant de son pere il n'y a point eu asseurément d'autre voyage que ce second qu'il ayt esté capable d'entreprendre, pour sa grande ieunesse. Il se maria enuiron l'an 1274. estant aagé de vingt-cinq ans, auec vne Damoiselle appellée DIANE,

Preu.p.33.lig. 12.

mais dont le surnom n'est paruenu iusques à nous. Il continua, comme son pere Fiacre, de porter les armes pleines de la maison, ausquelles il changea seulement la figure, & succeda aux terres & biens de sondit pere enuiron l'an 1296. Il viuoit encore en l'an 1320. aagé de septante & tant d'années, qui est l'an auquel l'on tient par tradition qu'il est decedé. Il a esté enterré en l'Eglise d'Escolle, au tombeau de ses peres, auquel fut aussi depuis enterrée sa femme, qui luy a suruescu de quelques annees, de laquelle, entre autres enfans, il a eu

celuy

celuy qui fuit, lequel a continué la poſterité aiſnée maſculine.

ENFANS DE FIACRE DE COMBAVLD
2. du nom, et de Dame DIANE.

10   MARCEL DE COMBAVLD,
PREMIER DV NOM.

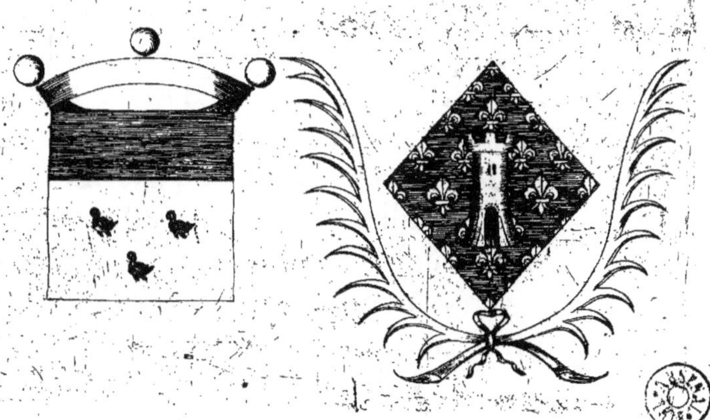

COMBAVLD comme cy deuant.

LA TOVR deFrance à la Tour d'argent, ſommée d'vne fleur de Lys d'or.

10   MARCEL DE COMBAVLD
1. du nom, Cheualier, 6. Seigneur deſdits lieux, & d'autres terres en Languedoc de par ſa femme.

CHAPITRE VI.

DEs ſuſdits Fiacre 2. & DIANE ſa femme, entre autres enfans, celuy qui continua la poſterité aiſnée & maſculine, fut Marcel de Combauld premier du nóm, qui porta touſiours les Armes pleines comme ſon pere, & ſucceda aux terres de Larbour, & autres ſes biens, par ſa mort arriuée l'an 1320. Il naſquiſt à Larbour en Bourbonnois, l'an 1275. ſon pere eſtant lors aagé

Preuues, pag. 33. lig. 6. pag. 58. lig. 12.

M

Ans de Iesvs-Christ.

de 25. à 26. ans. L'honneur qu'il auoit eu d'estre allié de Monsieur le Comte de Clermont fils de France, estant de masle en masle venu de mesme race dót l'espouse de ce Prince estoit issuë par femme ; joinct que ses pere & ayeul auoiét desia esté à só seruice: fut cause qu'il se trouua bien venu dans la maison de Clermont. Et comme la grandeur de l'Illustre maison de France, dont la race de Clermont estoit vne branche, ne luy feit point tenir à des-honneur de rendre seruice au mary & aux enfans de sa parente, aussi la recognoissance de cette parenté feit qu'il ne fust employé qu'aux plus cósiderables & honorables charges de la maison. Il passa toute sa jeunesse aux guerres & aux armées auec Louys premier Duc de Bourbon, fils aisné de Robert Comte de Clermont, où il parut tres-digne & vaillant Cheualier, estant tel de sa naissance fils de Cheualier Banneret : & merita l'honneur d'estre Escuyer, & depuis Chambellan de ce valeureux & sage Prince ; mesme fut Cheualier d'honneur de Madame sa femme Marie de Haynault Duchesse de Bourbon : & par ainsi deux fois il acquit l'eminent degré de Cheualerie, marque & de son extraction & de son courage. Et pour preuue que Marcel accompagna tousjours ledit Prince ; Dans le Liure intitulé, *La vie des Bourbons*, au Chapitre de la vie de ce Prince, le sieur de Larbour, (qui ne pouuoit estre lors autre que Marcel de Combauld) est nommé le Second des Seigneurs & Gentils-hommes qui se trouuerent auec Philippes le Bel Roy de France & ce Louys Duc de Bourbon à la bataille de Furnes, & aux guerres de Flandres. L'humeur guerriere de Marcel, & l'employ qu'il eust tousiours dans les armées proche le Duc de Bourbon son Maistre, luy laisserét escouler vne grande partie de son aage sans

Preuues, pag. 33. lig. 7.
Ibid. lig. 7. & 8.

Le Liure intit. la vie des Bourbons, fol. 35.

qu'il fongeaft au mariage : car il auoit atteint l'aage de
cinquante-cinq ans lors qu'il s'y refolut, lequel il contracta cette année de fon aage, qui eftoit celle de grace
1330. auec vne Damoifelle fon inferieure en aage , puis
qu'elle n'auoit que 13. ans ou enuiron, lors qu'elle luy fut
donnée pour femme. Cette fille fut ANNE DE LA TOVR,
de l'Illuftre maifon de la Tour, dicte vulgairemét d'Auuergne, aujourd'huy Souueraine de Sedan, vne des plus
illuftres de la Chreftienté : La diftance des temps n'a
permis de fçauoir de qui elle eftoit fille ; mais les marques qui en reftent, laiffent hors de doute la verité de
cette alliance: Car il fe voit, comme au Tableau d'Efcolle, les Armes de la Tour, fçauoir de France à la Tour
d'argent, font blafonnées auec celles des Combaulds. Et
par vn partage faict en l'an 1491. par Iean, & Iean de Cóbauld, iffus de pere en fils dudit Marcel & d'icelle Anne
de la Tour, il fe lit que Gilbert Comte de Montpenfier
y a affifté comme coufin paternel & maternel des parties. Or il eft certain que la parenté maternelle que ledit Prince auoit auec ces Gentils-hommes, procedoit
de ce qu'ils eftoient iffus de cette Anne de la Tour, de la
mefme maifon dont eftoit Gabrielle de la Tour, mere
dudit Prince Gilbert, femme de Louys Comte de Montpenfier fon pere. Marcel de Combauld ayant paffé vne
longue vie en honneurs & charges confiderables, deceda à Efcolle, l'an de grace 1347. aagé de foixante & douze ans ; & fut enterré en l'Eglife dudit lieu, auec fes predeceffeurs & fes defcendants, ainfi qu'il eft expreffé-
ment porté (pour luy) au teftament de fon petit fils Iulien de Combauld. Sa femme ne deceda qu'en 1410.
aagée de 93. ans, comme nous dirons cy apres au chapi-

ANS DE IESVS-
CHRIST.

1330.

Preu. p. 33. l. 7.
pag. 32. l. 15. p. 58.
lig. 25.

Preu. pag. 32. l. 15.

Preu. p. 57. l. 17.

1347.

Preu. p. 58. lig. 12.

tre 8. & fut enterrée au mesme lieu, luy ayant laissé entre
autres enfans celuy qui suit.

ENFANS DE MARCEL DE COMBAVLD PREMIER DV NOM, ET D'ANNE DE LA TOVR.

II   # MARCEL DE COMBAVLD,
SECOND DV NOM.

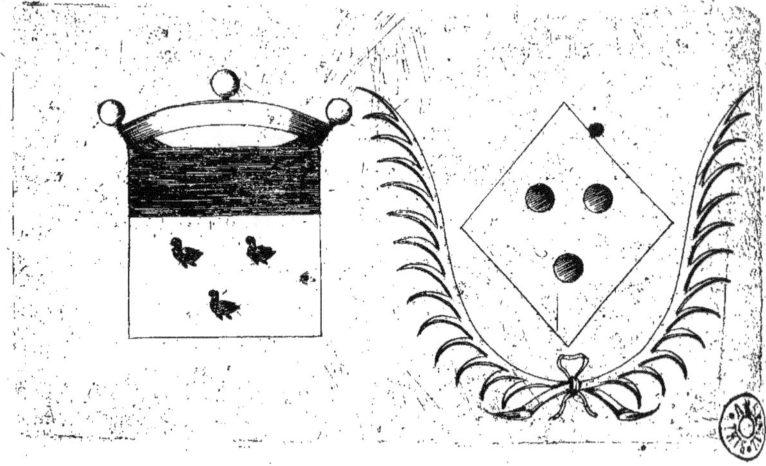

COMBAVLD,
comme cy deuant.

COVRTENAY
d'or à 3. tourteaux
de gueule, 2. 1.

II   # MARCEL DE COMBAVLD
2. du nom, Cheualier, 7. Seigneur desdits lieux.

CHAPITRE VII.

CELVY des enfans de Marcel de Combauld premier du nom, & d'Anne de la Tour, qui continua la posterité masculine, a esté ce Marcel second
du nom leur fils aisné. Il nasquist enuiron l'an 1332. des-

dits

dits Marcel de Combauld 1. du nom aagé lors de cinquante fept ans, & Anne de la Tour, aagée feulement
de quinze ou enuiron. Il fut auffi en fon temps tres-vaillant & renommé Cheualier. Il continua de porter les
mefmes armes pleines comme fes predeceffeurs, & fucceda aux terres de Larbour & autres enuiron l'an 1347.
par le deceds de Marcel 1. fon pere. Il efpoufa l'an 1356.
en l'aage de 24. ans, Dame PERRINELLE DE COVRTE-
NAY; de cette maifon qui fe pretend eftre vne branche
de la tige Royale, fe difant iffuë de Pierre Sire de Courtenay fils du Roy Louys le Gros: cette Dame, par les
memoires de la maifon de Combauld, eft dite fille de
Iean de Courtenay Seigneur de Champignelles, & do
Ieanne fille & heritiere d'Eftienne de Sancerre Seigneur
de fainct Briffon, & de Perrinelle de Milly ; & auoir
porté le nom de Perrinelle à caufe d'icelle Perrinelle de
Milly fon ayeulle maternelle. Marcel de Combauld
mourut aagé de 36. ans à Molins, l'an 1368. Son corps
fut porté à Efcolle au tombeau de fes parens (ce qui eft
expreffement porté par le teftament de Iulien de Gombauld fon fils) aupres de fa chere compagne Perrinelle
de Courtenay qui y repofoit dés l'an 1359. qu'elle eftoit
decedée, ne luy ayant laiffé qu'vn fils vnique, qui a fon
Eloge au Chapitre fuiuant.

Ans de Iesvs-
Christ.

1356.

Preu. pag. 58. lig.
9. 10. & 11.

ENFANS DE MARCEL DE
COMBAVLD *fecond du nom,* & *de*
PERRINELLE DE COVRTENAY.

12.   IVLIEN DE COMBAVLD
FILS VNIQVE.

N

COMBAVLD
comme cy-deuant.

CHAZERON
d'or au chef em-
manché de trois
pieces d'azur.

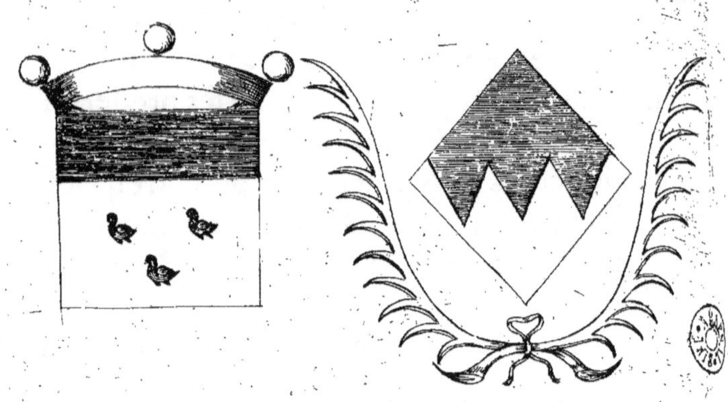

12. IVLIEN DE COMBAVLT
Cheualier, 8. Seigneur desdits lieux.

CHAPITRE VIII.

IL estoit fils de Messire Marcel de Combauld second
du nom, Cheualier Seigneur des mesmes lieux, & de
Dame Perrinelle de Courtenay, desquels il nasquist l'an
1358. Si tost qu'il eut attaint l'aage de pouuoir aller à la
guerre, il fut enuoyé aux armées, où il reüssit heureusement, & employa toute sa ieunesse en l'exercice de la
guerre, iusques à ce que aagé de 36. ans. (& estant de retour des voyages & guerres d'Affrique, où il auoit accompagné Louys 2. du nom 3. Duc de Bourbon son
Maistre, lequel, selon Iean Iuuenel des Vrsins, entreprist
ce voyage en 1383.) il se resolut de se marier : ce qu'il executa au commencement de cét an, qui estoit celuy de
grace 1394. ne desrogeant point au soing qu'auoient eu
ses predecesseurs, de prendre de tres-bonnes alliances.

*Preu: pag. 58. lig.
11. 12. 13.*

*Hist. manuscr. du
Roy Charles 6.*

Il eut donc pour femme Dame ANTOINETTE DE CHA-
ZERON, d'vne des plus anciennes & notables maisons de
l'Auuergne & du Bourbonnois: Cette Dame estoit fille
du sieur de Chazeron, ainsi qualifié par le testament dudit Iulien, qui doit estre asseurément Audinet Cheualier Seigneur de Chazeron fils d'Audin, & pere d'E-
doüard Cheualiers Seigneurs dudit lieu. Ce Gentil hóme 8. Seigneur de Larbour & desdits lieux, ausquels, &
autres biens de la maison de Combauld, il succeda par
la mort de son pere arriuée l'an 1368 par ses recommandables seruices, joints à vne prudence non ordinaire,
merita de veoir conjointe en luy la faueur d'vn sage
Roy, & la bien-veillance d'vn grand Prince: (bon-heur
fort extraordinaire aux courtisás) car d'vne part ses predecesseurs de pere en fils ayans tousiours esté successiuement employez au seruice des Ducs de Bourbon: Cóme il continua de les seruir, aussi fut-il maintenu dans
les plus considerables charges de cette Royale maison;
nommément fut honoré de celle de premier Maistre
d'Hostel de Louys 2. du nom 3 Duc de Bourbó. Et d'autre part, se rendit si estimable au Roy Charles 5. dict le
Sage, qu'il eut l'honneur d'estre son Chambellan, & d'e-
stre par luy fait Cheualier: lesquelles trois qualitez, auec
celle de Seigneur de Larbour, Hondiciere & Sambers,
il prend en son testament, que nous dàtterons incontinent: ce qui en laisse l'asseurance irreprochable, se les
donnant en vn temps auquel les hommes ne disent
guere que choses vrayes, & n'inuentent pas des vanitez
à la veille du iour qu'ils les doiuent toutes quitter. Il fut
continué en cette mesme charge de Chambellan sous
Charles VI. puisque c'est en 1409. que fut fait le testament, & qu'il y en prend la qualité: mais ç'auoit esté le

Ans de Iesvs-
Christ.
Preu. p. 58. l. 32.

Preu pag. 58. l. 3

Preu. p. 58. lig. 2.

Ibidem

Roy Charles le Sage qui l'auoit honoré de cette charge
comme d'vne bien-veillance tres-particuliere. Dame
Antoinette de Chazeró deceda auparauát son mary, &
ce enuiron l'an 1400. luy laissant les quatre enfans dont
il sera parlé cy-apres. Iulien de Combauld la fit enterrer
au tombeau de ses predecesseurs à Escolle, où il desti-
na deslors pareillement sa sepulture. L'affliction qu'il
conceut en la perte de cette vertueuse Dame, jointe aux
incommoditez ordinaires de sa nature, aux coustumie-
res de sa profession, & aux particulieres de sa personne,
feit que depuis ce temps iusques à sa mort, il vesquist
tousiours vne vie lágoureuse, & demeura tout maladif.
De sorte qu'en l'an 1409. se sentant, non par caducité,
(puis qu'il n'auoit que 51.ans) mais par debilité, appro-
cher de sa fin, voulut donner ordre aux affaires de sa famille: Et pour y commencer, à fin mourant de se voir renaistre en la personne de son fils aisné aagé lors seulement de 14.ans, luy trouua vn party pour le marier, cō-
uenable à sa jeunesse, à ses facultez & à son extraction,
car il luy fit contracter mariage, qui ne fut neantmoins
si tost consommé, auec Marguerite d'Allegre aagée lors
pareillement de 12. à 13. ans: Et aussi tost, & au mois de
May suyuant, fit son testament en son Chasteau de Larbour en Bourbonnois, escript & signé de sa main, &
scellé du scel des armes de la maisó, où plusieurs poincts
cy dessus remarquez aux precedents chapitres, y sont
enoncez. Et quant à ce qui regarde celuy-cy, dit & declare ses pere & ayeul, & sa mere & ayeulle, en ce qu'il
ordonne estre enterré, soubs le bon plaisir de Monsieur
le Duc de Bourbon son Seigneur & Maistre, au tombeau de sa famille à Escolle (tesmoignage que de tout
temps c'estoit le tombeau de ses predecesseurs) proche,
adjou-

Ans de Iesvs-Christ.

adioufte-il, Meſſires Marcels de Combauld ſes ayeul &
pere, & Madame Perrinelle de Courtenay ſa mere ; &
nomme trois perſonnes pour executer ſondit teſtamét,
le ſieur de Ciurac ſien couſin, le ſieur de Chazeron ſon
beau-pere, & Dame Anne de la Tour ſon ayeulle, qui
auoit eſté la femme de Meſſire Marcel de Combauld 1.
du nom ſon ayeul, lors encore viuante, & aagée de qua-
tre-vingt treize ans, nommée à cette charge plus par
reuerence que par neceſſité, & laquelle mourut l'année
ſuiuante, que l'on comptoit 1410. & fut enterrée au meſme lieu d'Eſcolle. Tous neantmoins iceux executeurs
teſtamentaires, ſeulement ſous l'authorité du Duc de
Bourbon. Marque d'vne-part, de la tendreſſe & bien-
veillance que ce Gentil-homme auoit pour ſon Maiſtre,
de luy confier le ſoing de ſes affaires. Et teſmoignage
d'autre part, de l'aſſeurance qu'il auoit de l'amitié de ce
bon Duc, d'oſer ſi librement laiſſer cette peine à vn grád
Prince. Du ſtyle de ce meſme teſtament l'on peut encore inferer quelque aduantage en faueur de cette maiſon, en ce que dés ce temps Iulien de Combauld diui-
ſant ſes gens en officiers & autres ſeruiteurs, laiſſe à pen-
ſer qu'il deuoit eſtre de condition bien releuée pour
vſer de ces termes en vn ſiecle particulierement où les
hommes ne ſe faiſoient point plus qu'ils eſtoient, & ne
recherchoient point l'oſtentation. Le Duc de Bourbon,
comme par ce teſtament il eſtoit humblement ſupplié
de faire l'honneur à cé ſien ſeruiteur, de tenir la main
que ſa volonté derniere fuſt de poinct en poinct execu-
tée : Auſſi ſe porta-il auec affection à luy rendre cette
derniere preuue de ſa bonne volonté , comme nous le
iuſtifierons cy apres, laiſſant par là aſſeurance à Iean Duc
de Bourbon ſon fils, qu'il auoit eſté tres-bien ſeruy de

Voyez le Chap. XI. de ce Liure.

O

ANS DE IESVS-
CHRIST.

Iulien de Combauld. Esperance à ses pupilles qu'ils seroient recogneus par ses enfans, & vne conjecture bien
grande à la posterité, que prenant tant de peine de s'interesser si particulièrement dans les interests de cette famille, qu'il y en auoit vn autre, sçauoir celuy de l'alliance, qui l'obligeoit à ce soing. Iulien de Combauld mourut le mois suiuant de la mesme année 1409. vn an ou
enuiron deuant le Duc de Bourbon son Maistre, & fust
porté, selon son ordonnance, à Escolle, & enterré auec
ses ancestres en l'Eglise Parrochiale dudit lieu, laissant
les quatre enfans qu'Anthoinette de Chazeron son espouse luy auoit mis au monde, tous mineurs, qui sont
nommez cy-apres sous la marque 13.

Preu pag. 58.lig.
28.29.30.31.32.

ENFANS DE IVLIEN DE
COMBAVLD, ET D'ANTHOINETTE
DE CHAZERON.

13. **NICOLAS DE COMBAVLD**
L'AISNE', AVRA SON ELOGE
AV CHAP. IX.

13. **NICOLAS DE COMBAVLD**
LE IEVNE, ON NE SÇAIT S'IL
LAISSA POSTERITE'.

13. **MARIE DE COMBAVLD.**

13. **IVLIENNE DE COMBAVLD;**

TOVS QVATRE AINSI NOMMEZ DANS LE
TESTAMENT DE LEVRDIT PERE.

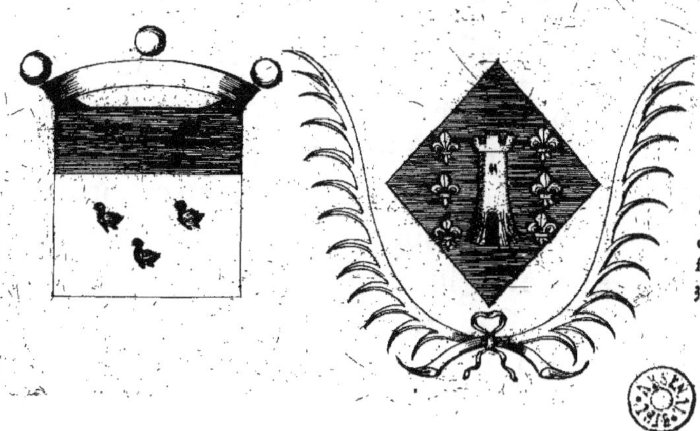

COMBAVLD,
comme cy deuant.

ALLEGRE
de gueules à la
Tour d'argent.
coſtoyée de 6
fleurs de Lys d'o,
3. à 3.

NICOLAS DE COMBAVLD
Cheualier, 9. Seigneur deſdits lieux.

CHAPITRE IX.

NOVS auons dit que Iulien de Combauld auoit
eu quatre enfans d'Antoinette de Chazeron ſon
eſpouſe, l'aiſné d'iceux qui continua la poſterité maſculine & les armes pleines, fut ce Nicolas l'aiſné, lequel
naſquiſt d'eux enuiron l'an 1395. ſon pere ayant lors 37.
ans, auquel en la poſſeſſion des terres de Larbour & autres deſſuſdites, il ſucceda en 1409. par ſa mort arriuée
en cet an, comme nous auons dit au chapitre preeedét.
Nicolas fut marié par ſon pere, aagé ſeulement de 14.
ans, auec MARGVERITE D'ALLEGRE, aagée pareillement de douze, lequel mariage ne fut neantmoins ſi
toſt conſommé : ce qui ſe voit par le teſtament de Iulié
de Combauld, où Marguerite d'Allegre n'eſt appellée
que la Damoiſelle d'Allegre, comme n'ayant pas en-

Preu. p. 58. lig. 28.
& ſuiuant.

Preuues, p. 33. l. 5.

Preu. p. 58. lig. 28.

Ans de Iesvs-Christ.

Preu. p. 57. l. 24.
Preu. p. 58. lig. 31.

Preu. p. 32. lig. 11.
& suiuant.

Preu. p. 57. l. 22.

core acquis la qualité de Dame, bien qu'il soit asseuré que depuis elle ayt tousiours pris ce tiltre par tout où elle est nommée. Et le bas aage de Nicolas se recognoist par la mesme piece, où il est specifié mineur par son pere. Or que la maison d'Allegre, dont estoit la femme de Nicolas de Combauld, soit cette grande maison d'Allegre si renommée en France, & si estimee en Auuergne, les armes qui en sont blasonnees en cet ordre Genealogique d'Alliance auec celles des Combaulds, au mesme Tableau de l'Eglise de S. Blaise d'Escolle, le rendent indubitable : Car en ce lieu les armes vulgaires de ceste maison (sçauoir *de gueules à la Tour d'argent, costoyee de 6. fleurs de Lys d'or 3. à 3.*) y sont peintes auec les armes pleines des Combaulds. Cette Dame vescut fort vieille, ce qui se iustifie, auec la verité de l'alliance, par les lettres de partage faict par Iean & Iean de Combauld freres, où elle est qualifiée Dame Marguerite d'Allegre ayeulle des parties, puis qu'il est enoncé en ce tiltre qu'elle viuoit encore lors, qui estoit en l'an 1491. & qu'elle auoit esté mariée dés l'an 1409. aagée de 12. ans : qui fait veoir que cette doüairiere auoit lors de ce partage 94. ans ou enuiron. Il y a lieu d'inferer que cette Marguerite d'Allegre estoit fille de Mourinot Tourzel Baron d'Allegre Seigneur de Busset & autres lieux, Conseiller & Chambellan du Roy, & de Iean de France Duc de Berry ; & qu'elle auoit pour mere Smaragde de Vichy fille & heritiere de Guillaume Seigneur de Vichy, & d'Isabeau de Salligny. Nicolas de Combauld, mary de cette Dame, continua la mesme affection au seruice des Princes du Sang de la maison de Bourbon que ses predecesseurs, & nommément son pere y auoit eu, aussi trouua il en eux vne bien-veillance hereditaire. Il auoit

esté

esté, dés le viuant de son pere , tout ieune qu'il estoit, Chambellan de Louys 2. du nom 3. Duc de Bourbon , & depuis par la mort de ce Prince , arriuée vn an ou en-uiron apres celle de Iulien de Combauld son pere, il ren-contra en Iean 1. du nom 4. Duc de Bourbon , non seu-lement vn heritier des vertus & des Duchez de son pere, mais vn successeur à ses affections : car le Duc Iean luy feit l'honneur de l'employer prés sa personne en la mes-me charge en laquelle il auoit esté aupres son pere , le faisant son Chambellan: De sorte qu'il fut Chambellan de deux Princes , ayant esté seruiteur du pere & du fils. Il mourut du viuant de son second Maistre, en l'an 1439. aagé de 44. ans, apres auoir durant sa vie fait tout le debuoir d'vn bon François contre l'ennemy commun de la France, & s'estre trouué auec le Duc de Bourbon son Maistre en toutes les occasions qui se presenterent de son temps, & nommément aux sieges de Compiegne & d'Arras, & à la bataille d'Azincourt. Son corps fut porté à Escolle au mesme tombeau de ses predecesseurs, où pareillement l'on feit depuis enterrer sa femme, qui le suruesquist de plusieurs années, & ne deceda qu'en l'an 1492. aagée enuiron de quatre vingts quinze ans. Ils eurent entre autres enfans celuy qui suit, lequel con-tinua la posterité masculine.

Ans de Iesvs-Christ.

Preuues, pag. 33. lig. 4.

Preuues, pag. 33. lig. 5.
1439.

ENFANS DE NICOLAS DE COMBAVLD, & de MARGVERITE D'ALLEGRE.

14. # LOVYS DE COMBAVLD
PREMIER DV NOM.

P

ANS DE IESVS-
CHRIST.

COMBAVLD
comme cy deuant

BOVRBON
BASTARD,
d'azur à 3. fleurs de
lys d'or, 2. 1 au ba-
ston de gueules à
gauche, brochant
sur le tout.

14. LOVYS DE COMBAVLD

1. du nom, *Cheualier de l'Ordre de l'Esperance*, 10. *Seigneur
desdites terres*, & *de plusieurs autres*.

CHAPITRE X.

*Hist. des sieurs de
Saincte Marthe,
Tom. 2. fol. 43.*

PAR la lecture des precedents Chapitres iusques à
celuy-cy, le Lecteur trouuera la raison, que les sieurs
de Saincte Marthe ont eu dans leur Histoire Genealogique de la Maison de France, lors que parlans des Ducs
de Bourbon & de leurs enfans, & nommément d'vne
fille legitimée de Iean 1. du nom, 4. Duc de Bourbon,
laquelle fut femme de Louys de Combauld, subiet de
ce X. Chapitre: Ils ont dit, que ce Louys estoit le 10.
Seigneur de pere en fils des terres de Larbour, Hondicieres & Sambers. Car cette supputation est asseurée
depuis Combauld de Bourbon, qui eut ces terres pour
son partage, non pas que long temps auparauant elles
n'eussent esté dans la maison de Dampierre, & par icelle

apportees en celle de Bourbon, mais à cause que depuis l'extinctió de l'ancienne maison de Larbour, ce fut cette branche de Bourbon, qui la premiere se separa de sa tige soubs le surnó & les armes de la terre de Larbour, principale de celles que Combauld eust en son partage, depuis lequel Louys estoit le dixiesme possesseur d'icelles, d'aisné en aisné. Louys de Combauld succeda à ces terres par la mort de son pere, arriuée l'an 1439. duquel, & de Dame Marguerite d'Allegre, il auoit esté né dés l'an 1416. sept ans apres la celebration de leur mariage, & cinq ans apres la consommation d'iceluy, le pere aagé lors de 21. ans ou enuiron, & la mere de 19. Nicolas de Combauld, qui auoit eu quelque inclination plus particuliere pour Louys Comte de Montpensier, fils puisné de Iean Duc de Bourbon son Maistre, que pour Charles son fils aisné depuis Duc de Bourbon, desira que son fils receut le nom de ce Prince, lequel en effect le presenta au baptesme, & luy donna le nom de Louys : Et depuis, iusques à feuë Madame Duchesse d'Orleans & de Montpensier derniere morte, il se voit que les sieurs de Combauld, ayants quitté le seruice actuel des aisnez Ducs de Bourbon, se sont entierement voüez à celuy des puisnez, Comtes & depuis Ducs de Montpensier. D'où vient que Louys de Combauld, quand ce Prince Louys fut paisible possesseur du Comté de Montpensier, fit bastir à Aigueperse (principale ville du Comté, & la demeure ordinaire des Princes) vne fort belle maison, vis à vis le Chasteau & Palais, à fin d'estre plus proche de son Maistre, laquelle, pour marque de la succession infaillible des sieurs de Combauld, a tousiours de pere en fils demeuré dans la famille, iusques à aujourd'huy qu'elle est possedée par la fille d'vn des enfans de

Preu. p. 33. l. 3.

Preu. p. 27. l. 22. & suiuant.

ANS DE IESVS-CHRIST.

la maifon. Son domicile actuel fut encore neantmoins, ou à Larbour, ou à Efcolle, & aux terres & maifons qu'il auoit és enuirons. Louys de Combauld, en fa ieuneffe fut Efcuyer du Prince dont il eftoit filleul, & dont depuis il eut l'honneur d'eftre fauorifé d'vne tres-particuliere affection. Sa prudence pareillement, & fon bonheur, l'entretinrent fi bien aupres de Charles Duc de Bourbon, frere aifné de fon Maiftre, qu'il merita de receuoir des graces tres-particulieres de ce Prince, entre lefquelles celle-là n'eft pas vne des moindres qu'il luy

Preu p. 33. lig. 2.

fit, lors qu'il l'affocia en la cópagnie des Cheualiers de l'ordre de noftre Dame du Chardon, ordre ancien de la maifon de Bourbon, dict vulgairement de l'Efperance. Tellement que les deux freres vnirét leurs deffeins cóme leurs affections pour cette mefme perfonne : Et ne luy pouuans tefmoigner dauantage d'affection, par les careffes, par l'eftime, par l'aduancement & par les faueurs qu'ils luy faifoient, fçachás que les tefmoignages

Preu. pag. 33. l. 3. p. 55. l. 23. p. 57. l. 11. p. 65. l. 11. & fuiuantes.

ne s'en pouuoient augmenter que par vne nouuelle alliance, luy en daignerent bien donner vne de leur Sang, par vne fille de leur maisó, leur fœur naturelle qu'ils luy firent efpoufer. Iean Duc de Bourbon, pere de ces Princes, auoit eu l'année de deuant fon mariage qu'il contracta en l'an 1400. auec Marie de Berry, vne fille naturelle d'vne Damoifelle qu'il auoit long-temps aymé : Il fit appeller cette fille Ieanne de fon nom, laquelle il ayma tendrement durant fa vie, & creuft auoir des raifons affez fuffifantes pendant fon mariage, & vn fonde-

Hift. defd. fœurs de Ste-Marthe.

ment affez folide pour la legitimer : ce qu'il fit, & en cette qualité l'ayma toufiours tres-cherement, & la fit

Preu. p. 65. lig. 11. & fuiuantes.

auffi aymer par fes enfans autát que fi elle euft efté leur fœur legitime, qui eft cette Ieanne legitimée de Bour-

bon,

bon, de laquelle & de fa defcente, les fieurs de Sainͨe
Marthe ont parlé dans leur Hiftoire Genealogique de
France; & que le fieur Coufin Lieutenant General de
Montpenfier, qui compofe la Bourbonnoife ouHiftoi-
re Genealogique de la maifon de Bourbon, a depofé
dans l'enquefte faite en la ville d'Aigueperfe en Auuergne, auoir trouué pour fille de ce Prince dans les tiltres
& memoires qu'il a veu pour fon Hiftoire. Ce fut par
cette IEANNE DE BOVRBON, gage tiré de leur
propre fang, que ces deux Princes tefmoignerent leur
bien-veillance particuliere enuers ce Gentil-hóme leur
allié: car ils voulurét qu'il efpoufaft cette fage Dame, vn
peu lors veritablement plus aduancée en aage que luy,
mais en cela rien moins à mef-eftimer, ayant tant d'autres aduantages d'ailleurs, que c'euft efté vne tres-lour-
de faute à Louys de Combauld de manquer cette occafion, qui luy donnoit pour femme vne belle & fageDa-
me, laquelle en dot luy apportoit du bien fuffifammét,
& la conferuation des bonnes graces de deux grands
Princes, qu'elle rendoit fes beaux-freres, bié qu'actuellement il fift feruice au cadet, qu'il en euft prefté le ferment à l'aifné, & qu'il fuft fils d'vn homme qui en auoit
rendu au pere & à l'ayeul des deux. Ce mariage donc
fut accóply l'an de grace 1435. Ieanne de Bourbon aagée
lors d'enuiron tréte fix ans, & Louys de Combauld aagé
feulement de dix-neuf, qui y proceda foubs l'authorité
de Nicolas de Combauld fon pere, & icelle Ieanne de
Bourbon de l'aduis & du confentement defdits Princes
Charles Duc de Bourbon & de Loͧys Comte de Montpenfier: Et par ainfi les deux branches de Bourbon fe-
parées dés l'an 1200. Celle des Princes du Sang, iffuë
par femmes d'Archambauld Sire de Bourbon, & celle

ANS DE IESVS-
CHRIST.

Hiſt. manuſc. du
ſieur Couſin.
Preuues, pag. 65.
lig. 7. & ſuiu.

Q

des sieurs de Combauld sortie par masles de Combauld de Bourbon sieur de Larbour, se rejoignirent estroitement, & l'alliance ancienne se renouuella en ces deux personnes conjointes de mariage, dont le mary estoit issu de la branche puisnée, continuée par Gentilshommes masles, qui auoient quitté le surnom de Bourbon, & la femme estoit sortie de la branche aisnée tombée en femme, dont les enfans Princes du Sang par leur pere, auoient pris le surnom de Bourbon. Ce Louys de Combauld par le deceds de son pere, qui arriua quatre ans apres son mariage, eust lieu, comme nous auons dit, de succeder aux terres de la maison. Il continua les armes pleines en la forme & maniere que ses predecesseurs, qu'il entoura du collier de l'Ordre de l'Esperance, dont il estoit Cheualier. Et l'honneur de sa nouuelle alliance luy feit meriter tousiours vne particuliere affection du Comte de Montpensier, au seruice duquel il continua sa vie depuis comme deuant son ma

Preu. pag. 33. lig. 2.

riage; En ce temps Louys Comte de Montpensier le fit son Chambellan: De sorte qu'il se veit comblé d'honneur, & l'eust aussi esté de contentement, si son espouse luy eust mis au monde quelque gage de leur mariage: car quelques années s'estoiét desia escoulées sans qu'ils eussent receu cette grace de Dieu. Il la differa iusques en l'an d'icelle 1443. huict ans apres leur mariage, que Iean

1443.

ne de Bourbon aagée de 44. ans, accoucha d'vne fille, l'année suiuante d'vne autre, & celle d'apres que l'on comptoit 1445. d'vn fils, le mary ayant lors 29. ans: ce

1445.

qui se doit ainsi supputer, puisque ce fils aisné de leur mariage, & aisné de la maison, en l'an 1485. par preuues

Preu. pag. 33. lig. 28. & suiu.

irreprochables, se disoit aisné de la famille, fils de Louys de Combauld & de Ioanne de Bourbon, & estre aagé

lors de 40. ans : Ce qui se voit au Tableau de l'Eglise de
S. Blaise d'Escolle, comme aussi s'y recognoissent les
armes de ladite Ieanne de Bourbon (auec celles des
Combaulds) qui y sont blasonnees en la forme que Ieã
Duc de Bourbon son pere la legitimant, luy permist de
les porter, sçauoir *d'aZur à trois fleurs de Lys d'or, 2.1. au ba-*
ston de gueules à gauche, brochant sur le tout. Dieu donc leur
ayant donné tout contentement, les en laissa longuement iouïr. Ieanne de Bourbon iusques en l'an 1487.
qu'elle mourust (ayant laissé à son mary quatre enfans,
deux fils & deux filles, desquels il est parlé cy apres soubs
la marque 15.) aagée de 88 ans, & Louys de Combauld
iusques en l'an 1490. aagé de 74. qu'il deceda pour aller
s'vnir en la felicité à celle à qui il fut vny en naissant par
parenté, en viuant par mariage, & en mourant par sepulture : car ils furent tous deux enterrez au tombeau de
la famille en l'Eglise Parrochialle d'Escolle ; & ce sont
les derniers de la maison qui y ont esté inhumez, car
leur fils eut vne autre sepulture par deuotion, comme
nous dirons au chapitre suiuant.

Ans de Iesvs-
Christ.

Preu. p.32. l. 10.

1487.

1490.

ENFANS DE LOVYS DE
COMBAVLD, *premier du nom, et de*
IEANNE DE BOVRBON.

15.   IEAN DE COMBAVLD 1. du nom, qui
continua la posterité aisnee masculine, duquel il est parlé au chapitre 11.

15.   IEAN DE COMBAVLD le puisné, 2.
fils desdits Louys de Combauld & Ieanne
de Bourbon, fut d'Eglise. Il partagea les

62

successions nobles de son pere en 1491. où il
est qualifié Protenotaire du Pape, & Chanoine de S. Quentin en Vermandois: Par iceluy partage il est rendu Seigneur des terres
d'Aruilliers & Loucharre, situees au pays de
Forests.

15. LOVISE DE COMBAVLD (premier enfant des quatre) femme de Messire Iulien de
Beaumont Cheualier sieur de Midry.

15. MARIE DE COMBAVLD ; femme de
Ilbert de Malorde Cheualier sieur de Moüy.

COMBAVLD
comme cy-deuant

VAVLGRIS
d'or à vne face
d'azur.

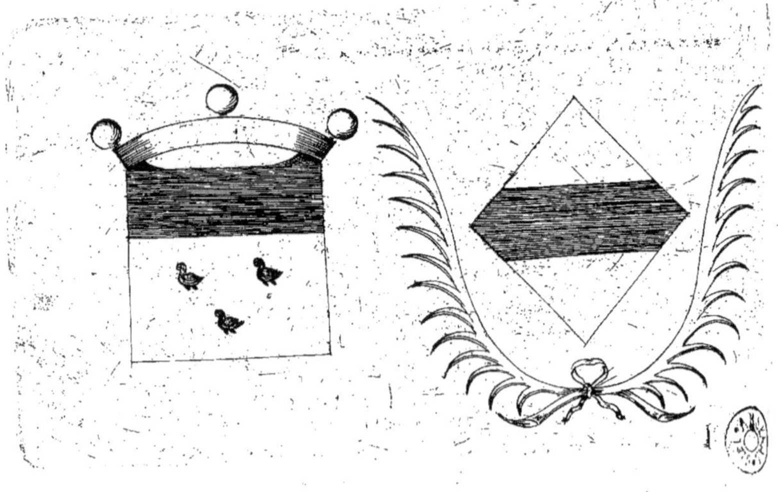

IEAN DE COMBAVLD

premier du nom, Cheualier, 11. Seigneur des mesmes lieux.

CHAPITRE XI.

CELVY qui continua les pleines Armes, & la posterité masculine, fut Iean de Combauld premier du
nom, duquel il est traicté en ce Chapitre, qui estoit le 3.
enfant, mais le fils aisné de Louys de Combauld Cheualier de l'Ordre de l'Esperance, & de Dame Ieanne de
Bourbon. Il nasquist d'iceux l'an de grace 1445. ce qui est
indubitable, puis que luy mesme se dit aagé de quarante ans en 1485. Si tost qu'il furen aage de porter les armes, il alla rendre dans les armées, preuues de son courage, en la suitte principalement de Gilbert de Bourbon
Dauphin d'Auuergne, non encore Comte de Montpensier (ainsi que le mesme Iean le tesmoigne) comme
à la journée de Bussy, à celle de Cluny, & à toutes les
guerres de Picardie, d'Artois, de Haynault & de Flandres, contre la maison de Bourgoigne : auquel temps il
estoit Escuyer de Louys Comte de Montpensier pere de
Gilbert ; & depuis, enuiron l'an 1466. par la demission
de son pere, fust Chambellan du mesme Prince. En ces
qualitez il contracta mariage en 1469. puis qu'au contract il est nommé Escuyer & Chambellan de Monseigneur le Comte de Montpensier, & qu'il est asseuré que
lors c'estoit Louys qui possedoit le Comté, lequel n'e-
stoit pas encore mort en 1480. Iean de Combauld en
cette année 1469. espousa CATHERINE DE VAVLGRIS,
de noble famille au Duché de Montpensier, fille de Iean
de Vaulgris Escuyer sieur de Vaulgris, & en partie d'Escolle ; & de Damoiselle Martine de Dorne, (maison

Preu. pag. 33. lig. 1. & suiu.

Preuues, pag. 33. lig. 19. & suiu.
Preuues, pag. 32. lig. 31. & 32.

Preu. pag. 55. lig. 20. 21. & suiu.

Le sieur de Maril-lac, & les sieurs de saincte Mar-the, en leurs Hist.

de Gentils-hommes en Bourbonnois, auiourd'huy Seigneurs de Cordebœuf) comme il appert par leur Contract, auquel Iean de Combauld est qualifié Cheualier Seigneur de Larbour & autres lieux, Chambellan & Escuyer de Louys Comte de Montpensier, & se dit fils de noble Seigneur, Monsieur Louys de Combauld Cheualier sieur desdits lieux, & de Dame Ieanne de Bourbon, non presens audit contract, mais que par le style on infere estre encor viuans, par laquelle alliance les descendans de ladite Dame Catherine de Vaulgris, ont proximité auec la maison de la Roche-d'Apchon, en ce que Damoiselle Morise de Vaulgris, sœur de Catherine, auoit espousé Iean de la Roche-d'Apchon, sieur dudit lieu, vn des Escuyers du mesme Comte de Montpensier, & auec la maison de Chabanes, d'autant que Damoiselle Valentine de Vaulgris, niepce des dessusdites, fille de leur frere Iean de Vaulgris, dit Terrible, espousa Pierre sieur de Chabanes : Outre, pour cette derniere alliance, que les memoires de la maison de Combauld portent; que lesdits de Vaulgris estoiét de leur chef, issus d'vne fille de la maison de Chabanes. Iean de Combauld continua sa demeure actuelle à Escolle, & aux lieux circonuoisins à luy appartenans, & ne laissa neantmoins, pour la cómodité du seruice qu'il debuoit à Monseigneur de Montpensier, de faire quelquesfois sejour en la maison d'Aigueperse, que só pere luy donna, en luy remettant ses charges. La maison paternelle des sieurs de Combauld à Escolle, (dont quelques vestiges subsistent encor dás cette recognoissance vniuerselle) donna lieu à Iean de Combaul d'auoir vne deuotion particuliere à vne petite chappelle ancienne, scituée quasi vis à vis de cette maison, deseruie soubs le

Ans de Iesvs-Christ.

Preuues, pag. 55. lig. 13.

Preuues, pag. 55. lig. 30. pag. 56. lig. 11.

Preu. p. 56. lig. 9. & suiu.

nõm de Sainct Blaife:Il fit force biens à cette Chappelle,& la voyãt quafi ruinée ; pour la faire reftaurer obtint
de Rome,au commencement de l'an 1485. vne bulle du
Pape Innocent, affifté de dix-neuf Cardinaux, portant
grands Pardons & Indulgences à ceux qui feroiét quelque bien à cette Chappelle, laquelle bulle en parchemin,faine & entiere, eft encore audit lieu fur du bois,
contre vn pillier, au deffous duquel gift ledit Iean de
Combauld, lequel dans icelle bulle eft qualifié noble
Cheualier & mignon de Monfieur le Comte Dauphin
d'Auuergne,qui eftoit lors Gilbert, & non plus Louys :
car le Comte Louys eftant decedé, fon fils Gilbert continua Iean de Combauld és mefmes charges aupres de
fa perfonne,premierement en celle d'Efcuyer,& depuis
en celle de Chambellan, & l'ayma toufiours tres-parti-
culierement:La mefme année, & fur la fin, Iean conti-
nuantfes deuotions à cefte Chappelle, où deflors il de-
ftina fa fepulture,fit mettre au mefme pillier, au deffus
d'icelle bulle,fon Epitaphe en forme d'vn grãd tableau
my-party,où d'vn cofté il eft reprefenté au naturel à ge-
noux deuant noftre Dame & fainct Blaife ; & de l'autre,
eft vn long efcript, commençant par l'explication du
deffein qu'il a eu de la bulle pofee au deffous, & en a-
pres contenant vn abregé de fa vie,& de fa Genealogie,
depuis les Sires de Bourbon iufques à luy, où neantmoins le Lecteur remarquera dans la fuitte des degrez
qui y font énoncez, vn defaut de deux, que Iean de
Combauld ignoroit ; ce qui eft faute, & non fauffeté :
Car ayant dit que Nicolas de Combauld eftoit fon
ayeul,il paffe les 2.degrez de Iulien & de Marcel 2. & va
à Marcel 1.& Anne de la Tour : Mais il fe voit bien qu'il
recognoiffoit luy-mefme y en manquer ; car il n'a pas

Ans de Iesvs-
Christ.

Preu. és pages 31.
32. 33. & 34.

Preu.p.32. lig.30.

dit que Nicolas estoit fils de Marcel de Combauld &
d'Anne de la Tour, mais seulement qu'il estoit issu, en ligne masculine d'iceux: ce qui infere plus que d'vne descente ordinaire de pere à fils. Or par l'alliance que Iean
de Combauld 2. du nom, petit fils de ce Iean 1. fit auec
Gabrielle Baile, comme nous dirons au chapitre 13. le
supplément des deux degrez qui y manquoient a esté
trouué, en ce qu'icelle Gabrielle Baile, par sa mere Antonia Rauail, estoit issuë de l'ancienne maison des Rauails, qui auoient tousiours esté Secretaires, Tresoriers
& Controlleurs de la Maison de Bourbon, tant de la
branche des Ducs, que de celle des Comtes de Montpensier, & lesquels par conséquent auoiét eu entre leurs
mains les principaux tiltrés & papiers de la maison de
Combauld, lors que Louys 2. du nom, 3. Duc de Bourbon, suiuant la supplication à luy faicte par Iulien de
Combauld en son testament, se rendit comme tuteur
de ses enfans, & fit de poinct en poinct executer sa volonté: ce que l'on doit croire n'auoir pas esté par luy fait
immediatement, mais mediatemént par ses Secretaires.
De sorte que Iean de Combauld, lors qu'il fit cette Genealogie, n'auoit aucús tiltres de ses deux predecesseurs,
puis qu'en ces occurrences il faut mettre és mains des
executeurs testamentaires tous les papiers du testateur,
mesme d'ordinaire ceux des pere & mere d'iceluy, pour
la qualité des biens de la succession: ce qui a faict qu'il
ne sçauoit rien de ces deux, & que neantmoins il auoit
cognoissance de leurs ancestres, dont les tiltres estoient
demeurez; attendu qu'il n'est pas de besoin aux executeurs des tiltres plus anciens de la famille: Et les Secretaires de Messieurs de Bourbon ayans esté negligen de
rendre ces papiers; ils eussent esté entierement perdus

pour

pour la famille, si ce n'est que Gabrielle Baile, de hazard les rapporta en la maison par les successions qui depuis luy arriuerent des Rauails freres de sa mere, lesquels tiltres neantmoins, auec les autres des predecesseurs & descendans, furent depuis pour la plus grande part, tous bruslez dans le Chasteau d'Aigueperse en l'an 1474. cóme il se dira au Chapitre XIII. où ils auoient esté transportez par Iean de Combauld second du nom, lors Capitaine d'iceluy ; fors ceux qui furent par les parens & amys sauuez de l'embrazement, entre lesquels, heureusement se trouue le Testament dudit Iulien de Combauld, (piece qui a esté la cause du trásport des tiltres és mains des Officiers de Messieurs de Bourbon) par lequel iceluy testateur renoüant le susdit Nicolas qu'il nomme son fils, auec Marcel I. & Anne de la Tour, qu'il specifie estre son ayeul & ayeulle; nommant en outre pour ses pere & mere vn autre Marcel, & Perrinelle de Courtenay, fait veoir la Genealogie de l'Epitaphe estre vraye, & ne laisse plus aucun doubte ny defaut pour les degrez qui y pouuoient manquer. Iean de Combauld perdit son pere en 1490. Ieanne de Bourbon sa mere estant desja decedée trois ans auparauant : Et par ainsi il succeda actuellement aux terres de Larbour, Hondiciere & Sambers, bien que dés plus de 20. ans auparauant il en eust tousiours pris les qualitez : ce qu'il faisoit par la raison que les fils aisnez ont de porter d'ordinaire le tiltre des terres que leur pere possede neantmoins, ou par celle qui dit des peres & des enfans :

Esse simul dominos gratior ordo piis.

Il partagea leurs successions en 1491. auec Iean de Com-

Ans de Iesvs-
Christ.
*Preu. pag. 56. lig.
30. 31. & fuiu. en
la pag. 57.*

bauld le puifné fon frere, par lettres paffées foubs le fcel
de la Preuofté de Paris: auquel partage affifta ledit Prince Gilbert Comte de Montpenfier, és qualitez de Seigneur, de coufin paternel & maternel des parties : de
Seigneur, car les deux freres eftoient fes Vaffaux, & fes
domeftiques: de coufin paternel, car ils venoient par
leur pere de l'ancienne maifon de Bourbon, de laquelle
ce Prince fortoit par femmes, & de coufin maternel,
puifqu'il l'eftoit doublement, tant à caufe que la mere
dudit Prince s'appelloit Gabrielle de la Tour, de laquelle maifon eftoit auffi Anne de la Tour 4. ayeulle
defdits freres, que pour ce que leur mere eftoit Ieanne
legitimée de Bourbon, tante de Gilbert, fœur naturelle
de fon pere. Par ce partage les deux beaux freres des
parties font nommez; & fe veoit que Dame Marguerite d'Allegre eftoit encore lors viuante, aagée confequé-
ment de 94. ans ou enuiron, laquelle y eft fpecifiée Dame douairiere des terres d'Aruilliers & Loucharre, qui
mourut l'année fuiuante, & fuft portée aupres de fon

1494.

mary à Efcolle. En l'an 1494. au mois de Iuillet Iean de
Combauld eftant dás la refolution d'aller trouuer Gilbert de Bourbon Comte de Montpenfier fon Maiftre,
qui eftoit auec le Roy party pour aller au Royaume de
Naples, auquel la mort de fon beau-pere nouuellement
arriuée l'auoit empefché de le fuiure : Fit certaine do-

*Tiltres de la mai-
fon.*

nation à Damoifelle Catherine de Vaulgris fon efpoufe;
& les mefmes iour, mois & an, & fous le mefme fcel, il

*Preu. pag. 56. lig.
13. & fuiu.*

partagea auec Iean de la Roche-d'Apchon fon beau-
frere les meubles de leurdit beau-pere Ieá de Vaulgris,
ainfi que les Lettres originalles le tefmoignent: & auffi
toft apres, & le mois fuiuant de la mefme année, Iean de
Combauld alla auec Louys de Combauld fon fils, re-

ioindre Gilbert Comte de Montpenfier fon Maiftre, Ans de Iesvs-Christ. qui auoit defia paffé lés monts, & fe trouua à l'entrée du Roy faicte à Rome au mois de Decembre: & depuis, fuiuift toufiours ce Prince, & ne le quitta point, tant qu'il demeura au Royaume de Naples, iufques à la fin de l'année 1495. que Gilbert Comte de Montpenfier, premeditant fon retour en France, y renuoya Iean de Combauld fon Efcuyer & Chambellan, lequel y reuint auec fon fils. Le Lecteur ne trouuera point icy hors de propos, de voir les vers que feu Monfieur le Cardinal du Perron, iuge capable du merite des perfonnes, a autresfois compofé & dóné, efcripts & fignez de fa main, à Gilbert de Combauld, arriere petit fils de ce Iean, fur fon Tableau, gardé iufques à prefent dans la famille: par lefquels appert, entre autres chofes, comme Iean de Combauld accompagna ce Prince en Italie, & luy rendit toufiours de tres-grands & recommandables feruices.

1495.

VERS DE MONSIEVR
LE CARDINAL DV PERRON,

A
MONSIEVR DE COMBAVLD,
Sur le pourtraict de fon bifayeul.

1581.

I.

La gloire qui s'eft obftinée
Contre l'effort du temps ialoux,
Et qui des nos Peres eft née,
Eft toufiours plus enracinée,
Que celle qui naift quant & nous.

70

II.

C'eſt ce qu'on appelle nobleſſe,
Que cette ſuitte de Vertu,
Qui iamais par le temps ne ceſſe,
Quand le pere à ſon fils en laiſſe
Autant comme il en auoit eu.

III.

Lors que ie chanteray ta race,
Belle & noble ſuitte d'ayeux,
Ce te ſera beaucoup de grace
D'en auoir les traicts en la face,
Et l'exemple deuant les yeux.

IV.

De ton grand biſayeul l'Hiſtoire,
Qui nos Princes alla ſuiuant
En Italie, & ſa memoire
Orna d'vne eternelle gloire:
Ce ſera ton miroir viuant.

V.

L'on recognoiſtra ton courage
Auſſi grand, vertueux & beau,
Dedans vne ſi belle Image,
Comme on recognoiſt ton viſage
Dedans les traicts de ſon Tableau.

VI.

Mais ſi ie chante ſa loüange,
Et toy qui as tant faict pour moy;
T'en loüant ie ne m'en reuange.
L'on trouuera poſſible eſtrange
Que ie ſois ingrat enuers toy.

VII.

Mais si ie chante le merite,
Par lequel tu m'as rendu tien,
La recognoissance est petite,
Et n'est possible que i'éuite,
Que ie ne le sois aussi bien.

VIII.

Car les paroles ne suffisent
Pour auoir receu des effects,
Et desia tous, ingrat me disent:
Si ce ne sont ceux- la qui prisĕt
La volonté , comme tu fais.

IX.

C'est tout le meilleur bien que i'aye ;
N'auoir le moyen, c'est pitié,
Quand de bien faire l'on s'essaye :
Mais, en fin, tu sçais qu'on ne paye
L'amitié, sinon d'amitié.

Dv PERRON.

1581. ●

Iean de Combauld aussi-tost apres son retour de Naples, & au commencement de l'annee 1496. passa de
cette vie en vne meilleure, aagé de 50. ans ou enuiron, **1496.**
ayant predecedé Dame catherine de Vaulgris son espouse de quatre ans, laquelle au mois de Iuillet de cette annee, transigea en qualité de veufue ; d'où l'on infere probablement, joincts les memoires de la maison,
le temps de la mort de ce Iean, dont le corps, suyuant
sa disposition, fust porté en la Chapelle de Sainct Blaise d'Escolle, vis à vis l'Epitaphe qui y est encore de present, que luy-mesme croyant sa fin plus proche, y auoit
faict mettre dix ans auparauant ; où il est peint au natu-

T

 GEAL. DES SIEVRS DE LARBOVR,
rel, tout conformément au Tableau qui est dans la famille, auec les Armes pleines, timbrées de front qu'il
continua tousiours comme ses predecesseurs: Auquel
endroit du depuis fust aussi mise son espouse, de laquelle il laissa deux garçons seuls, qui suiuent.

ENFANS DE IEAN DE COMBAVLD *premier du nom*, & *de* CATHERINE DE VAVLGRIS.

16 LOVYS DE COMBAVLD
SECOND DV NOM, QVI AVRA
SON ELOGE AV CHAPITRE
SVIVANT.

16 LOVIS DE COMBAVLD
LE IEVNE, QVI NE LAISSA POSTERITE.

COMBAVLD côme dessus, la Banniere entourée d'v-ne cotte d'ar-mes & dans le reply:
Vbi mel, ibi fel.

SOLLIER de gueules à 3. fuzeaux d'argent 2.1.

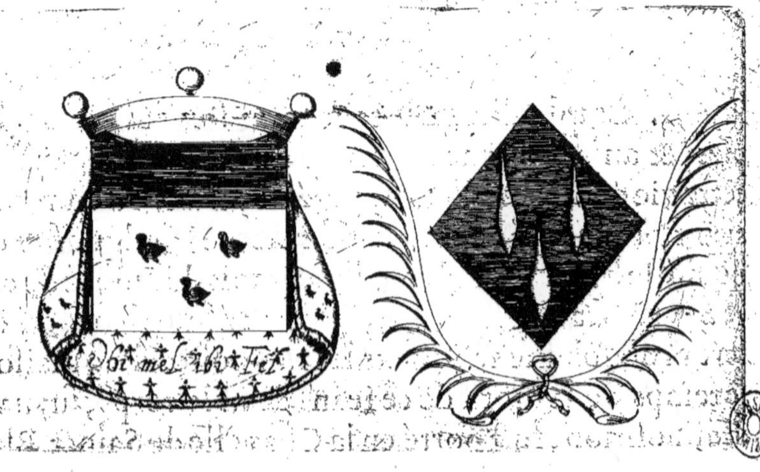

LOVYS DE COMBAVLD

*second du nom, dict le Capitaine, 12. & dernier Seigneur
des terres de Larbour, & autres deſſuſdites.*

CHAPITRE XII.

LOVYS de Combauld, dict le Capitaine, fuſt le premier fils de Iean de Combauld Cheualier, & de Dame Catherine de Vaulgris. Il naſquiſt d'eux à Eſcolle l'an 1470. Dés ſa tendre jeuneſſe il ſe traça le chemin à la gloire qu'il merita depuis en s'acquerant par ſa valeur le tiltre de Capitaine: car il n'euſt pluſtoſt attaint l'aage de 12. ans, qu'il fit ſes premieres armes ſoubs Gilbert Comte de Montpenſier, és annees 1482. 1483. & 1484. en la preſence de Iean de Combauld ſon pere, qui le teſmoigne en ſon Epitaphe expreſſément; preuue indubitable de ſa filiation. Depuis, & en l'an 1494. il alla auec ſondict pere rejoindre le Comte Gilbert, pour le ſuiure au voyage de Naples, duquel il reuinſt auſſi auec luy, comme nous auons dit au au Chapitre precedét, ſur la fin de l'an 1495. Et au commencement de l'an 1496. par la mort de Iean de Combauld il ſucceda aux terres de Larbour & autres, & au reſte des biens de la maiſon, puiſqu'il ſe veoit par tiltres aſſeurez, qu'il a pris la qualité de Seigneur d'icelles terres depuis la mort de ſon pere: Car par vne traſaction paſſee entre ſa mere & luy d'vne part, & Pierre Rendan d'autre part, ſoubs le ſcel de Montpenſier le 18. Iuillet 1496. trois ou quatre ans apres le deceds de Iean de Combauld ſon pere, il tranſige en qualité d'Eſcuyer, & de ſieur de Larbour, auec noble Damoiſelle Catherine de Vaulgris, qui y eſt dicte expreſſément ſa mere, & veufue de defunct Meſſire Iean

T ij

*Preu. pag.
32. lig. 31.
pag. 55. lig.
2. & ſum.
Pag. 62. 63.
64. 65. pag.
29. lig. 11.*

*Preuues, pag.
52. lig. 31.*

*Preuues, pag
56. lig. 5.*

 de combauld ſon pere, viuant Cheualier Seigneur de
Larbour , & Chambellan de Monſieur le Comte de
Montpenſier. Louys de Combauld dés la naiſſance de
Charles de Bourbon, ſecond fils de Gilbert, auoit eſté
deſtiné à ſon ſeruice : & de faict, au commencement il
fuſt gendarme de ſa compagnie ; & auſſitoſt que l'on
feit ſa maiſon, il fuſt Eſcuyer de ce jeune Prince, charge
qu'il a autant conſerué que ſon maiſtre a veſcu. En l'an
1503. le 2. Octobre, par Lettres de prouiſion donnees à
Moulins, ce Prince Charles, lors prenant qualité de cõ-
te de Montpenſier, donna à iceluy Louys de combauld
dict le Capitaine (lors auoit-il deſia par ſa valeur acquis
cette qualité au trente-troiſieſme an de ſon aage) qu'il
qualifie ſon Eſcuyer, la charge de capitaine d'Eſcolle,
qui eſtoit le lieu de la naiſſance de ce Gentil-homme, de
l'anciéne demeure de ſes predeceſſeurs paternels , & du
domaine, pour quelque partie, de ſes anceſtres maternels. ce Louys, en ces téps, quitta entieremét le ſejour
d'Eſcolle & de ſes enuirons, & s'habitua actuellement
pour la cómodité du ſeruice qu'il deuoit rendre au jeune Comte de Montpenſier ſon maiſtre, aux temps qu'il
ne demeuroit point à Larbour, lieu de ſa veritable demeure, & de celle de tous ſes anceſtres, en la ville d'Aigueperſe, en la maiſon qui y eſt encore de preſent vis à
vis le chaſteau, où ſes pere & ayeul n'auoiét fait qu'vne
habituatió paſſagere : Auquel lieu il priſt alliáce dans
vne famille laquelle finiſt en la perſonne de ſa femme,
qui fuſt quaſi auſſi-toſt qu'elle auoit commencé en ce
pays. Pierre de Sollier, Gentil-homme affligé, vn des
experimentez en la marine de ſon temps, vint de Nauarre ou de Biſcaye enuiró l'an 1440. s'habituer auec ſa
famille au Duché de Montpenſier, auec laquelle il auoit
eſté con-

Hiſtoire du
ſieur de Ma-
rillac , fol.
265.

Preu. pag.
54. lig. 14.

esté contraint de se retirer de Castille, lieu de sa naissance, en Nauarre ou Biscaye : & depuis de ce mesme pays
en France, pour quelques mal-heurs qui luy estoiét arriuez en Castille, où il estoit en qualité tres-cósiderable,
& telle, qu'il auoit espousé la fille d'vn Grand, appellee
Donna Fernanda de Ximenez d'Arragon. Il fust tres-
benignement receu dans leDuché deMontpensier par
Louys Comte dudit lieu, & depuis fort estimé par Gilbert aussi comte de Montpensier, fils de Louys ; lequel
sçachát sa suffisance sur la mer, le mena auec soy en Italie en l'an 1494. où il luy rendist de si recommandables
seruices en la conduitte d'vn grád vaisseau appellé Nef
Biscaine, qu'il merita de ce Prince vne recognoissance
non ordinaire dans son Testament, qui par iceluy, luy   *Testament*
faict vn legs tres-aduantageux ; & le prie de ramener les   *de Gilbert*
                                                            Comte de
siens en France: ce qu'il fit. Plusieurs annees auparauát   *Montpensier.*
ce depart, Pierre auoit marié son fils vnique appellé Gabriel de Sollier, (que les memoires de la maison disent
auoir esté depuis Cheualier d'honneur de Suzanne Duchesse de Bourbon ; & Comtesse de Montpensier, fem-
me du DucCharles)auec Damoiselle Martine Reynault   *Preuues, pag.*
d'vne des plus anciennes du pays, de laquelle,& dudict   *25. lig. 17.*
Gabriel, estoit issuë Damoiselle PERRINELLE DE   *& suiuant.*
SOLLIER, vnique heritiere de cette ancienne maison
des Solliers. Ce fust cette Damoiselle, que Louys de   *Pr. p.*
Combauld, dict le Capitaine, prist à femme l'an 1510.   *l. 10.)*
                                                        *P. 52.)*1510.
aagee lors d'enuiron vingt ans, & luy de quarante, plus *l. 8.*
pour son merite & beauté, que pour ses biés & facultez,
quoy que neantmoius elle luy apporta vn dot assez honneste pour sa condition. Ce mariage estant contracté, il
continua de suiure le Duc Charles son Maistre en toutes
les occasions qui s'offrirent ; Et par exprés, l'an 1515. se   1515.

V

Histoire de
Bourbon du
sieur de Ma-
rillac, folio
263.

Le sieur de
Laual en
l'enqueste
de Moulins.

trouua à la journee de Marignan dans l'aduant-garde de l'armee Royale, conduite par charles Duc de Bourbó, duquel il estoit Escuyer: & se peut dire, que ledit capitaine fust la premiere cause de cette signalee victoire que François premier gaigna par la defaicte des Suisses à la prise de Milan : car ce fust luy qui donna aduis au Roy de la venuë des ennemis, par deux Messagers qu'il enuoya; surquoy le Roy se tint aduerty, & se prepara au combat, ainsi que le tout est tres aduantageusement tesmoigné par le sieur de Marillac en son Histoire de Bourbon, par luy composee il y a plus de cent ans, tesmoin oculaire des seruices de ce Gentil-homme, & tres-bien confirmé par le sieur de Laual en l'enqueste faite de l'authorité de la cour des Aydes à Moulins, sur ce subject. Or en cette occasion le capitaine combauld commandoit asseurément en vne compagnie de gens-d'armes, & non à vne compagnie de gens de pied : car par l'Histoire de Marillac il est expressément porté, qu'il enuoya vn Gentil-homme d'armes des Ordonnances au Roy, pour luy donner aduis de ce qu'il voyoit, qui estoit sans doubte, que ce capitaine combauld estoit auec la compagnie, & qu'il enuoyoit vn de ses camarades; autrement il n'eust pas eu de commandement sur vn Gentil-homme d'armes, mais seulement sur quelque simple soldat: outre qu'au mesme lieu il est expressement porté, que ce Capitaine combauld auoit commádé aux gens de pied; ce qu'estant dit du temps passé, faict inferer qu'il n'en estoit point lors Capitaine : De quelque façon que ce soit, il merita en cette occasion, que son nom fust immortalisé par les escrits de ce grand & docte personnage, (predecesseur de Monsieur le Garde des Sceaux aujourd'huy viuant) Guillaume de Marillac sieur de S. Genestz,

Secretaire de Charles Duc de Bourbon, de son pere, de
son ayeul & de son frere, vn des plus anciẽs & fidels seruiteurs de cette Royale maison de Montpensier, & tesmoin oculaire de toutes les actions de ce Duc de Bourbon, auquel le Capitaine Combauld rendoit aussi seruice. Il se trouue vn committimus obtenu par ledit Ca- *Pr. pag. 53.*
pitaine en l'an 1519. depuis son retour de Milan, où il est *lig. 5.*
qualifié par le Roy François premier, Escuyer du Duc *1519.*
de Bourbon, & son parent, laquelle derniere qualité fait
voir comme en ces temps (qui n'estoit qu'au siecle precedent celuy cy) les sieurs de Combauld estoient encores recogneus pour parens des Princes du Sang de cette
Maison, à cause de l'origine desdits sieurs de l'ancienne
race de Bourbon non Royale : Aussi lors, la decadence
& la perte des biés n'estoit encore arriuée dans cette famille. Ce fust enuiron l'an 1521. 1522. ou 1523. & années *1521.*
suiuantes, que ce Capitaine Combauld la ruina entierement, faisant (d'Italie où il auoit suiuy son Maistre, sorty mal-cótent de France,) vendre piece apres piece tout
son bien, pour secourir & assister le Duc de Bourbon,
dont tous les biens estoient saisis: Ce que ce fidel seruiteur executa jusqu'à ce qu'estát descouuert qu'il estoit
asseurement auec son Maistre, on saisist le reste de ses facultez, entre lesquelles restoit la terre de Larbour, qui,
sans autre forme de Iustice, & sás que le Seigneur d'icelle eust esté compris dans l'Arrest de condemnation du
Duc de Bourbon & de ses adherans, fust confisquée &
reincorporée au domaine dót elle estoit autresfois sortie, & les autres biens de ce Gentil-homme vendus &
donnez au premier demandant: si que sa femme & ses
enfans se virent, pendát son absence, reduits à vne tres-
grande necessité; le dot de la femme, qui auoit esté tout

V ij

argent content, se trouuât si meslé parmy ce qui appartenoit à son mary, que cette raison ne luy fit auoir aucune faueur en cette déplorable dissipation du bien de la
maison; les biés immeubles de sa famille, ou du propre
des Reynaults, ou de l'acquisition de Pierre de Sollier,
estás possedez par Damoiselle Martine Reynault, mere
de Perrinelle: les premiers comme à elle appartenás, &
les autres comme y ayant son doüaire dessus. Tous ces
malheurs neantmoins n'empescherent en rien le Capitaine de Combauld de continuer la fidelité & le seruice
qu'il auoit voüé à ce Grand, mais lors tres-affligé, Prince
Charles Duc de Bourbon: Il ne l'abandonna iamais durant cette mauuaise fortune; l'accópagna en toutes les
occasions qu'il se rencontra, iusques à la derniere au siege de Rome en l'an 1527. où l'ayant suiuy à l'escalade de
cette renómée ville, il vit sur ses murs finir la vie de ce
grand Duc, dont la belle ambition sembloit infinie; &
vit par vn mesme coup perir son Maistre & sa fortune:
Aussi tóst qu'il fust frappé, auparauant le commandement du Prince d'Orange, comme portent toutes les
Histoires, il couurist le corps de Charles de Bourbon
de sa cotte d'armes, & le retira de la veuë des siens, qui
ne voyans point ce mal-heur, poursuiuirét si courageusement leur pointe, qu'ils remporterent vne pleine &
entiere victoire, de laquelle le Capitaine Combauld
doit, par son stratageme admirable, estre estimé la principale & premiere cause. Ayant veu mourir toutes ses
esperances auec ce Prince, il reuint au Duché de Montpensier enuiron l'an 1528. en vne condition bien differente de celle en laquelle il en estoit party, puisqu'il luy
falloit de là en auant demeurer pauure parmy les biens
qu'il y auoit jadis eu, estre sans demeure aupres de tant

de belles

1527.

Prem. pag.
62. lig. 48.
& suiu.
Pag. 63. lig.
23.

1528.

de belles terres qu'il y auoit poſſedé, & qui pis eſt, ſe
voir contraint de viure incogneu en vn pays, où luy &
ſes anceſtres auoient de long temps eſté cogneus ſi dignement, & eſtre banny en ſa propre patrie parmy les
ſiens, & dás les terres de ces defunᶜts Princes, au ſeruice
deſquels luy & ſes anceſtres auoient employé leurs vies
& leurs biens. Il y veſcut donc quelques années caché
luy & ſa famille, auec la ſeule cómodité qui luy venoit
de la part de Damoiſelle MartineR eynault ſa belle mere., juſques à ce que le pardon du Roy, donné aux adherans & ſeruiteurs du Duc de Bourbon, luy rendit la li-
berté, mais non les biens qui demeureréᵗ perdus, & de
la part du Roy, pour ceux auſquels il auoit pourueu, encore que le Capitaine Combauld n'euſt eſté compris
dans l'Arreſt de códemnation, & qu'en tout cas il jouyſt
de la faueur du pardon, ny de la part des heritiers natu-
rels de ſon feu Maiſtre, dót la Princeſſe de la Rocheſur-
yon, ſœur du defunᶜt, ne luy fit aucune recognoiſſance
pour les ſeruices qu'il auoit rédu à ſon frere, deſpenſant
tout ſon bien pour ſes neceſſitez. Il voulut luy neantmoins en laiſſer à la poſterité: car en ce temps, qui fuſt
enuiron l'an 1530. il entoura la banniere de ſes Armes,
qu'il continua de porter pleines *d'or à trois Merlettes de* 1530.
ſable, au chef de gueules, comme ſes predeceſſeurs, d'vne
caſaque pareille à celle qui auoit eſté l'inſtrument du
dernier, mais du plus cóſiderable de tous ceux qu'il luy
auoit rendu ſur les murs de Rome : & ce, pour apprendre à ſes deſcendans cóme toute la recompenſe de tant
& de ſi recommandables ſeruices par luy rendus à cette
Royale maiſon, eſtoit le ſeul honneur de l'auoir ſeruy :
Et dans le reply de cette caſaque ou cotte d'armes, il
adjouſta (à l'ancienne) vne nouuelle Deuiſe :

X

GENEAL. DES SIEVRS DE LARBOVR.
VBI MEL, IBI FEL.

pour leur apprendre pareillement, que dans ce peu de
miel & de contentement qui luy restoit par le souuenir
d'auoir seruy vn grand Prince qui l'auoit cherement aymé, & d'auoir esté cause d'vne signalée victoire qu'il sçauoit que son Maistre auoit tant ambitionné, il goustoit
bien l'aigreur insupportable d'vn fiel tres-amer par la
perte de ses biés, & par la ruine totale de sa famille. Toutes ces afflictiós ne firent pas neantmoins que son courage ne pésast à mettre ses enfans, & principalemét son
fils aisné, dans le chemin de la vertu: car il l'auoit dés son
retour enuoyé aux guerres estrágeres d'Italie & autres,
aagé seulement de 16. ans, où il l'assista autát que le peust
permettre la bonté de Damoiselle Martine Reynault,
mere de sa femme, & ayeulle de son fils Iean de Combauld, qui voulát suiure en ces lieux le vol de sa naissance & de son courage, & non le train de sa fortune presente, augmenta encore grádement l'incommodité de
son pere en incommodant sadite ayeulle: lequel estant
retourné de ses voyages, son pere en fin le maria en l'an

1534.
Preu. pa. 52.
lig. 5.

1534. Il est qualifié au contract le Capitaine Louys de
Combauld Escuyer sieur de Larbour, bien qu'il n'eust
plus rien en ladite terre, de fait, mais de droict, croyant
qu'elle luy appartenoit, il en cóserua tousiours le tiltre
jusques à sa mort: ce qui se voit d'ordinaire pratiquer
par ceux qui ont esté contraints de vendre ou de voir
aliener leurs terres, principalement quand elles sont
d'ancien partage, & les terres du surnom. Depuis ce mariage Martine Reynault estant decedee, & estant par là
arriué quelque peu de bien suffisammét pour viure audit Capitáine Cóbauld, il r'acquist la maison paternelle d'Aigueperse, & quelques autres fonds, plus à sa bié-

ſeance : mais pour le reſte qu'il amenda de cette ſucceſſion, il le vit auec le dot de ſa bruë deſpenſer entierement aux guerres eſtrangeres par ſon fils, autant courageux, mais autát malheureux que le pere: ce qui les re-
duiſit derechef l'vn & l'autre au meſme poinct de mal-
heur qu'ils auoient eſté, qui fuſt cauſe qu'en ces temps,
enuiron l'an 1538. la Princeſſe de la Roche-ſuryon, ſœur
& heritiere du defunct Duc de Bourbon Conneſtable
de France, eſtant rentree dans les biés de la maiſon par
le don que le Roy luy en fiſt, & à Louys premier Duc
de Montpenſier ſon fils: Donna à ces pauures affligez,
le Capitaine Cóbauld, Damoiſelle Perrinelle de Sollier
ſa femme & leur bruë (car lors Iean de Combauld leur
fils eſtoit és guerres de Piedmót & d'Italie) le Chaſteau
d'Aigueperſe pour retraite, la Capitainerie d'iceluy audit Louys, & quelque penſion pour viure; Triſte & petite recompenſe à vn homme qui auoit rendu de ſi
grands ſeruices à ſon defunct Maiſtre, & qui auoit man-
gé tant de bien pour l'aſſiſter en ſes afflictions. Ils paſſe-
rent en ce lieu le reſte de leur vie, veritablemét hors de
neceſſité, mais en tres-grande incommodité, juſques à
ce qu'en fin le mary y deceda l'an 1547. aagé de 77. ans,
laiſſant à ſon fils, plus d'honneur de ſes bonnes actions,
que de profit de la ſucceſſion, plus de reſſouuenir de ſa
vertu, que d'vtilité de ſon heritage, & beaucoup de
droits, quoy que fort peu de poſſeſſions. Comme ſon
pere ne ſouhaitta point d'eſtre inhumé auec ſes predeceſſeurs, ains pour quelque deuotion particuliere vouluſt eſtre enterré à Sainct Blaiſe d'Eſcolle, auſſi Loüis de
Combauld, par vn meſme ſentiment particulier, tant à
cauſe de la demeure qu'il auoit de long-téps faite à Aigueperſe, que pour la pieté qu'il portoit à noſtre Da-

1538.

*Enqueſte
faite à Ai-
gueperſe.*

1547.

me, vouluft & ordonna eftre enterré en l'Eglife Collegiale de noftre Dame d'Aigueperfe, qui eft la principale de la ville. Il fuft donc porté en cette Eglife. Et l'honneur de fa naiffance, le merite de fa perfonne, le reffouuenir de fes bonnes actions, & la memoire des feruices
rendus aux Princes, Seigneurs de la ville: Tout cela enfemble merita que fon corps fuft inhumé dás le chœur,
(qui lors eftoit) & au bas du grand Autel, auec affeuran-
ce que fa femme y auroit pareille place fi elle vouloit,
& fes enfans pareillement: Ce qui fe voit encore, &
recognoift au mefme lieu par les tumbes qui rendent
cette fepulture particuliere : Et il fe lit au procez verbal
de defcente faite par vn Cómiffaire deputé fur les lieux,
comme Meffieurs du Chapitre prefens ont recogneu
ces tumbeaux eftre la fepulture ancienne de Meffieurs
les Combaulds, & qu'ils ont affeuré fçauoir par traditió
cette place (qu'ils ont dit auoir efté le lieu le plus eminent, & le plus hónorable de l'Eglife) leur auoir efté ac-
cordee conformément à leur condition & merite. Damoifelle Perrinelle de Sollier, efpoufe de Loüis, luy fur-
uefquift de 15. annees : durant lequel temps elle a efté
veuë & cogneuë par perfonnes qui viuoiét encore l'annee 1627. & qui ont affeuré en l'enquefte faite à Aigueperfe, qu'elle demeuroit audit Chafteau , & qu'elle
conferuoit, nonobftant toutes fes afflictions, foit en la
decence de fes habits, foit en la pratique de fa vie, toutes les marques & toutes les apparences d'vne noble &
vertueufe Damoifelle, d'autant plus eftimable en ce
poinct, qu'elle ne fouffroit pas feulemét en fa perfonne,
qui eftoit en incómodité, mais en celles de fes enfans, &
principalement de fon fils aifné (defia chargé de nombre d'autres enfans) qu'elle voyoit en extreme necefli-
té, tant

Preu. pag.
29. lig. 15. &
fuiu.

Preu. pag.
29. lig. 19.
& fuiu.

Preu. pag.
64. lig. 18.
& fuiu.

té, tant par les mal-heurs de son pere, que par les siens Ans de Iesvs-Christ.
1562.
particuliers : Elle mourut au mesme lieu l'an 1562. aagée
de 71. ou 72. ans; l'on fait tous les jours quelques prieres
en la mesme Eglise pour leurs ames, suiuant vne petite Preu. p.29. lig. 9
fondation que Louys de Combauld fit de son viuant,
quelques années deuant sa mort, proportionnément à
ses facultez, comme il se voit dans le Liure des fondations d'icelle Eglise : par le passage duquel se iustifient
tres authentiquement les degrez de la Genealogie; car
il est dit expressément, que Noble homme Louys de
Combauld fait vne fondation de pain & de vin , & de
vingt deniers tournois, pour faire les prieres y portées ,
tant (ce dit il) pour luy, que pour Perrinelle de Sollier sa
femme, que pour Iean de Combauld & Catherine de
Vaulgris ses pere & mere; & apres est adiousté, *modo Iean
de Côbauld*, qui môstre qu'il estoit le fils aisné dudit Louys,
lequel depuis deuoit le payement iournalier de cette fô-
dation, petite veritablemét pour le téps d'aujourd'huy,
& pour personnes accommodées, mais grande au téps
qu'elle a esté faite, & eu esgard à l'incommodité de ceux
qui la faisoient, qui (petitement que ce fust) ne pouuoient s'empescher de faire quelque action honorable.
Perrinelle de Sollier fust mise en la mesme Eglise aupres
de son mary, ayant laissé de Louys de Combauld, dit le
Capitaine, les trois enfans cy dessoubs nommez soubs
la marque 17

ENFANS DE LOVYS DE COMBAVLD *second du nom*, & *de* PERRINELLE DE SOLLIER.

Y

17   IEAN DE COMBAVLD 2. du nom,
qui aura son Eloge au Chap. 13.

17   GILBERT DE COMBAVLD
a esté le 2. des enfans desdits Louys de Combauld 2.
du nom, dit le Capitaine, sieur de Larbour & autres
lieux, & de Damoiselle Perrinelle de Sollier. Il fut
destiné à l'Estat Ecclesiastique : & de fait, fut premierement Chanoine de l'Eglise Collegiale Nostre-
Dame d'Aigueperse; en apres Chanoine de la saincte
Chapelle Sainct Louys dudit lieu, & depuis Tresorier
de ladite saincte Chapelle, & en fin Conseiller & Aumosnier du feu Roy Henry le Grand, comme il appert par Lettres du 9. Aoust 1593. Conjoinctemét aussi
les Ducs de Montpensier l'employerent dans leurs
affaires: car il se veoit par Lettres de retenuë du 22.
Auril 1575. cóme il fut du Conseil de Monsieur Louys
premier Duc de Montpensier, & par autres Lettres de
prouision de l'an 1594. il se list comme il a esté pourueu de l'Office de Conseiller, Chancelier & Garde
des Sceaux dudit Duché, charge qu'il a exercé iusques
à sa mort, & laquelle a esté cóseruée à Gilbert de Combauld Bailly de Montpensier son nepueu, cóme nous
dirons au Chap. XIV. Il a vescu vieil, & a passé ce lóg
aage en vne particuliere estime des Grands, en cóti-
nuel employ dans son pays & dehors, & en vne gráde
probité & innocence de vie. Il mourut à Aigueperse,
aagé de plus de 60. ans, le Samedy 27 Septemb. 1601.
Ses nepueux & niepces firent porter son corps en l'E-
glise d'Aigueperse, au deuant dudit ancien grand Autel, aupres de ses pere & mere, & de ses autres proches.

17 # HECTOR DE COMBAVLD,

3.& dernier des enfans de Louys, s'adonna, comme son frere aisné, courageusement aux armes,& n'ayāt pas les commoditez de paruenir aux grādes charges que son merite &sa naissāce luy eussent peu permettre, demeura dans vne condition moindre, mais neantmoins tres-honorable,& qui n'estoit lors celle que des seuls Gentils-hommes: car il fut toute sa vie (qui fut assez courte) gendarme en vne compagnie d'Ordonnance,commandée par le sieur de la Barge. Il eut de sa femme vn fils vnique appellé HECTOR GILBERT de Combauld,lequel a tousiours, comme son pere,continué la profession des armes dans les compagnies des Ordonnances,& lequel a laissé trois enfans,deux fils & vne fille, dont le fils aisné est decedé ieune,& le second viuoit encore en l'an 1623. en Italie,commandant dansvne compagnie de gens de pied:mais l'on tient que depuis il y a esté tué, & partant a finy la posterité masculine de cette branche.

IEAN DE COMBAVLD

2. du nom, dit Bouche- d'or, Escuyer sieur du Pointet, &c.

CHAPITRE XIII.

SI personne a peu dire auoir entierement esprouué tout ce que peut la fortune, ce fils aisné des 3. enfans de Louys, dit le Capitaine Combauld, & de Damoiselle Perrinelle de Sollier, s'en pouuoit asseurément vanter: Car il se veit naistre dans la prosperité, dâs le bon-heur, & dâs toutes les marques d'vne fort bône maison; mais il n'eust, auec ses freres, si tost atteint l'aage de cognoissance, que ce ne fut pour l'employer à voir & sentir les malheurs qui accueillirent son pere, & depuis en son particulier, pour seuoir la matiere du dernier acte d'vne triste tragedie. Il nasquist de sesdits pere & mere à Aigueperse l'an 1511. Les dix premiers de ses ans escoulerét, durant lesquels ses deux freres vinrent au monde, qu'il esprouuē toutes les douceurs d'vne fauorable fortune: Mais en l'an douziesme de son aage ou enuiron, iusques au seiziesme, il vit peu à peu diminuer le bon-heur de sa famille; en vit decroistre les prosperitez, vendre & alliener les biens; perdre les autres; en fin, vit son pere, au retour de Rome, reduit à vne telle necessité, qu'il ne luy restoit plus rien de tout ce qu'il auoit esté, que le souuenir: & luy mesme raisonnablement ne pouuoit croire que si peu de chose fust resté d'vne si grande. Ce braue pere neantmoins se monstrant plus fort que les afflictions, & resistant courageusement aux mal-heurs, creust qu'il deuoit, autant qu'il le pouuoit, porter ses enfans, & principalement son fils aisné, dans les actions de valeur & de gloire : Il l'enuoya donc enuiron l'an

1528.

1528. en Italie aagé lors seulement de 16.à17. ans , où il
le secourut (du peu qui luy restoit) autant qu'vn pere,
& ruiné & courageux tout ensemble, peut faire. Ce fut
en ces guerres du Royaume de Naples(Theatre celebre
des belles actions du sieur de Lautrec) où ce ieune Soldat fit ses premieres armes, au commencement dans les
gens de pied, & depuis en qualité de Gendarme en la
compagnie du sieur de Pomperant, jadis passionné seruiteur du Duc de Bourbon ; & depuis son funeste accident, reduit, auec la plus part des autres seruiteurs du de-
sunct, au debuoir dans le seruice de leur Roy. Il passa
plusieurs années en ces pays & autres estranges , où il
voyagea, allant chercher par tout les occasions: pendant
lesquelles il augmenta extremement l'incommodité de
sa maison, despensant, non conformément à ce qu'il
estoit lors , mais à ce qu'il auoit esté né. Il retourna en
Montpensier en l'an *1533.* & l'année suiuante, son pere
le Capitaine Combauld, se resolut de le marier. La cognoissance qu'vn chacun auoit de quelle maison il estoit
issu, la vertu de son pere, l'esperance de le veoir quelque
jour recompenser par les heritiers de Monsieur de Bourbon, les heureux commencemens qu'il auoit desia eu
aux guerres où il s'estoit trouué, & mille autres raisons;
firent que plusieurs familles qualifiées tinrent à honneur qu'il prist alliance dás leur race. Le Bailly, en espée,
du Bailliage d'Auuergne estably à Montferrand, appellé Christophle Baile, Escuyer sieur de Mótchenon, Tressat & Champguillaume, personnage aussi estimé en son
temps pour sa doctrine, que pour sa valeur, auoit laissé
plusieurs enfans à Damoiselle Antonia Rauail son espouse. Ce fut l'vne des filles de ces deux personnes, appellée Damoiselle GABRIELLE BAILE , que le Ca-

Z

Ans de Iesvs-
Christ.
Les Enquestes.

*Memoires de la
maison.*

ANS DE IESVS-
CHRIST.
*Preu. pag. 51. lig.
5. pag. 65. lig. 1.
pag. 49. lig. 27.*

pitaine Combauld choifit pour femme à fon fils, comme il appert par le contract de mariage qui en fut paffé
à Aigueperfe le 7. Iuin 1574. où ledit Iean , qualifié Efcuyer, fut marié foubs l'authorité dudit Capitaine fon
pere, & de Damoifelle Perrinelle de Sollier fa mere, &
du confentement de Damoifelle Martine Reynault fon
ayeulle maternelle, veufue de noble homme Gabriel de
Sollier fon ayeul maternel; Et la future efpoufe aagée
lors feulement de 12. ans , (comme il fe veoit expreffé-
ment par ledit contract de mariage) y proceda foubs
l'authorité de fon curateur & de fa mere, Damoifelle
Anthonia Rauail , & de plufieurs autres fes prochains
parens y nommez. Ce ne fut pas fans raifon que cette
fille fut preferée par le Capitaine Combauld à beaucoup
d'autres partys qui fe prefentoient pour fon fils: car plufieurs aduantages la rendoient preferable à tous autres;
La quantité des biens ne s'y rencontroit pas veritablement, pour la quantité des enfans qui eftoiét dans fa famille, bien que l'on peuft dire qu'vne Damoifelle affez
accommodée efpoufoit vn Gentil-homme tres-incom-
modé: Mais fa beauté eftoit tres-grande , & fa vertu
eftoit & a toufiours depuis efté fort extraordinaire, &
telle que dans la ville d'Aigueperfe elle a merité iufques
à prefent, que l'on la publie en commun prouerbe, eftát
vn difcours ordinaire en ce lieu, de fouhaitter à vne fille
la vertu de Gabrielle Baile , ou d'exprimer le merite
d'vne femme vertueufe par celuy de cette Damoifelle;
difant qu'elle reffemble à la femme de Iean de Cõbauld;
D'ailleurs, la condition de cette fille eftoit tres-aduanta-
geufe, foit à caufe de fon extraction , foit à caufe de fes
alliances: Car (auec quelques freres & fœurs, & entre
autres, Mathieu Baile fieur defdits lieux, mort fans eftre

marié, qui a esté Lieutenant General du Duché de Mót-
penfier, & depuis Conseiller & Maistre des Requestes
de la Royne Catherine, Estienne, pere de Françoise, aujourd'huy seule heritiere de cette ancienne maison, &
Ieanne Baile femme du sieur Gilbert sieur de Varénes,
dont sortét les sieurs de Varénes) elle estoit fille du susdit Christophe Baile Escuyer sieur desdits lieux, & Bailly d'Auuergne, & de ladite Damoiselle Anthonia Rauail, laquelle mere estoit pareillement d'ancienne race,
issuë de predecesseurs employez de tout temps dans le
seruice de Messieurs de Bourbon, & depuis de Messieurs
de Montpensier, és plus considerables charges de leur
maison; desquels mesme le Comte Gilbert fait grand
cas & estime dans son Testament, leur faisant des legs
tres-honorables. Icelle Anthonia, par expres fille d'Anthoine Rauail sieur de Mótchenon, &c. Tresorier de la
maison de Monsieur Charles dernier Duc de Bourbon,
& de Damoiselle Claudia Coëffier, & petite fille de Michel Rauail sieur de Tressat & Montchenon, & de Damoiselle Perrette Reynault; laquelle Claudia Coëffier
estoit, auec ses freres & sœurs, fille de Michel Coëffier
Maistre des Eauës & Forests du Comté de Mórpensier,
& de Gilberte Goy Dame de la Guesle, & sœur de Estié-
ne Coëffier, dont, par representation de personnes, est
issu Messire Antoine Coëffier, dit maintenant Ruzé,
Cheualier des Ordres du Roy, Seigneur Marquis de
Long-jumeau & d'Effiat, & Sur-intendant des finances
de France; & sœur pareillement de N. Coëffier femme
de Messire Gilbert Bayard, dont est sortie toute la famille des Bayards, iceluy Gilbert nommément pere d'autre Gilbert Bayard Cheualier Baron de la Font-St. Magherant, & seul Secretaire des finances soubs François

ANS DE IESVS-CHRIST.

Tiltres de la mai-
son.

Testament de
Gilbert Comte de
Montpensier.

Tiltres de la mai-
son.

premier, qui fut preſent au contract de mariage de Ieã de Cõmbauld, comme couſin paternel de ſa future eſpouſe Gabrielle Baile, laquelle eſtoit encore petite fille de Iean Baile Eſcuyer ſieur de Chauaignac en haute Auuergne, & de Damoiſelle Catherine Cenadé, & arriere petite fille d'Antoine Bailé Eſcuyer ſieur dudit Chauaignac, & de Damoiſelle Andrée de Marillac, ſortie de la maiſõ de Marillac, tres-celebre & tres eſtimée en Auuergne, tant pour l'ancienneté de ſa nobleſſe, que pour le merite des perſonnes qui en ſont iſſus, puis que pour le premier aduantage cette maiſon a de tout tẽps tenu ce rang en ſon pays, & que pour le ſecond, elle a donné de tres-venerables Archeueſques, Eueſques & autres dignes Prelats à l'Egliſe, à nos Roys de tres-doctes Aduocats de leurs Majeſtez, & de tres-fidels adminiſtrateurs de leurs finances, à la Iuſtice de tres-equitables Iuges, preſque en tous degrez, aux armes de tres-grands Capitaines, aux places importantes de tres-vigilans Gouuerneurs, & enfin aujourd'huy à la France vn tres-digne Garde des Sceaux. Or cóme par cette fille de la maiſon de Marillac il eſt arriué de ce coſté-là vne grãde parenté aux deſcendãs de ladite Gabrielle Baile, auſſi de par la mere de Catherine Cenade, ayeulle paternelle d'icelle Gabrielle, s'en trouue il vne tres-eſtẽdüe & fort conſiderable, qui eſt celle de toute la maiſon de du Prat & de ſes deſcendans, mediatemét ou immediatement, (maiſon qui entre autres aduãtages à celuy d'auoir produict vn Chancelier de France) puis que ladite Damoiſelle Catherine Cenade eſtoit fille de Quentien Cenade Eſcuyer ſieur de Rudignac, & de Damoiſelle Felice du Prat. Ce fut donc auec cette Gabrielle Baile, doüee de tous ces aduantages, & pour toutes ces rai-

fons, que Iean de-Combauld fut marié au mois de Iuillet de l'an 1534. ladite Gabrielle aagée, comme nous a-
uons dit, de 12. ans ou enuiron, & le futur efpoux de 23.
Et c'eft pareillement celle, laquelle depuis, par les fuc-
ceffions de fes oncles maternels les Rauails, & nommément par le deceds d'Eftienne Rauail Confeiller & Secretaire du Roy & de Monfieur de Bourbon, frere aifné
de fa mere ; a rapporté dans là famille des fieurs de
Combauld les tiltres & papiers demeurez és mains de
leurs predeceffeurs, pour la raifó dite cy-deuát, lefquels
feroiét encor tous à prefent dás la maifon de Combauld,
fi depuis les mal heurs ne l'euffent voulu affliger par ce
cofté-là, cóme par tous les autres. Damoifelle Gabrielle Baile accoucha au bout des 9. mois apres fon mariage
contracté, d'vn fils qui fut nommé Gilbert, auparauant   *Preu. pag. 49. lig.*
lequel accouchement neantmoins, & 3. ou 4. mois apres   *26. & fuiu. pag.*
la celebration du mariage, Iean de Combauld ne pou-   *65. lig. 4.*
uant laiffer fon courage oifif, s'en eftoit retourné chercher les occafions aux pays eftranges, & n'en ayát point
trouué, s'en alla voyager aux Saincts lieux, iufques à ce
que nos François ayans commencé les guerres de Pied-
mont, il s'y trouua auffi toft, où premierement il feruit   *Preu. pag. 49.*
le Roy en qualité de gendarme dans vne de fes compa-   *entiere.*
gnies d'Ordonnance, & depuis en celle de Capitaine de   *Ibidem.*
gens de pied, charge en laquelle il eftoit nommément
employé au fiege & prife de Carmagniolles, (qui arriua
ainfi que le tefmoigne vn Autheur cófiderable, en 1536.)   *Hift. de François*
depuis lequel, iufques en l'an 1560. ou enuiron, il paffa   *I. par le fieur le*
ces 24. années hors de fon pays (auquel neantmoins il   *Feron.*
reuenoît toufiours de temps en temps reuoir les fiens)
dans les guerres, au feruice des Roys de France & autres
Princes, dernier efchec de fa fortune: Car durant ce téps,

acquerant force gloire par sa vaillance, il diminua neantmoins encor beaucoup le peu de bien qui restoit à son
pere : Et depuis sa mort, le peu qu'il en auoit amendé,
iusques à ce qu'en fin comblé d'honneur, mais accablé
de necessité, il se resolut de retourner tout à fait en son
pays pour n'en plus partir, comme il auoit desia fait plusieurs fois. Ce fut donc enuiron l'an *1560.* que Iean de
Combauld aagé de prés de 50. ans, mist les armes bas ,
& reuint trouuer sa famille, qui estoit en tres-grande incommodité, composée de *12.* enfans, plusieurs fils desia
grands, qui ne demandoient qu'employ, des filles aussi
en nombre, prestes à marier, sa mere encore viuante,
(car le pere estoit mort dés l'an *1547.* aagé de 77. ans)
laquelle ne deceda que deux ans apres le retour de son
fils, vne femme capable de luy porter encor enfans, puis
qu'elle n'auoit que 38. ans, & deux freres qui luy demá-
doient force choses de la succession de leur pere, & en
apres de leur mere, qu'il ne pouuoit desnier leur appar-

tenir. Il demeura vnze années au Duché de Montpensier en cette incommodité, viuant en personne priuée,
quelquesfois à Aigueperse en la maison ancienne de sa
famille, que son pere auoit rachepté, mais rarement, à
cause du peu de recognoissance qu'il receuoit en ces
temps de Monsieur Louys 1. du nom Duc de Montpensier, & d'ordinaire aux maisons voisines du Duché, qui
luy restoient du bien de sa femme, par expres en vn lieu
appellé le Pointet, scis en Auuergne, terre qu'il a con-

seruée iusques à sa mort, & dont il a quelquesfois porté
le tiltre, aussi bien que l'a depuis continué son fils Gilbert, aisné de la maison. Iean de Combauld, pendant
ces vnze années de retraite, par le bon mesnage du peu
qui luy restoit, trouua moyen de se mettre hors d'in-

commodité,& par là d’employer ſes fils puiſnez, (car
trois de ſes aiſnez ſe pouſſoient d’eux meſmes en 3. dif-
ferentes profeſſions, comme nous dirons cy apres)
meſme de pouuoir depuis tres-honorablemét pouruoir
ſes filles,leſquelles,veu les malheurs paſſez,il maria fort
à propos les vnes apres les autres dás de tres-bonnes familles & riches,à perſonnes de merite, de condition, &
qui ſe ſont rendus conſiderables en leurs pays. En l’an
1572. ou enuiron,Louys,dit le Bon, 1. Duc de Montpenſier,ſe reſſouuenant plus fauorablement que par le paſſé,dès bons ſeruices rédus par ledit Iean de Combauld
& ſes predeceſſeurs à la maiſon de Bourbon,le r’appella
pres de ſa perſonne,& le remiſt auec ſa famille, dans le
Chaſteau d’Aigueperſe,dont lors il le fit Capitaine, cóme Louys de Combauld ſon pere depuis ſon retour de
Rome l’auoit eſté:Meſme ce Prince luy donna là dedás
honneſtement pour viure;ſi bien qu’il euſt lieu de ſe re-
mettre dans le rang que ſa neceſſité luy auoit fait quitter,ſinon tel que ſa naiſſance luy auoit acquis,au moins
que ſa condition pouuoit ſupporter.Il demeura dans ce
Chaſteau iuſques en l’an 1574. qu’vn tres funeſte accident luy fit quitter l’habitatió,non la garde de ce Royal
Palais; & cela à fin que l’on peut dire de ce Ieá de Combauld,qu’il n’y auoit affliction ny malheur qui ne luy
fuſt arriué : Car ayant mis tout ce qu’il auoit de bon, &
principalement tous les tiltres & papiers de ſa maiſon,
dans ce lieu;le feu,qui conſomma la pluſpart du Palais,
comme cela de preſent paroiſt encore aſſez, bruſla tous
ſes meubles & ſes tiltres,fors ceux qui de bon-heur peu-
rent eſtre ſauuez par ſes enfans, & par les ſiens : ce qui
eſt tres-authentiquement prouué par le teſmoignage
de perſonnes conſiderables & dignes de foy, qui ont

A a ij

ANS DE IESVS-
CHRIST.

1572.

1574.

Ans de Iesvs-
Christ.

esté presens à ce malheur, & qui l'ont deposé és enquestes faites de l'authorité de la Cour des Aydes; d'où Iea
de Combauld fut contraint de se retirer vis à vis de ce
Chasteau, en la maison paternelle qu'il ne quitta plus

Preu.p.27.lig.22.
Preu. p. 27. l. 26.
& suiuant.

iusques à sa mort, où se voyent encor de present ses Ar-
mes(qu'il a tousiours continué pleines comme ses ancestres)& celles de la famille des Bailes,dont estoit sa femme, tantost pleines, & tantost my-parties ensemble,
comme il appert par le procés verbal de descente d'vn

Enquestes.

Commissaire deputé. En cette maison Iean de Combauld eust l'honneur de receuoir depuis toutes les personnes considerables qui passoient par Aigueperse,tant
pour ce qu'il estoit tousiours deputé de la part de la ville vers eux,qu'à cause que le lieu estoit vn des plus có-
modes d'Aigueperse,qu'aussi pource que la cognoissáce qu'il auoit autresfois eu dans la Cour & dans les guerres de plusieurs honnestes gens, luy procuroit cette faueur;outre que la douceur de sa conuersation, & la doctrine de sa longue experience acquise dans les pays e-
stranges,luy faisoit meriter par preference chez luy cet
abord continuel. Ce dernier aduantage luy acquist en
ce temps,& luy conserua iusques à sa mort, par le consentement vniuersel de tout le pays, le surnom de Iean
Bouche-d'or,tant il estoit eloquent & bien disant:ce
qui,iusques à present,passe encore en comparaison dás
la ville d'Aigueperse,pour les personnes qui ont des aduantages de nature pareils à ceux que ce vieillard possedoit,lesquels obligerent ledit Duc de Montpensier en

1577.

l'an 1577. de vouloir qu'il fust de son conseil, comme il
appert par Lettres dudit sieur à luy sur ce expediees, où

Preu.p. 50. l. 13.
Preu. Ibidem.

il est qualifiéCapitaine du Chasteau & maison d'Aigueperse,en faueur duquel ledit Prince deuant auoit desia
pourueu

pourueu son fils aisné de la charge de Bailly, en espee,
dudit Duché, & de Capitaine Gouuerneur de la ville
d'Aigueperse, & depuis à diuerses fois auoit donné à
Gilbert de Combauld, Chanoine de nostre Dame d'i-
celle ville, frere puisné de Iean, vne place de Chanoine en sa saincte Chappelle, & la charge de Chancelier
& Garde des Sceaux au Duché de Montpensier; mesmes l'auoit admis à son conseil. Il n'est pas icy à tai-
re, pour l'entier contentement de cette famille, les
deux fauorables Eloges & declarations, que deux des
plus grands & des plus estimez personnages du siecle
passé firent, enuiron ce mesme temps, audit Iean de
Combauld, touchant l'ancienneté de sa race, estás chez
luy à Aigueperse, où ils luy firent l'honneur de le visiter allans en Auuergne: car Monsieur le premier President de Harlay, allant tenir les grands iours à Clermót,
en l'an 1582. (ayant fort cogneu à la Cour Gilbert de   1582.
Combauld; fils aisné de Iean, mesmes l'ayant honoré
tousiours d'vne particuliere bien-veillance, & pour cela
ayant visité à Aigueperse iceluy Iean de Combauld;)
disoit souuent à ce bon homme, & luy repetoit inces-
samment, que de long-temps il auoit ouy estimer l'ancienneté de la famille des sieurs de Cóbauld, & qu'elle
estoit vne des plus anciennes, & auoit esté des plus notables de toute l'Auuergne : Pareille estime en fist
Monsieur le Duc de Ioyeuse, estant au mesme lieu logé
en l'an 1586. conduisant l'armee Royale à Marenge, le-   1586.
quel pour marque de la cognoissáce certaine qu'il auoit
de cette verité, parla fort à ce vieillard d'vn mariage
pour son second fils Louys Gilbert de Combauld, auec
vne Damoiselle riche de quinze à seize mille liures de
rente, fille vnique d'vn Gentil-homme qui estoit auec

Bb

luy. Particularitez que ie rapporte sur la foy d'vn Gentil-homme tres-ancien, non moins côsiderable en Bourbonnois son pays pour sa côdition, que renommé pour
sa doctrine par toute la France, lequel estoit present en
toutes ces occasions, & duquel ie les ay appris, & les ay
mis en auant pour faire voir auec les remarques &
preuues precedentes & suiuâtes ; comme Iean de Combauld, plus de 18. annees auparauant sa mort (sçauoir depuis l'an 1572. iusques en l'an 1590.) s'estoit remis en cô-
sideratiô dans son pays, nonobstât toutes ses afflictions
passees, qu'il viuoit fort noblement dans l'estime & la
hâtise des Grâds, & dans la recognoissance vniuerselle,
qu'il estoit veritablement issu de cette ancienne race.
Iean de Combauld, apres auoir eu le contentement a-
uant mourir, de voir releuer sa maison par ses deux fils,
Gilbert, & Louys-Gilbert, comme autresfois luy-mesme auoit eu le regret de la voir abattre par son pere, de-

ceda à Aigueperse au mois de Iuin de l'an 1590. aagé de
pres de 80. ans, lesquels auoient composé vne vie bien
differente en ses parties ; car les 12. premiers de ces ans
luy auoient esté vne continuation du bon-heur ancien
de sa famille ; les cinq d'apres, la mesure & l'aulne de
tous les malheurs qu'vn fils peut voir ressentir à vn pere qui ruine vne riche maison, & d'vne fortune eminente la reduit à vne extréme necessité ; Les 32. suiuans à
souffrir l'incommodité des guerres, par le peu de commodité qu'vn fils peut tirer d'vn pere ruiné, & depuis à
cause de son continuel employ en cette profession, où
il despensa fort, & n'a point esté recompensé ; Les vnze
d'apres dâs vne retraitte entiere de gens que la necessité contraignoit de viure en personnes priuees ; Les seize
suiuans dans les dispositions de voir releuer sa maison

toute abbatuë, & les derniers dans la consolation de ne
point mourir que la laissát au poinct d'hóneur, ou à peu
pres, en la persóne de ses deux fils, qu'il l'auoit luy trouué en naissant: Ce qui fait entierement inferer, que le
temps que cet homme a vescu a esté iustement toute la
mesure du mouuement entier de la roüe de fortune.
Le corps de Iean de Combauld, suiuant l'ordonnance
qu'il en auoit fait, fust inhumé en l'Eglise nostre Dame d'Aigueperse, aupres de ses pere & mere, & aupres
de sa femme Gabrielle Baile, qu'il y auoit quelque téps
auparauant fait enterrer, laquelle viuoit encore en 1587.
aagee de 65. à 66. ans, puis qu'en ces temps Louys-Gilbert de Combauld son fils, faisant son testament en vne
maladie dont il ne mourut pas, institua pour ses heritiers ses pere & mere, qui estoiét ledit Iean & icelle Gabrielle, dont sortirent les huict enfans cy-apres nómez
sous la marque 18. Le changement d'habitation ordinaire d'Escolle à Aigueperse fait par le Capitaine Combauld pere de Iean, & depuis la ruine totale de cette petite ville, arriuee par les malheurs des guerres, firent
que le corps de Iean de Combauld ne fust point porté
au tóbeau de ses ancestres, puisque son pere l'appelloit
aupres de luy en l'Eglise d'Aigueperse, & que les vestiges & restes de l'Eglise Parróchiale d'Escolle, ruinee
comme toute la ville, ne permettoient plus que l'on y
trouuast la saincteté du lieu qui doit garder les corps
des fidelles; & faisoient que l'on ne pensoit desia plus à
ces anciennes & illustres marques (qui jadis auoiét esté
en cette Eglise aux sepultures qui y estoient esleuees) de
la Noblesse & antiquité de la maison des sieurs de Cóbauld, sinon pour faire ressouuenir aux heritiers de ce
Iean, que la fortune voulant, en la personne du pere &

Bb ij

Preuues, pag.
29. lig. 24.

Pr. pag. 29.
lig. 27.

Testament
de Louys-
Gilbert de
Combauld
entre les tiltres de la
maison.

du fils, Louys & Iean de Combauld, r'abaisser par necessité cette race iusques au plus bas de sa rouë, elle n'a-
uoit point desiré que le temps laissast à la posterité, par
ces anciénes & illustres marques, du merite de ces gráds
personnages, les preuues asseurees de son aueuglée vi-
cissitude; & qu'en apres releuât cette maison és personnes de Gilbert & Louys-Gilbert, enfans de Iean de Cóbauld, par le mesme tour qu'elle l'auoit r'auallé, elle ne
donnast lieu à leurs descendans, de vouloir faire releuer
leur r'establissement, de leur própre vertu, (dont ces enseignemens resteroient pour preuues de leurs dires)
mais de l'vnique puissance de son empire, pour les rendre tributaires à sa seule liberalité.

ENFANS DE IEAN DE COMBAVLD *second du nom,* & *de* GABRIELLE BAILE.

18   GILBERT DE COMBAVLD,
aura son Eloge au Chapitre suiuant.

18   PIERRE DE COMBAVLD
a esté le second des enfans, qualifié Seigneur de la
Foltiere, & a esté pere de quelques filles, & de PIERRE
son fils aisné Escuyer, aussi Seigneur de la Foltiere, lequel a long-temps exercé la charge de Conseiller &
Secretaire du Roy, Maison & Couronne de France,
& de ses Fináces, dont il n'y a posterité: DE IACQVES,
mort sans estre marié: De IEAN-CHARLES: De
CLAVDE: Et de IEAN de Combauld, ceux-cy
pareillement sans posterité, puisque Claude est Capucin, encor viuant, appellé P. Felix, estant de present

Preu. pag.
23.lig. 11.
Tiltres de la
maison.

sent en Auignon, & Iean, cadet de tous les enfans
dudit Pierre de Combauld, auoit toute sa ieunesse
porté les armes, & auoit esté Lieutenant, & depuis
Capitaine d'vn vaisseau de guerre à Malthe, lequel
fut pris prisonnier par les Turcs, entre les mains desquels il a plusieurs années esté captif à Thunis, iusques à ce qu'en fin en estant deliuré, il alla visiter les
saincts lieux, & se rendit Hermite au mont de Sina,
où il est mort depuis 3 ans seulement, en grande reputation & saincteté de vie.

18   FRANCOIS DE COMBAVLD
l'aisné, estoit le 3. enfant de Iean de Combauld, mais
le 2. de ses fils qui de soy mesme s'aduança, & durant
les afflictions de son pere se poussa dans les estudes,
où il reüssit si heureusement, qu'il se rendit vn grand
& docte personnage: Il adjousta l'experience à l'estude; car il s'en alla voyager aux pays estranges, & vi-
sita toutes les meilleures Academies & Vniuersitez de
l'Europe, & nommément celle de Pise, où il voulut
prendre le degré de Docteur és Droicts, dont les Let-
tres à luy sur ce expediées, signées & scellées, qui sont
en forme fort extraordinaire pour les loüanges, tesmoignent bien l'excellence de son sçauoir, d'où estát
retourné en France, dont il auoit esté absent pres de
vingt années; il se retira aux Clayes, terre apparte-
nante à Gilbert de Combauld son frere aisné, où il
vescut le reste de ses iours fort particulierement dás
l'exercice des sciences, & nommément des Mathe-
matiques, de la Theologie & d'autres, iusques à ce
qu'en fin il vint mourir à Paris, desia fort aduancé en
aage, l'an 1613, sans auoir iamais esté marié.

Cc

GILBERTE DE COMBAVLD

4. enfant, a espousé Iames de Gans Tresorier General du Duché de Montpensier, duquel Iames & d'icelle Damoiselle Gilberte, sont issus plusieurs enfans
encor viuans, & nommément ANTHOINE de Gans,
sieur de la Rode, aussi Tresorier dudit Duché, GIL-
BERT de Gans, Chanoine & Tresorier de la saincte
Chapelle sainct Louys d'Aigueperse, & plusieurs
filles, toutes mariées à personnes de merite & de
condition.

*Il a porté escar-
telle :
Au premier & 4. de
Bourbõ bastard au
2. & 3. de Baile, &
sur le tout de Com-
bauld comme cy-
deuant.*

*Lettres de prouisiõ
de secret. du Roy.
Extraict des Re-
gistres de l'Au-
dience de France.
Registres du Con-
seil, & de la
Chambre des
Comptes.
Enquestes.*

18

LOVYS-GILBERT DE COMBAVLD

Seigneur du Grand clos & autres lieux, vint auec son
frere aisné Gilbert de Combauld, à Paris, & par les
mesmes moyens de sondit frere, bien qu'en differente profession, sans beaucoup d'ayde de son pere,
dont il estoit le 4. enfant; monta eschelon à eschelon
iusques aux plus grandes charges de l'Estat: Au commencement il fut Commis de l'Espargne ; En apres
il fut Conseiller & Secretaire du Roy Maison & Couronne de France & de ses finances ; & depuis grand
Audiencier de France ; En apres Secretaire du Conseil ; Et en fin Intendant & Controlleur general des
finances, & retenu par breuet Secretaire d'Estat
pour la premiere place vacquante, si la mort n'eust
preuenu les esperances. Il suiuit tousiours, auec son
frere aisné dans les armées sous la Cornette blanche,
le Roy Henry le Grand en toutes les occasions où il
se rencontra, & luy rendit tous les seruices d'vn bon
& fidelle subiect, & de son espée & de sa bourse, car
en l'vrgente & pressée necessité de ce grand Prince,
comme sa Majesté mesme le recognoit par ses man-

demens, il luy presta iusques à la somme de douze mil Ans de Iesvs-Christ. escus, pour fournir (cause le Roy au mesme lieu) aux frais de la guerre, sans en demander profit quelconque, ny en rien desirer que l'asseurance du receu: Seruice qui se iustifie, soit par la quittance du Tresorier de l'Espargne, soit par les poursuittes que ses heritiers font tous les iours pour estre remboursez de cette somme notable, & des interests d'icelle : ce qu'ils n'ont peu encore obtenir iusques à present. C'est de cet homme que parle le sieur de Laüal, dans le Liure de ses Desseins, lors Desseins du sieur de Laual. que luy dediant vn traitté du Toxaris de Lucian, il enuoye & escript à son fils les tesmoignages du merite de ce Louys Gilbert, par des parolles assez aduantageuses & pleines d'honneur. En l'an 1578. se trouuant malade à Paris, il fit son Testament olographe; Piece qui a esté Testament de Louys Gilbert de Combauld. trouuée par les plus habilles de nostre temps, vne des plus excellentes qui se puisse faire en ce subject : par lequel, entre autres choses, se iustifie le zele admirable que ce Gentil homme auoit au seruice de Dieu, & la passion inoüye qu'il auoit à celuy du Roy. Par son Testament il instituë ses heritiers ses pere & mere (car ils viuoient encore)& à leur defaut, ses freres & sœurs, entre lesquels il recognoist son frere aisné Gilbert de Combauld, & legue à Charles de Combauld, fils de sondit frere aisné, qu'il qualifie son nepueu, ses armes, Liures & Cheuaux. Il ne mourut neantmoins de cette maladie, ains recouurist sa santé, & vescust encore cinq ans apres, moins quatre mois & demy, iusques à ce qu'estant allé faire sa charge, il mourust à Blois, en la fleur de son aage, au mois de Iuin de l'année 1592. (comme il se voit par la transaction faicte par ses heritiers) Tiltres de la maison.

Cc ij

auec cet honneur ; entre beaucoup d'autres que iamais personne que luy n'auoit si ieune possedé les
charges qu'il auoit exercé. Il auoit ordonné par vn
codicille fait pendant sa maladie en ladite ville, que
l'on enterrast son corps, en cas qu'il decedast à Blois,
aupres de sa bonne sœur, qui estoit Marie de Pomereu, femme de Gilbert de Combauld son frere aisné,
laquelle, quelques annees auparauant y estant allée
auec son mary, y estoit morte, & auoit esté enterrée
en l'Eglise des Cordeliers de cette ville, à costé du
grand Autel dans le Chœur, proche la sepulture de
Monsieur le Chancelier de Moruilliers : De sorte que
suiuant cette disposition il fut inhumé en cette Eglise, & en ce lieu où Gilbert de Combauld fit depuis
quelques fondations pour le salut de son ame.

18   MARIE DE COMBAVLD

a esté le 5. enfant de Iean de Combauld & de Gabrielle Baile ; qui a eu pour mary Gabriel Chatard Commissaire des guerres, duquel, & d'icelle Damoiselle
Marie de Combauld, n'est sortie qu'vne fille vnique
Damoiselle Ieanne Chatard femme de Claude Filhol Escuyer sieur de Marselanges & de la Faucon-
niere , Lieutenant General du Duché de Montpensier, arriere-petit nepueu de Messire Pierre Filhol, en
son temps Gouuerneur de l'Isle de France, Archeues-
que d'Aix, & Cardinal nommé.

18   IEANNE DE COMBAVLD

puisnée des filles, & le 5 enfant desdits Iean de Combauld Escuyer sieur du Pointet, & de Damoiselle

Gabrielle

Gabrielle Baile, espousa Anthoine Bourrachot, Escuyer sieur de la Mothe de bas, Tresorier & Payeur de la Gendarmerie de France, duquel, & d'icelle Damoiselle Ieanne de Combauld, ne sont sortis que deux fils, Iean Mathieu Bourrachot, aussi Escuyer sieur de la Mothe de bas, decedé sans estre marié, & Claude Bourrachot pareillement Escuyer, & par la mort de son frere Seigneur dudit lieu, mort fort jeune, ayant laissé de Damoiselle N. Prieur son espouse, deux petits enfans.

Tiltres de la maison.

18   FRANCOIS DE COMBAVLD dit le jeune, Escuyer, a esté le dernier des enfans de Iean de Combauld. Il a esté Commissaire ordinaire de l'Artillerie, & a laissé deux filles de Damoiselle Anthoinette Bourrachot son espouse, sœur d'Anthoine Bourrachot, mary de Damoiselle Ieanne de Combauld sa sœur, sçauoir Damoiselle MARGVERITE de Combauld femme de François Chatard sieur de Corail, Conseiller du Roy en la Seneschaussée d'Auuergne & Siege Presidial estably à Riòn, qui ont des enfans, & Damoiselle IEANNE DE COMBAVLD femme du sieur de Benoist, dont il y a aussi des enfans.

Tiltres de la maison.

Tiltres de la maison.

Ans de Iesvs-Christ.

COMBAVLD comme cy-deuat

POMEREV d'azur au cheurot d'argent, accompagné de trois pommes d'or.

18   GILBERT DE COMBAVLD

Seigneur du Pointet, des Clayes, de la Crane, Mairie de plaissy, de la Cour des prez, & autres lieux.

CHAPITRE XIV.

Preu.pag.47.lig. 23. & suiu. pag. 48. lig. 1. 2. 3. & suiu. pag. 61. lig. 21. pag. 63. lig. 30. pag. 65.lig.5.& suiu.

L E fils aisné & premier enfant de Iean de Combauld, dit vulgairement, *Bouche-d'or*, Escuyer sieur de Pointet, Capitaine du Chasteau d'Aigueperse ; & de Damoiselle Gabrielle Baile ; fust Gilbert de Combauld, lequel a continué la posterité aisnée & masculine, & les pleines armes de Larbour en la forme & maniere que tous ses predecesseurs. Il nasquist l'an de grace 1534. enuiron sur la fin de l'année & vers le Caresme-prenant, car lors l'an commençoit encore à Pasques. Cette naissance arriua neuf mois iustemét apres la celebration du

Preu. pag.64. & 65. pag. 48. & 49.

mariage ; auquel temps Iean de Combauld s'en estoit desia retourné chercher les guerres & les occasions hors de France, qui pouuoit lors estre aagé de 23. à 24. ans,

& fa femme de 13. feulement ou enuiron. Le lieu de la
naiffance de Gilbert fuft la maifon paternelle d'Aigueperfe. Il fut leué fur les fonds, & receut le nom au Baptefme par Meffire Gilbert Bayard Baron de la Font-
Sainct Magherant, feul Secretaire des Finances foubs
François I. qui eftoit à Gabrielle Baile (mere de Gilbert
de Combauld) oncle à la mode de Bretaigne. Sa jeu-
neffe fe reffentit des malheurs de fa maifon commen-
cez en fon ayeul, & lors encor continuez en fon pere:
De forte qu'il ne fe vit pas en main beaucoup de moyés
de la part de fondit pere ny de fa mere, lefquels la fortune auoit fort affligez de neceffité pour fe pouuoir ad-
uäcer. Dieu luy fufcita, & à Louys Gilbert de Combauld
fon frere, vn ayde fort fauorable pour feconder leurs
deffeins, & des occafions de pouuoir vtilement employer les aduantages que la nature leur auoit departy
pour réploy de ceux que la Fortune leur auoit rauy. Le
fieur Charles de Marillac fieur de Ferrieres, eftant venu
en Auuergne fon pays, vifita Iean de Combauld, qui
lors de hazard auoit fait vn voyage à Aigueperfe, des armees où il demeuroit ordinairement és pays eftranges:
Et ayant veu l'aduerfité de cette famille, comme il en
auoit fceu la profperité, fe refolut, tant à caufe de la patrie, que pour la parenté, de s'efforcer, & de foy, & par les
fiens, qui eftoient lors tres-puiffans dans la Cour, de releuer cette famille abattuë, & la faire reflorir par ces
deux rejettons, defquels il efperoit beaucoup, dont l'aifné faifoit profeffion des armes dans le pays; & de faict,
fe difpofoit de s'en aller à la guerre auec fon pere qui s'y
en retournoit: Il demanda donc au pere ces deux enfans, Gilbert & Louys Gilbert, foubs promeffe de les
mener à Paris, & de les mettre dás le chemin de la Ver-

D d ij

Ans de Iesvs-
Christ.

Memoires de la
maifon.

tu,& de là dans celuy de l'Honneur ; ce qu'il fit enuiron
l'an 1555. ledit Gilbert aisné estant lors en l'aage de 21 ans
ou enuiron,& Louys Gilbert de 12. seulement. Il fit suiure à l'aisné le Conseil, & au cadet les Finances;& en peu
de temps les rendit, chacun en sa profession, capables
d'employ,& habiles à seruir le public:Et de faict,Louys
Gilbert reüssit en la sienne, comme nous auons dit au
chapitre precedent,& Gilbert en celle qu'il fit merita
tout l'honneur qu'vn homme de bien y pouuoit acque-
rir,ainsi qu'il se remarquera en la suitte de ce chapitre.
En ces commencemens de son aduancement dans le
Conseil, Gilbert de Combauld, outre la continuation
de faueur & d'amitié du mesme sieur de Ferrieres, receut encor force bons offices, assistance & support du
sieur de Lomenie l'vn des anciens Secretaires du Roy
(pere de Messire Anthoine de Lomenie à present Conseiller de sa Majesté en ses Conseils , & Secretaire de ses
commandemens) qui sont entre autres les deux de ses
amys,ausquels il a tousiours aduoüé deuoir le restablissement de la Fortune de sa maison,& ausquels pareillement ses descendans recognoissent estre deus les premiers moyens & occasions que ledit Gilbert de Combauld a eu de releuer sa maison accablée dans les aduer-
sitez,& de faire reuiure ce nom que la Fortune taschoit
par les malheurs de faire oublier. Le premier employ
considerable que Gilbert de Combauld eust dans ces
premices, fut enuiron l'an 1559. que Monsieur le Chancelier de l'Hospital ayant assez recogneu son merite & sa fidelité, par quelques années qu'il auoit
esté son premier Secretaire , luy confia le manie-
ment & la garde des Roolles, Registres & Papiers
de la Chancellerie de France, où il s'est gouuerné si fi-
del-

dellement, qu'il a sans discõtinuation aucune, au moins qui doiue estre mise en ligne de compte, exercé cette charge iusques à sa mort, & ce l'espace de plus de 50. ans. Depuis, & en l'an 1572. par breuet du Roy Charles IX. il fust retenu pour estre l'vn des Secretaires de sa Chambre, où il est qualifié Garde des Roolles. L'année suiuante il fust pourueu par le mesme Roy de l'office de Conseiller & Secretaire de sa Majesté, Maison & Cou-ronne de France, par Lettres du 23. Iuin 1573. lequel il a pareillemét exercé iusques à sa mort l'espace de pres de 50. ans: Office auquel ont esté annexez de si grands priuileges, & pour annoblir les roturiers qui en seroient pourueus, & pour rendre illustres les Gentils-hommes qui l'exerceroiẽt, qu'à peine y en a-il autre qui ayt esté aduantagé de plus grandes prerogatiues, apres que les Officiers ont seruy vingt annees, ou en sont decedez reuestus, ou l'ont resigné à leurs enfans. Car nos Roys n'ayans iamais tenu, que cet office & charge soit con-traire à la profession militaire, ains au contraire, voulát tesmoigner qu'elle pouuoit auoir vne grande vnió auec les armes, ont annobly de quatre degrez paternels & maternels les roturiers qui l'auroient exercé, & aux no-bles d'extraction qui s'y presenteroiét, leur ont fait par là meriter accroissement de generosité & de gloire: Et pour cet effet ont tousiours censé leurs Secretaires dans l'estat de la Noblesse; comme par leurs Edicts il se veoit qu'ils y ont tousiours esté compris; & en consequence les ont rendus capables aux occasions de receuoir l'Or-dre de Cheualerie: & militaire & Royale: Ce qui tes-moigne bien l'accord qu'il y a entre la profession des armes & cette charge. Aussi Gilbert de Combauld estát né fils d'vn Gentil-homme, & ayant tousiours en sa ieu-

Ee

ANS DE IE-
SVS CHRIST.
Preu. pag.
40. lig. 11.
& suiu.

Breuet de re-
tenuë.

Preu. pag.
41. lig. 6. &
suiu. &
pag. 42.

Preu. pag.
43. lig. 8. &
suiu.

Ibidem.

nesse fait la profession des armes comme ses predecesseurs: l'a pareillement cõtinué le reste de sa vie conjointement auec cet office de Secretaire du Roy, & autres de pareille nature, dont il a esté honoré: Et de fait, incontinent apres sa promotion à iceluy, & l'annee suiuante, il se voit comme il a esté pourueu de charges d'espee, & qui ne sont que de profession militaire: Car en l'an 1574. Monsieur Louys de Bourbon 1. Duc de Montpensier, ayant quelques annees auparauant, r'appellé aupres de soy Iean de Combauld, pere de ce Gilbert; & luy ayant donné la garde de son Palais & Chasteau d'Aigueperse : En consideration de ce bon vieillard, & en recognoissance des longs & recommen-

Preu. pag.
43. lig. 15.
& pag. 44.

dables seruices de ses predecesseurs, dõna le 18. Octobre de cette annee à iceluy Gilbert son fils, les charges de Bailly en espee de son Duché de Montpensier, & de Capitaine-Gouuerneur de sa ville d'Aigueperse, ce qui ne s'exerce que militairement, & par gens d'espee, comme estoit iceluy Gilbert, qui de fait par ses prouisions, entre autres causes declarees par ce Prince, est honoré de ce don, sous la cognoissance qu'il a de sa valeur & de son experience au fait des armes: Outre qu'en ce temps Gilbert de Combauld estoit au Camp de Iazeneul en l'armee Royale, comme deuant & depuis il y a eu fort peu d'occasions, où le Conseil ait suiuy le Roy, que ledit Gilbert n'ait quitté ses Roolles pour endosser la cuirasse, & pour se rendre soûs la Cornette blanche. L'annee suiuante, que l'on comptoit 1575. Gilbert de Combauld prit possessiõ en la ville d'Aigueperse, de cesdites charges, & siegea dans le Bailliage dudit lieu, l'espee au costé & les esperõs aux pieds, (marque de sa profession)

Preu. pa. 50. comme il a esté certifié par tous les anciens du pays, tes

'moins oculaires, & depuis cette annee iusques à sa mort
il a tousiours exercé icelles charges sous ledit Louys, 1.
Duc de Montpensier, & continué sous François son
fils, 2. Duc: Sous Henry son petit fils, 3. Duc: Et finale-
ment sous Marie son arriere-petite fille, Duchesse de
Montpensier, & depuis d'Orleãs. Or au téps que Gilbert
de Combauld fut fait Bailly de Montpensier, qui estoit
en ladite annee 1574. désia, quoy que seulement dans les
commencemens de sa fortune, il estoit en tres-grande
estime parmy les Grands, & fort aymé dans la Cour,
puisque dés deux ans auparauant, & lors qu'il n'estoit
encore ny Secretaire du Roy, ny Bailly de Mótpensier,
mais seulement Garde des Roolles, & Secretaire de
Monsieur le Chancelier de l'Hospital, la Royne & autres Princes & Seigneurs en faisoiét desia fort grád cas,
& recognoissans son merite & son extraction, s'effor-
çoient de luy tesmoigner les effets de leur bien veillance, & de l'assister au restablissement de la fortune de sa
maison. Car il y a Lettres originales au Tresor de la Preu. pag. 27. lig. 2. & suiuant.
Saincte Chappelle d'Aigueperse, escriptes au commen-
cement de l'annee 1573. audit Louys, 1. Duc de Montpensier, par Catherine de Medicis, lors Royne de France: Par Charles, Cardinal de Bourbon: Et par Philippes
de Montespedon, femme de Charles de Bourbon Prince de la Roche-suryon, frere puisné dudit Duc de Montpensier; toutes en faueur d'iceluy Gilbert de Cóbauld,
pour emporter par luy au profit de Gilbert de cóbauld
son oncle, chanoine de ladite Saincte chappelle, la Tresorerie d'icelle: Lesquelles Lettres peuuét estre icy rapportees à propos, & pour faire voir le credit qu'il auoit
désia acquis dans la cour; comme aussi la croyance &
estime qu'auoient lors les grands, & nommément ceux

 de la maison de Bourbon, qu'il estoit veritablement
sorty de cette ancienne famille des sieurs de combauld,
qui de si long-temps auoient seruy les Princes de cette
branche Royale.

LETTRE

ESCRITE ET SIGNEE DE LA MAIN DE LA ROYNE CATHERINE, A MONSIEVR DE MONTPENSIER
Duc & Pair de France.

MON COVSIN, Encores que ie sçache bien comme de vostre bon naturel vous estes assez affectionné au bien & aduancement de vos bons & anciens seruiteurs, principalement, comme à l'endroit de Combauld Secretaire de Monsieur le Chancelier, les predecesseurs duquel, ainsi que i'ay entendu, vous ont, & à vostre maison de long-temps fait seruice, comme ils font encor, mesmes ledit Secretaire Combauld: Si ay-ie bien neantmoins, pour la priere & requeste qui m'a esté faite en sa faueur, & comme ie sçay qu'il le merite, vous faire ce mot de recommendation pour luy, & vous prier à sa requeste, vouloir conferer à vn sien oncle, plus ancien Chanoine de vostre Saincte Chappelle d'Aigueperse, la Tresorerie d'icelle à present vacquante par mort; Et m'asseurant qu'à cette mienne priere vous voudrez, pour l'amour de moy, faire quelque chose pour luy, & dont ie receuray grand contentement quand ie sçauray qu'elle luy aura seruy: Ie feray fin en cet endroit par mes recommendations à vostre bonne grace, priant Dieu, mon Cousin, vous donner la sienne en bonne santé & longue vie. De Fontaine-bleau, ce 3. May 1573. Vostre Cousine & bonne amye, CATHERINE.

LETTRE
POVR LE MESME SVBIECT, DE
CHARLES CARDINAL DE BOVRBON,
ESCRITE ET SIGNEE DE SA
main; Au mesme Prince.

MONSIEVR, *Bien que les anciens seruices que les predecesseurs du Secretaire Combauld ont fait à la maison de Bourbon, & ceux que ses parens continuent de jour en jour à vous faire, et luy particulierement que vous pouuez cognoistre pour tres-humble & affectionné seruiteur; doiuent (auec la bonne volonté qui vous accompagne tousiours, de recognoistre ceux qui vous sont tels) auoir assez de force pour vous inciter à ne luy faire refus de ce qu'il vous demande: Si ay-je bien voulu ne laisser passer vne si legitime occasion à vous escrire la presente en faueur d'vn sien oncle, qu'il desire par vous estre pourueu de la Tresorerie de vostre saincte Chapelle d'Aigueperse au Duché de Montpensier; & vous supplier bien humblement, Monsieur, la luy conferer, estant de present vacquante par le deceds de feu Maistre Anthoine d'O, dernier possesseur. La consideration de tant de bons seruices, outre ceux que nous pouuons encore esperer chacun iour dudit Combauld au lieu où il est, rend cette demande si raisonnable, que ie m'asseureray vous l'en voudrez gratifier, & de plus grande chose quand elle s'offrira pour luy: & partant me guarantiray de plus instante priere, pour me recommander bien humblement à vos bonnes graces, apres auoir prié Dieu vous donner,*

Monsieur, en parfaicte santé, heureuse & longue vie, que

F f

112 *vous desire à Fontainebleau le 12. May 1573.*

*Vostre tres-humble Cousin à vous faire
seruice, C. Cardinal de Bourbon.*

LETTRE

DE PHILIPPES DE MONTESPEDON
PRINCESSE DE LA ROCHESVRYON
EN MESME FORME, SVR MESME SVBIECT,
& au mesme Duc, frere aisné
de son mary.

MONSIEVR, *La cognoissance
qu'auez des merites du Secretaire Combauld, par vne
infinité de seruices qu'il vous a fait en la charge qu'il a des Registres & Roolles soubs Monsieur le Chancelier, me faict plus
hardiment luy accorder la priere qu'il m'a faict de cette Lettre
de faueur enuers vous ; Pour vous supplier à sa requeste &
priere vouloir octroyer à vn sien oncle, le plus ancien Chanoine
de vostre Saincte Chapelle au Duché de Montpensier, lã Tresorerie d'Aigueperse, vacquante par mort : ce qu'il estime ne luy
refuserez, quand il vous plaira considerer que ses predecesseurs,
plus de deux cens ans ont tousiours successiuement esté seruiteurs
de vostre maison. Pour ma part, ie seray tres-aise, que ma priere, en faueur de cettuy cy, qui a la volonté & le moyen de continuer à vous faire seruice, aye lieu en vostre endroit, & soit receuë de vous en la mesme intention que ie la fais, qui est, ne vouloir iamais vous importuner pour chose que ie n'estime raisonnable, me recommandant tres humblement à vostre bonne grace,
priant Dieu vous donner,*

Monsieur, en tres-bonne santé, heureuse & longue vie. De Fontainebleau, ce 6. de May 1573.

Ans de Iesvs-Christ.

Vostre tres-humble & obeyssante sœur, DE MONTESPEDON.

Au commencement de l'an 1576. & le Lundy 27 Feurier, Gilbert de Combauld, aagé d'enuiron 42. ans, contracta mariage à Paris, auec vne Damoiselle (de noble & anciéne maison, originairement habituée en Niuernois) appellée MARIE DE POMEREV, aagée de 21. ans, 8. mois, laquelle auoit vn frere & 7. sœurs, toutes ses puis-nees. *Le frere* est Iacques de Pomereu, Escuyer Seigneur de la Bretesche-sainct-nom, de Vaulxmartin & autres lieux, qui, de Damoiselle Geneuiefue Miron sa femme, n'a qu'vn fils vnique, Messire François de Pomereu sieur de Vaulxmartin, Conseiller du Roy en ses Cóseils d'Estat & Priué, Maistre des Requestes ordinaires de son Hostel, & President en son grand Conseil ; lequel a pour espouse Dame Marie Baron, dont il a trois filles. *Les sœurs* de Damoiselle Marie de Pomereu femme dudit Gilbert de Combauld, estoient, *la premiere d'apres elle,* Damoiselle Magdelaine de Pomereu femme de Raoul Coignet Escuyer sieur de Sainct Aubin & autres lieux, qui ont eu ensemble pour enfans Michel Coignet Escuyer sieur dudit lieu, & Auditeur en la Chambre des Comptes : Marie femme du sieur de Montmiral : Hierosme, Iesuite : Magdelaine femme du sieur de Montcrespin : Iacqueline, Religieuse : Et Raoul Coignet, decedé Page de la Chambre de Monsieur frere vnique du Roy, lors Duc d'Anjou. *La seconde sœur,* Damoiselle Marthe de Pomereu femme de N. de Bossut Escuyer

Preu. p. 45. l. 1 & suiuant.

fieur de Vourcennes (iffu de la maifon de Boffut en Lie-
ge) dont font forties quelques filles. *La troifiefme*, Damoifelle Louyfe de Pomereu femme de Pierre Perrot,
Confeiller & Procureur du Roy en l'Hoftel de ville de
Paris, duquel mariage n'eft iffuë qu'vne fille vnique Marie Perrot femme de Monfieur Texier Confeiller du
Roy en fa Cour de Parlement, & Commiffaire és Requeftes du Palais. *La quatriefme*, Damoifelle Françoife
de Pomereu femme d'Abraham Ribier Efcuyer fieur
de Clerbourg, dont il y a plufieurs enfans. *La cinquiefme fœur*, Damoifelle Gillette de Pomereu efpoufe de N.
de Chardonnay Efcuyer fieur de Bifcherel, cy deuant
Lieutenant de Côpagnie de Gens d'armes, qui ont trois
garçons. *La fixiéme*, Damoifelle Anne de Pomereu
femme de N. Ribier Efcuyer fieur de Villebroffe, defquels font auffi iffus plufieurs enfans. *Et la derniere fœur*
de Marie de Pomereu, qui eftoit la feptiefme d'apres
elle, eft Damoifelle Claude de Pomereu efpoufe de Gabriel de Salluces Efcuyer fieur de Tronay (defcendu en
ligne mafculine des Marquis de Salluces, & par exprez
2. fils d'Augufte Marquis de Salluces, & de Dame Anthoinette de Prohannes) duquel & d'icelle Damoifelle
Claude de Pomereu, à prefent Gouuernante des enfans
du Prince de Carignan, fils puifné du Duc de Sauoye,
font forties deux filles, Marie de Salluces femme de Philippes de Cologon Efcuyer fieur des Rotoirs, & Anne
de Salluces efpoufe de Louys de Mornieres Efcuyer
fieur de Triual. Marie de Pomereu, féme de Gilbert de
Combauld, auec ce frere feul, & ces fept fœurs, eftoient
tous enfans de Michel de Pomereu Efcuyer fieur de la
Bretefche-fainct-nom, de Vaulxmartin & autres lieux,
& de Damoifelle Marie Guybert, lefquels ont rendu de-

Preu. p. 45. lig. 4.
& fuiuant.

tres-

tres-longs & considerables seruices à la maison de Nauarre, en laquelle ils ont toufiours esté employez: Ce
qui est authentiquement iustifié pour Michel de Pomereu dans le Breuet de retenuë de Maistre d'Hostel du
Roy de l'an 1594. où Henry le Grand le retient dans cette charge en consideration des longs & recommendables seruices par luy rendus à sa Majesté & à celle de ses
predecesseurs, en sa maison de Nauarre, l'espace de 30.
ans. Quant à Damoiselle Marie Guybert, espouse dudit
Michel, soit par les tiltres particuliers de la maison de
Pomereu, soit par les comptes des maisons de Nauarre
& de Bar; il se veoit comme elle a esté gouuernante de
Catherine de Bourbon, sœur du feu Roy Henry le
Grand; & depuis (lors que cette Princesse a esté Duchesse de Bar) qu'elle a esté l'vne de ses Dames d'honneur,
ayant cette Damoiselle esté vne de celles à qui la Royne
de Nauarre, en mourant, recommanda, auec plus de
confiance & d'affection, cette Princesse sa fille: A cause
de cette Marie Guybert, qui estoit de fort bonne maison, tant du costé paternel, que maternel: Et nommément fille de Claude Guybert Escuyer sieur de Neufuille, Anery & Harauilliers; & de Damoiselle Gillette de la
Porte, les descendans d'iceluy de Pomereu & d'elle, ont
parenté fort proche, entre autres: Auec toute la maison
de la Grange Trianon: auec toute la maison de Fontenay: & par là auec celle des Guillons, Boquet-petit-
ual & autres: Auec toute la maison de Dorne Cordebœuf, habituée en Bourbonnois: Auec les Marteaux,
dont les maisons de L'estoile, de Beneuent, & autres:
Auec toute la maison de la Porte & ses descendans: Auec
toute la maison de Sailly: & celle de Clerbourg. Michel
de Pomereu, beau-pere de Gilbert de Combauld, estoit

Gg

ANS DE IESVS-
CHRIST.

Preu. pag. 47. lig.
5. & suiu.

Preu. pag. 46.
lig. 15. & suiu.

Ans de Iesvs-Christ.

Preu p. 46. lig. 9. & suiu.

Tiltres de la maison.

fils de *Guillaume* de Pomereu Escuyer sieur des mesmes terres de la Bretesche & de Vaulxmartin, & de Damoiselle Marie le Masson; petit fils de Iean de Pomereu Escuyer sieur de Bleuré, & de Damoiselle Ieanne Chesnart, & arriere-petit fils d'autre Ieá de Pomereu, aussi Escuyer sieur dudit Bleuré, & de Damoiselle Ieanne de la Balluë, tante du Cardinal de la Balluë ; Entre lesquels , Guillaume de Pomereu, pere d'iceluy Michel, auoit encor deux freres germains, & vne sœur vterine : La sœur estoit Damoiselle Marie de Tournes, de laquelle sortent les sieurs Baudry, fille d'Estienne de Tournes Bailly de Vezelay, & de la susdite Ieanne Chesnart, laquelle espousa en secondes nopces iceluy de Tournes, estant vesue de Iean de Pomereu, duquel elle auoit eu ledit Guillaume & ses deux freres germains & puisnez ; sçauoir Pierre de Pomereu Chanoine de la saincte Chapelle de Paris, & Iean de Pomereu sieur des terres de Chambery & de S. Pyat, & aduoüé de Chagrise , Conseiller du Roy & Maistre ordinaire en sa Chambre des Comptes; lequel de Dame Catherine de Poncher, n'a laissé qu'vne fille vnique Damoiselle Catherine de Pomereu femme de Nicolas Herbelot Seigneur de Ferrieres & autres lieux , aussi Conseiller du Roy & Maistre ordinaire en sa Chambre des Comptes, dont quatre filles, cousines issuës de germaines de Damoiselle Marie de Pomereu, femme de Gilbert de Combauld , & de ses frere & sœurs, desquelles quatre filles de Herbelot descendent des branches de quatre fort bonnes maisons : de la premiere, les sieurs de la Bretesche & de Ferrieres le Maistre : de la seconde, les sieurs de Vueil & de Bouuille Hurault : de la troisiesme, les sieurs de Launoy d'Amerocour : Et de la quatriesme, la maison de Potonuille. Nous auons dict

comme Damoiſelle Marie de Pomereu , & autres deſcendans de Michel de Pomereu & de Marie Guybert,
auoient force bonnes alliances à cauſe de cette femme,
tant de ſon coſté paternel des Guyberts, que du maternel de la porte: Auſſi la parété que Marie le Maſſon, mere de Michel de Pomereu, leur a cauſé, eſt ſi cóſiderable,
qu'elle ne doit point eſtre oubliée: Car par ceſte Da-
moiſelle, fille de Pierre le Maſſon Eſcuyer ſieur de la
Neufuille Meſſire Garnier, & de Damoiſelle Gillette de
Vitry, & petite fille de Guillaume le Maſſon ſieur de la
meſme Neufuille & de Boubiers, & de Damoiſelle Yſa-
beau de Ruel, les enfans de Michel de Pomereu, fils d'i-
celle Marie le Maſſon, ont parenté auec toute la maiſon
des Perrots: Auec la branche de Bouchet de Bouuille :
Auec celle de Hannequin de Chantereines, & par icelle
auec les ſieurs le Feron : Auec toute la maiſon de Ruel,
de laquelle eſt aujourd'huy aiſné Monſieur l'Eueſque
d'Angers, auparauant Eueſque de Bayonne, & dont entre autres, eſt ſortie Madame de Breues: Et à cauſe de
Gillette de Vitry, mere de Marie le Maſſon, auec tous les
deſcendans de cette ancienne famille de Vitry , dont,
entre autres par repreſentation de perſonnes, eſt ſortie
ſon Alteſſe de Lorraine, à cauſe de la maiſon des Comtes des Tillieres, & dót auſſi eſt iſſuë toute la famille des
Vrſins, & par icelle, le ſieur de Bethune, les Barons de la
Bauue, le ſieur d'Armantieres de la maiſon de Conflás,
& le Marquis de Paloiſeau : attendu que Dame Miche-
lette de Vitry eſpouſa Iean Iuuenel des Vrſins: Sont encores ſorties de la meſme famille de Vitry toute la maiſon des Baillets, Seigneurs de Treſmes & autres lieux :
Celle des Comtes de Chaulne : Les Seigneurs de Ver-

uin du surnom de Coucy : Et force branches de la maison de Montmorency (mediatement à cause des Dau-
uets:) Tant les Marquis de Thury, sieurs de Bouteuil-
le, que Monsieur le Duc de Montmorency, Madame
la princesse, & en fin à cause que Gillette de Vitry, mere
de Marie le Masson, estoit fille de Guillaume de Vitry
sieur de la Bretesche & de Goupillieres, Conseiller du
Roy en sa Cour de parlement, & de Damoiselle Ieanne le Picard, les descendans de Marie le Masson, & de
Guillaume de Pomereu & autres, ont aussi parenté
auec toute la maison noble & ancienne des Picards, &
auec tous ceux qui en sortent, ou par masles, ou par femmes. Et ce, quant à la noblesse & alliances de la maison
de Pomereu, dont estoit cette Marie, qui espousa Gilbert de Combauld la susdite année 1576. laquelle ne
vescut qu'enuiron cinq ans seulement auec son mary,
car en l'an 1581. estant auec luy en la ville de Blois, elle
y deceda en la fleur de sa ieunesse, aagee de 26. ans 11
mois, apres auoir demeuré 31. iours malade; ayant eu
de Gilbert de Combauld les 4. enfans, dont il sera parlé à la fin de ce chapitre: Son mary la fit enterrer en
l'Eglise des Cordeliers d'icelle ville de Blois, dans le
Chœur, à costé gauche du grand Autel, joignant la sepulture de Monsieur le Chancelier de Moruilliers; en
laquelle Eglise il a depuis, pour le salut de sadite femme, faict faire quelques fondations. On voit encor de
present vne tumbe au lieu où elle est enterrée, de
pierre d'Aspremont, sur laquelle est l'effigie de cette
 Damoiselle, ayant la teste & les mains de marbre
blanc, & les pieds de marbre noir, accompagnée de
quatre escussons aux quatre coings, où sont les armes
pleines

pleines & myparties des maisons de Combauld & de
Pomereu, & sont ces mots grauez à l'entour:

*Cy gist Damoiselle Marie de Pomereu, en son viuant femme
de noble homme Gilbert de Combauld, Conseiller Secretaire du
Roy & de ses Finances, & Bailly de Montpensier, qui deceda
en cette ville de Blois le Lundy huictiesme iour de May mil cinq
cens quatre vingt-vn.*

Cette mort seruit à Gilbert de Combauld pour mode-
rer les grands contétemens que luy apportoiét le restablissemét de sa maison, l'estime que les grands faisoient
de son merite, & l'honneur particulier que le Roy (lors
Henry III.) luy faisoit de l'aymer, lequel il luy tesmoi-
gnoit souuent par plusieurs faueurs, & nommément,
que peu auparauant il luy auoit fait paroistre, l'ayant
quatre ou cinq mois deuant cette affliction, & sur la fin
de l'année precedente, créé Conseiller & Secretaire de
ses Finances, par Lettres donnees à Blois le 16. Decembre 1580. pour causes si particulieres & si fauorables,
qu'elles ne peuuét estre teuës sás diminuer à la memoire de ce bon seruiteur de Roy, l'honneur que sa Majesté
a voulu luy conferer en ce lieu, aussi abondamment
qu'extraordinairement: car le Roy, par faueur particuliere, luy donne cet office à exercerauec autant de pouuoir, droict, & emolument, que les autres Secretaires
des Fináces, qu'il auoit excepté & reserué par sa Declaration du 25. Septembre 1576. Et ce (declare le Roy) en
consideratió des seruices qu'iceluy Gilbert auoit rendu
desia l'espace de plus de 15. ans, à ses predecesseurs, & à
sa Majesté en ses charges sous trois Chanceliers & vn

Preuues, pag
42. lig. 14.
& suiu.

H h

Garde des Sceaux, nommez audit lieu, ſçauoir ſous les
ſieurs Chanceliers de l'Hoſpital, de Moruilliers, & de
Biragues, & ſous le ſieur de Chiuerny, lors encor ſeulement garde des Sceaux, ſous lequel, adjouſte le Roy,
eſt par iceluy Gilbert de Combauld continué luy eſtre
fait ſeruice, auec telle vigilance, labeur, & fidelité, ainſi
qu'il luy en a eſté rendu bon teſmoignage, qu'il a eſti-
mé eſtre bien raiſonnable, ayant ſçeu le peu de recom-
péſe qu'il a eu par le paſſé, d'vſer enuers luy de quelque
remuneration condigne à ſeſdits ſeruices, afin de luy
donner occaſion d'y perſeuerer de bien en mieux auec
plus de volonté & affection. Leſquelles Lettres, en cette forme & teneur, apres que Gilbert de Combauld euſt
preſté le ſerment és mains de Monſieur le garde des
Sceaux, furent enregiſtrees en la chambre des Comptes, à la charge de commiſſion ſeulement, & à vie, & de
mil liures par forme de penſion. En l'exercice de cette
charge & de ſes autres, Gilbert de Combauld continua
le reſte du regne de Henry III. la meſme fidelité & les
meſmes ſeruices à ce Roy, qu'il auoit rendu auparauãt,
& à luy & aux precedens: Et ce grand Prince luy continua auſſi l'honneur d'vne grace ſinguliere, & telle qu'il
luy permettoit ſouuent vn tres-facile accez & abord aupres de ſa Majeſté, meſmes en temps & lieux fort particuliers, d'où vient qu'il ſe trouua dans ſa chambre lors
qu'vn parricide execrable finit la vie de ce Monarque.
Apres la mort de ce bon Roy il trouua en la perſonne
de Henry le grand, non ſeulement vn heritier de la
Couronne de ſon predeceſſeur, mais auſſi vn ſucceſſeur
à ſes affections en ſon endroit: Auſſi luy, dés lors qu'il
vit Henry III. mort, il voüa & conſacra ſa fidelité & ſes
ſeruices à ce Prince, auquel iuſtement & legitimement

comme bon François, il ne les pouuoit defnier; & de
fait, incontinent joignit fa Majefté, & depuis, iufques *Preu. pag. 4. lig. 18. & fuiu.*
à ce qu'elle entra victorieufe dans Paris, la fuiuit touf-
jours, & ne l'abandonna iamais durant fes bonnes &
mauuaifes fortunes, l'efpace de 5. annees que ce grand
Hercules alloit tefte à tefte diminuât lesforces renaiffá-
tes de cette hydre môftrueufe. C'a efté pendât ce temps
que Gilbert de Combauld a fait paroiftre, plus notoire-
ment qu'en aucune autre precedente occafion, que fes
offices ne l'empefchoient point, & auéc le general de fes
confreres par les priuileges, & en fon particulier par fa
valeur, de faire la profeffió en laquelle fespredeceffeurs
l'auoient mis au monde, que luy toute fa ieuneffe auoit
fait, & en laquelle lé Duc de Montpenfier l'auoit cen-
fé tres-experimenté, luy donnant les charges militaires
de fon Duché: Car les vieux Gentils-hommes & Soldats
qui ont depofé aux enqueftes faites de l'authorité de la
Cour des Aydes, tefmoins oculaires de fa valeur, affeu-
rent comme ils l'ont toufiours veu en toutes les occa-
fions aufquelles le Roy fe trouua pendant ces têps: Tel *Preu. pag. 61. lig. 25. & fuiu.*
il paruft, ainfi qu'ils le difent, à cette renômee bataille
d'Iury, armé de toutes pieces, au troifiefme rang, proche la perfonne du Roy, fous la Cornette blanche, accompagné de Louys-Gilbert de Combauld fon frere,
& depuis deuant Paris, à Dieppe, à Arques, deuant *Ibidem.*
Rouën, à Yuetot; En fin, en toutes les occafions où fe
trouua ce grand Roy, Gilbert de Combauld le fuiuit
par tout, & le feruit trés-fidellement, non plus en qualité de Secretaire, ou de Garde des Roolles comme durant la paix, mais comme volótaire en vne fi iufte guerre: En laquelle, principalement à Dieppe, il receut vn *Ibidem.*
honneur fort particulier de fa Maiefté, tefmoignage de

l'estime que ce grand Roy (Iuge tres-capable de l'eslection des chefs de guerre) faisoit, & de la valeur & de
la prudence de ce Gentil-homme: car il eust le bon-heur
l'espace de plusieurs heures de commander à l'armee,
lors employee à quelques fortificatiós, en l'absence du
Roy, lequel luy donna, pour enseigne du pouuoir qu'il
luy transmettoit, son baston de guerre, qu'il a tousjours depuis conserué, & souuent fait voir à ceux qui
auoient esté presens en cette rencótre, pour leur remet-
tre en memoire la faueur qu'il auoit lors receuë du Roy:
Ce que tous ils ont declaré & certifié és mesmes enquestes. Cet honneur fust la recompense de tous les bons

Prouisions de Gilbert de Combauld. 1592.

seruices d'iceluy Gilbert, aussi bié que celuy que le mesme Prince luy fit au Camp deuant Rouën, luy donnant, par Lettres du premier Mars 1592. l'office de grand
Audiencier de France (qu'il a depuis pareillement exercé plusieurs annees auec honneur & reputation) par la
pure demissió entre les mains de sa Majesté, de Louys-
Gilbert de Combauld, son frere puisné, lequel elle auoit
honoré de celuy d'Intendant des Finances. Auparauant quoy, & deux ans deuant ou enuiron, au mois
de Iuin de l'an 1590. estoit decedé Iean de Combauld,

Tiltres de la maison

pere de Gilbert, qui par cette mort auoit succedé, auec
les autres freres & sœurs, aux biens de la maison, &
luy particulierement, à la terre & Seigneurie du Pointet en Auuergne, dont il auoit dés le viuant de sondit
pere long-temps porté le nom: Car pour les autres
terres & Seigneuries, dont nous auons dit qu'iceluy
Gilbert auoit esté en son viuant Seigneur, comme des

Tiltres de la maison.

Clayes, de la Crane, Mairie-de-plaisy & de la cour des
Prez, il n'en fust possesseur qu'en l'an 1596. qu'il les acquist de Raoul Coignet Escuyer sieur de Sainct Aubin

son

son beau-frere : Temps auquel Gilbert se pouuoit dire
cóblé de tout contentement ; car il auoit la satisfaction
de voir sa maison releuee, & ce par son moyen, d'vne
ruine totale en laquelle elle auoit esté : De la considerer, sinon en la grandeur entiere qu'elle auoit eu autresfois, au moins dans vne honneste mediocrité par
vne suffisante fortune de biens qu'il possedoit : De reuiure en la personne du fils que Dieu luy auoit donné, &
de se voir considerablement employé, & dans son pays
& dans la Cour, en plusieurs charges & offices tres-honorables, lesquelles toutes, par aduantage particulier,
il auoit eu pour recompése de sa vertu, & non pour prix
de son argent. Dieu neantmoins voulut encor luy donner vne grace, le defaut de laquelle l'eust empesché de
mourir totalement content, qui estoit de voir le regne
du plus Iuste de nos Roys : Qu'estant né sous le Monarque sous qui auoient esté allumees les guerres en cet
Estat, lesquelles depuis cét ans ont embrasé toute l'Europe, il ne mourust point que sous celuy qui deuoit les
esteindre : Et en fin, qu'ayant veu naistre ce Monstre
infernal de l'heresie, il vist auant mourir, celuy qui le
deuoit defaire. Apres donc que Gilbert de Combauld
eut seruy auec pareille fidelité & reputation l'espace de
5. ou 6. ans LOVIS LE IVSTE, commençant à regner,
qu'il auoit fait cinq Roys ses predecesseurs ; Il deceda à Tiltres de la
Paris en l'exercice de sesdits offices & charges, comblé maison.
d'annees, & plein de reputation, entre minuict & vne
heure, le Mercredy 7. Octobre 1616. aagé de 82. ans ou 1616.
enuiron, laissant aux siens plus d'honneur de ses bónes
actions, que de profit de sa succession, à cause de quelques malheurs particuliers, & qui ne regardent que
les interests de cette maison, arriuez en icelle quel-

I i

Regiſtres de
cette Egliſe.

ques annees auparauāt la mort de ce Gilbert. Son corps
fuſt inhumé en l'Egliſe de Sainct Euſtache à Paris, joignant la tumbe de Meſſieurs les Coqs, predeceſſeurs
de ſa bruë, laquellé voyāt audit lieu les corps des ſieurs
d'Autheul, ſes ayeul & pere, & les cendres deſdits ſieurs
les Coqs, anceſtres de ſon ayeulle paternelle; elle y voulut auſſi voir celles de ſon beau-pere, qu'elle auoit extremement honoré, & qui l'auoit infiniment cherie. Ce
perſonnage auoit veſcu auec ce bon-heur, que par vn
conſentement general il auoit dans la Cour eſté ſurnó-
mé *l'Homme de bien*: & eſt mort auec cet aduantage particulier, qu'il n'auoit iamais fait deſplaiſir à perſonne,
mais qu'vniuerſellement il auoit ſeruy & obligé tous
ceux qui auoient eu beſoin de luy en ſes charges, dans
l'exercice deſquelles, ſous ſept ou huict Chanceliers &
Garde des Sceaux, ſa fidelité luy merita ſucceſſiuement,

Preu. pag.
41. lig. 17. 18.
& ſuiu.

l'affection de cinq puiſſans Roys & d'vne grande Royne: Celle de Henry II. & de la Royne Catherine ſa femme: Celle de François II. De Charles IX. De Henry
III. Et nommément celle de Henry le Grand, lequel l'a

Preu. pag.
6 l. lig. 5.

touſiours en cette cóſideration honoré de la qualité de
(*Pere.*) Ce ſage Courtiſan ſçeut auſſi prudemment con-
joindre en ſoy l'affection particuliere des Princes auec
l'honneur de cette bien-veillance des Roys; ſi que les
vns ny les autres (telle fuſt la preud'homie & droicture
continuelle de ſes actions) n'eurent iamais lieu de ſe
plaindre de ſa fidelité. Monſieur Charles Cardinal de
Bourbó, entre autres, & Meſſieurs de Mótpenſier (dont
il eſtoit vaſſal, & vn des principaux Officiers) ſucceſſiuement de pere en fils, ont eſprouué en luy cette façon
de viure fort extraordinaire, dans la ſinguliere faueur
qu'ils luy ont fait de l'aimer, tant Henry dernier Duc,

qui l'a honoré aussi tousiours de la qualité de (Pere,) que
François & Loüis, ses pere & ayeul, Charles Prince de
la Roche-suryon son grand oncle, qu'autres. En fin, si
les Roys & les Princes l'ont honoré d'vne bien-veilláce
speciale, il en a aussi receu vne tres-gráde des plus gráds
Seigneurs du Royaume, comme, entre autres, de Messieurs de Biron, de Messieurs le Cardinal & Duc de
Ioyeuse, de Messieurs le Mareschal de Retz & Cardinal
de Gondy, & de Monsieur le Cardinal du Perron, lequel, pour tesmoignage du bien qu'il luy vouloit, pour
recognoissance des seruices qu'il en auoit receu, & aussi
pour la cognoissance qu'il auoit de l'ancienneté de sa
maison, luy donna en 1580. les vers cy-deuant enoncez,
fol. 70. par luy composez sur le Tableau qu'auoit chez
soy ledit Gilbert, de Iean de Combauld Cheualier sieur
de Larbour, son bisayeul. Mais à quoy sert de rendre
cette affectió particuliere aux Roys, aux Princes, & Seigneurs à l'endroit de ce personnage, puis qu'elle a esté
veritablement vniuerselle à tout le monde enuers luy?
car l'on peut dire, sans aucune flaterie, qu'il a esté generalement aimé de tous ceux qui l'ont cogneu, & n'a iamais esté hay de personne : Et tout ce bon-heur principalement à cause de cette qualité *d'Homme de bien*, qu'il
a eu, autant que nul autre l'ait iamais possedé, de tous
ceux qui ont exercé ses charges, ainsi que le porte en
mots expres, l'attestation qui a esté produite au procez,
de 24. de ses plus anciens confreres, par eux dónee pour
iustifier de la códition & merite de ce Gilbert de Combauld, auquel cette qualitéestoit si extrememét propre,
que les lettres mesme de ses nom & surnom le portent,
ainsi que le sieur d'Aurat, l'vn des plus celebres & doctes
personnages, particulierement en la poësie, du siecle

Preu. pag.
41. lig. 6. &
suiu.

Auratus,
Poëta Re-
gius.

passé, le rencontra dans son anagramme, qu'il fit pareillement pour luy seruir de deuise, conforme à la vie qu'il faisoit : *Ayant fait peindre vn Moyse adorant aux pieds d'vn Autel les Tables portees par vn bras issant d'vne nuë, le tout dans vn rocher remply d'vne grosse fumee : Auec ces paroles.*

DEI SVB VMBRA LEGES COLIT.

qui est l'anagramme de ces deux mots *Gilbertus Combaldeius*, laquelle neantmoins n'a esté conseruee par Gilbert de Combauld pour deuise, en ayant dés sa ieunesse pris vne autre particuliere, outre les anciennes de sa famille, qu'il a conseruée iusques à sa mort, laquelle luy faisoit esperer le repos qu'il possede maintenant :

VOLABO ET REQVIESCAM.

que neantmoins il n'a point fait peindre aux Clayes, ny aux endroits où il a fait blasonner ses armes, tousiours pleines, de Larbour, & pareilles à celles de ses ancestres.

Preu. pag.
20. lig. 32.
& pag. 21.
lig. 1. & suiu.

ENFANS DE GILBERT
DE COMBAVLD & de
MARIE DE POMEREV.

16 **MARIE DE COMBAVLD,** premier enfant de Gilbert de Combauld & de Marie de Pomereu, nasquist à Paris le Lundy 10. Iuin 1577. Elle fust leuee sur les fonds de Sainct Germain de l'Auxerrois à Paris, par Monsieur Garrault Tresorier de l'Espargne, pour parrain, & par Damoiselle Gillette de la Porte, femme du sieur d'Allery, & auparauant espouse de Claude Guybert, sieur de Neufuille, &c. bisayeulle maternelle de l'enfant, & par Madamoiselle la Generalle Mollé, alliée de Gilbert

Liure des
aages de Gil-
bert de Com-
bauld, escrit
de sa main.

de Combauld, à cauſe du ſieur Mollé ſon mary, pour
marraines Cet enfant ne veſcut qu'vn an moins ſept
iours, & mourut l'an 1578. le 3. Iuin, & fut enterré
aux Innocens, au tombeau des ſieurs de POMEREV,
ſes anceſtres maternels; la veritable ſepulture deſquels eſt à la premiere arcade à gauche, en entrant
par la porte de la ruë ſainct Honoré : Où ſe veoit vn
grand tombeau releué, de Iean de Pomereu, grand
oncle paternel de ladite Marie, mere de cet enfant,
auec les armes de Pomereu en pluſieurs endroits, &
cette inſcription :

Cy giſt noble homme Maiſtre Iean de Pomereu, en ſon vi-
uant Conſeiller du Roy noſtre Sire, & Maiſtre ordinaire en
ſa Chambre des Comptes, ſieur de Chambery, de ſainct Pyat,
& aduoüé de Chagriſe: Qui treſpaſſa le vingt vnieſme iour
de May, mil cinq cens quarante neuf.

Cy giſt noble Damoiſelle Catherine de Poncher, femme dudit
de Pomereu : Qui treſpaſſa le troiſieſme iour de Decembre, mil
cinq cens quarante cinq.   PrieZ Dieu pour eux.

Auquel lieu eſt auſſi enterré l'ayeul d'icelle Marie,
Guillaume de Pomereu, frere aiſné dudit Maiſtre
des Comptes; & pareillement Iean de Pomereu leur
pere, qui le premier y eſleut ſa ſepulture, comme il
eſtoit le premier de ſa famille qui de la campagne
ſe vint habituer à Paris. Or neantmoins cette ſepulture ne fut pas continuée par Michel de Pomereu,
fils de Guillaume, & beaupere de Gilbert de Com-

bauld : car il quitta son pere, son ayeul & son oncle, & voulut estre enterré auec sa mere Marie le Masson, soubs le tombeau de cette famille (au milieu du Cimetiere deuant l'Image N. Dame) basty par Guillaume le Masson & Ysabeau de Ruel, ayeul & ayeulle de ladite Marie le Masson ; où se veoit cette inscription à l'entour d'vne grande tumbe esleuée sur 4. pilliers.

Cy gist noble homme Sire Guillaume le Masson, sieur de la Neufuille, Messire Garnier & de Boubiers, Conseiller, General & Maistre des Monnoyes du Roy nostre Sire : Qui trespassa le quatriesme iour d'Auril, mil quatre cens quatre-vingts six, auant Pasques.

Cy gist Isabeau de Ruel, en son viuant femme dudit Sire Guillaume le Masson : Qui trespassa le   iour de   l'an mil

19   MARIE DE COMBAVLD la jeune, fust le deuxiesme enfant desdits Gilbert & Marie. Elle nasquist auant terme à Paris, le Lundy 21. Iuillet 1578. & pour cet effet fut baptisée sans sortir de la chambre, & eut pour parrain Louys Gilbert de Combauld son oncle paternel , lors Tresorier & Payeur de la gendarmerie de France; & Marie Guybert femme du sieur de Pomereu, & Damoiselle Marguerite de Pomereu , femme du sieur porte, sa grande tante maternelle, pour marraines. Elle n'a vescu que 18. mois 6. iours seulement ; car elle mourut le 6. Feurier 1580. & fut mise aux Innocens auec sa premiere sœur.

CHARLES ET CLAVDE DE COMBAVLD, freres iumeaux, furent les troifiefmes enfans de Gilbert de Combauld & de Marie de Pomereu. Charles eft celuy feul lequel a continué la pofterité mafculine aifnée, eftant demeuré fils vnique par la mort de fes deux fœurs & de fon frere iumeau. Il fera parlé d'iceluy Charles de Combauld 1. du nom au chapitre fuiuant. L'autre iumeau, appellé Claude, qui vit le premier le iour, nafquift à fept heures le Samedy 19. Ianuier 1580. & fut leué fur les fonds en l'Eglife Sainct Germain de l'Auxerrois à Paris, par Eftienne Guybert fieur de Neufuille, Secretaire du Roy, oncle maternel de Damoifelle Marie de Pomereu, mere de l'enfant; & Iean de la Grange Confeiller au Grand Confeil, auffi coufin germain maternel de ladite mere, pour parrains : & par Magdelaine Bauldry, femme de Nicolas Alixant Prefident au Parlement de Bretagne, coufine paternelle tenant le germain fur icelle Marie de Pomereu, pour marraine; ledit Claude ne vefcut feulement que deux ans neuf mois & trois iours, & mourut le Lundy 22. Octobre 1582. & fut enterré au mefme lieu auec fes deux fœurs.

ANS DE IESVS-
CHRIST.

COMBAVLD,
comme cy deuant.

PAIOT,
d'azur à vn cheurõ
d'or accompagné
de trois roses de
mesme, 2.1.

19 CHARLES DE COMBAVLD

*1. du nom Cheualier, Seigneur, par la mort de son pere, des terres
& Seigneuries des Clayes, de la Crane, Mairie-de-plaiss,
de la Cour des prez, & autres lieux.*

CHAPITRE XV.

CHARLES de Combauld, l'vn des deux iumeaux,
(qui estoient les troisiesmes enfans de Gilbert de
Combauld, & de Damoiselle Marie de Pomereu) aagé
de 48. ans en ceste presente année 1628. est resté seul &
vnique par la mort de ses frere & sœurs, & a continué
la posterité masculine de la bráche aisnee & les pleines
Armes de Combauld (c'est à dire de Larbour) en la
mesme forme que tous ses predecesseurs. Il nasquit á
Paris le Samedy 19. Ianuier 1580. à sept heures & demie
du matin, & fut baptisé en l'Eglise Sainct Germain de
l'Auxerrois, leué sur les fonds par celuy qui auoit esté la
premiere cause du restablissemét de la maison de Combauld

Pres. p. 21. & 22.

bauld, Charles de Marillac sieur de Ferrieres, Conseiller du Roy en sa Cour de Parlement, cousin maternel de Gilbert de Combauld, pere de Charles; & par Michel de Pomereu, sieur de la Bretesche sainct-nom, grand pere maternel, pour parrains; & pour marraine, par Damoiselle Anthoinette Guybert, femme du sieur de Fótenay, grande tante maternelle. Charles de Combauld ayant employé sa premiere ieunesse dans tous les honnestes exercices d'esprit & de corps qu'vn Gentil-homme de sa códition pouuoit apprendre, n'eust si tost attaint l'aage de 14. ans, que voulant suiure la profession militaire de ses ancestres, il alla trouuer Gilbert son pere dans les occasions à la suitte de Henry le Grand, qui estoient lors preu. pag. 62. au commencement. les dernieres des guerres ciuiles passées, & celles qui se sont presentees immediatement deuant & depuis la reduction de Paris: Ce qui est certifié és enquestes par gentils-hommes dignes de foy, & tesmoins oculaires de leurs dires: Et en cette mesme annee (estant à Chartres au sacre de ce grád Monarque, afin de ne point demeurer oisif en France durant la paix qu'il esperoit prochaine; & sçachant d'ailleurs que les charges de Secretaire du Roy, comme nous auons desia dit au chapitre precedent, ont vne gráde simpathie auec la profession des armes, la continuant tousiours en toutes les occasiós qui se sont depuis presentees en France, & en icelles rendát au mesme Roy, & à son fils LOVYS LE IVSTE, à present heureusement regnant, tous les bons seruices qu'ils ont peu receuoir d'vn fidelle sujet en qualité de volontaire sous leur Cornette blanche) souhaitta d'estre creé Secretaire du Roy, Maison & Couronne de France & des Finances: Et de fait, par Lettres de prouision donnees à preu. pag. 36. lig. 22. Chartres par le Roy Henry le Grand le 4. Mars 1594.

L l

iceluy Charles fut pourueu de cet office, dont il ne s'est defait que plus de vingt ans apres, & enuiron l'an 1618. seulement, au profit du sieur Fieubet. En cette qualité Charles de Combauld contracta mariage sous l'authorité de Gilbert son pere, & comme fils de luy & de feuë Damoiselle Marie de Pomereu, le 1. Mars 1604. auec vne Damoiselle sa parente, comme il se verra cy-apres, du 5. au 6. degré : qui auoit esté fille d'honneur de haute & puissante Princesse Madame Catherine de Gonzagues & de Cleues, Duchesse doüairiere de Longueuille & de Touteuille ; & laquelle estoit issuë de plusieurs nobles & riches maisons de tous costez, & alliee dans les plus grandes & notables familles de la France, soit de la noblesse militaire, soit de la ciuile. Cette Damoiselle estoit MARIE DE PAIOT, depuis Dame de Fercourt, la Boissiere, & autres Seigneuries en dependantes, par le deceds de Madame la Presidéte de Forget sa tante maternelle, arriué l'an 1622. Et en outre, à present Barône de Masslé, Moussoult, & Bethmont, & Dame d'Autheul en Beauuoisis, de l'Esquippee, & autres lieux, par la mort aduenuë sans enfans en cette annee 1628. de Messire François de Pajot (3. de ce nom) son seul frere germain, viuât Cheualier Baron de Masslé, Moussoult, & Bethmont, Seigneur d'Autheul, l'Esquippee, & autres lieux, Capitaine de 50. hommes d'armes des Ordonnances, lequel a eu pour espouse Dame Ieanne de Bacoüel, Dame dudit lieu & de Sailly, sortie de tres-ancienne maison de Picardie. Dame Marie de Pajot, femme d'iceluy Charles de Combauld, & & François de Pajot 3. du nom, son seul frere germain, auoient pour pere François de Pajot 2.

du nom, Escuyer Seigneur d'Autheul, l'Esquippee, Vessancour, le Val-de-l'eauë, & autres lieux, Gentil-homme

qui a tousiours, iusques à sa mort, fait profession des armes, & auec vn frere vterin, dont il sera parlé cy-apres,
auoient pour mere commune Marie le Clerc. François
de Pajot, 2. du nom, aisné de sa maison, & chef de ses armes, beau-pere de Charles de Combauld, estoit vnique
enfant de François de Pajot 1. du nom, aussi Seigneur de
tous lesdits lieux, & en outre, de Goincourt, de Bury & de
la haute Touffe, Conseiller du Roy en sa Cour de Parlement de Paris, où il est mort Conseiller de la grand'
Chambre; qui auoit pour femme Estiennette le Coq.
Fraçois de Pajot 1. du nom, estoit aussi enfant vnique du
premier lict de Ieã de Pajot 1. du nom, sieur de l'Esquippée & autres lieux, auec Anthoinette le Toillier sa premiere femme, de la maison d'Angiuilliers; & auoit pour
freres & sœurs du 2. lict dudit Ieã de Pajot son pere, auec
Nicolle le Sellier sa seconde féme, Marie de Pajot pour
sœur, dont est descendu le sieur Barthelemy, Maistre
des Comptes, & pour frere Iean de Pajot 2. du nom,
sieur de la Chappelle & de Plouys, pere de trois garçós,
entre autres enfans, de Messire Anthoine de Pajot, sieur
de la Chappelle & autres lieux, Conseiller du Roy en
ses Conseils, & Maistre des Requestes ordinaires de son
Hostel, dont plusieurs enfans, & nommément Madame la Presidente Rebours: De Iosse, sieur du Tranché:
Et de Philibert de Pajot, sieur de Plouys, qui a pour fils
vnique N. de Pajot, aussi sieur de Plouys, Conseiller du
Roy & Correcteur en sa chambre des comptes. Iean
de Pajot 1. du nom, sieur de l'Esquippee, pere commun
de François du 1. lict, & de Iean & Marie du 2. lict, estoit
fils d'André de Pajot, sieur de ladite terre de l'Esquippée, & de Ieanne de la Vesiere, & petit fils de Droüard
de Pajot, & d'Anne Fournier; iceluy Droüard Seigneur

du mesme lieu, Conseiller & Secretaire du Roy, Maison
& couronne de France, cinquiesme ayeul de ladite Marie de pajot, femme de Charles de combauld, & le premier de sa maison qui s'habitua en Beauuoisis. Or il est
à remarquer, que tous ces cinq du surnom de pajot, predecesseurs de pere en fils d'icelle Marie, ont tousiours
heureusement rencontré, pour la condition des femmes qu'ils ont espousé. Toutes icelles cinq, sçauoir Anne Fournier, Ieanne de la Vesiere, Anthoinette le Toillier, Estiennette le coq, & Marie le clerc, estant issuës de
tres-bonnes maisons, & par leurs peres & par leurs me-
res; d'où ils ont causé vne tres-grande parenté & alliance à leurs descendans : Et partant il est à propos de parler de chacune d'elles & de leurs maisons, selon cette
suitte; n'estat pas à ladite Marie de pajot vn petit aduantage, lequel pour ce qui touche Anne Fournier & Ieanne de la Vesiere, elle a commun auec ses autres collate-
raux de son surnom : Mais pour ce qui regarde Anthoinette le Toillier, Estiennette le coq, & Marie le clerc,
qu'elle a particulier à soy seule; attendu qu'à present,
par la mort de sondit frere germain sans enfans, elle est
restee fille vnique de son pere François de pajot 2. du
nom, lequel estoit aussi fils vnique d'autre François : ce
dernier pareillement seul enfant du 1. lict de Iean de
pajot.

LA PREMIERE donc de ces cinq femmes,
qui estoit Anne Fournier, espouse de Droüard de pajot
5. ayeul de Marie, a donné parenté à ses descendans
auec tous ceux qui sont issus de cette maison des Four-
niers, laquelle a autresfois flory en cette ville dans les
plus honorables charges du parlement.

ANS DE IESVS-CHRIST.

LA SECONDE, appellée Ieanne de la Vesiere, féme d'André de Pajot fils de Droüard, estoit d'vne anciéne maisõ de Beauuoisis, maintenãt esteinte, & par exprés estoit fille de noble Ieã de la Vesiere & de Claude de Corbie, de par laquelle les Pajots ont parenté auec tous les descendans de la maison de Corbie originaire de Beauuoisis, dont il y a eu vn Chancelier de France; de laquelle famille il sera cy-apres plus amplement parlé, à cause d'vne autre alliance qu'a Marie de Pajot auec cette maison de par son ayeulle.

LA TROISIESME, nõmée Anthoinette le Toillier, féme de Ieã de Pajot sieur de l'Esquippée, bisayeul de Marie de Pajot, estoit de la maisõ des Toilliers, Seigneurs d'Angiuilliers, dõt ceux qui restét aujourd'huy ne portét plus le surnõ de Toillier, mais celuy de Guilbõ. La bráche aisnée de cette maison est tõbee en quenoüille en la personne de Ieáne le Toillier dite Guilbõ, Dame d'Angiuilliers; qui en premieres nopces a espousé Anthoine de Corbie Escuyer sieur de Iaigny ; & en 2. nopces Anthoine de Mouchy Escuyer sieur de S. Martin; & celuy qui en represéte aujourd'huy l'aisné est N. le Toillier dit de Guilbõ, Escuyer sieur de Beaureuoir, fils de Claude le Toillier dit de Guilbõ, Escuyer sieur de Beaureuoir, & petit fils d'Anthoine le Toillier Escuyer sieur d'Angiuilliers, lequel Anthoine estoit le frere de cette Anthoinette le Toillier féme de Ieã de Pajot; lesquels enséble auoient pour pere Anthoine le Toillier, aussi Escuyer & sieur d'Angiuilliers, & pour mere Damoiselle Ieanne Tristã, qui pareillemét estoit issuë de *Tiltres de la maison.* fort noble & anciéne famille: Car (auec Philippes Tristã sõ frere aisné, Escuyer sieur de la Ruë-Preuost, d'où viennét les aisnez de cette maisõ, encore Seigneurs du mesme lieu, & auec Frãçois Tristã son frere puisné Es

M m

cuyer fieur de Crapin & autres lieux; dôt fortét les puif-
nez auffi fieurs de Crapin & de S. Amât) elle auoit pour
pere & mere Pierre Triftan Efcuyer, Seigneur defdits
lieux & plufieurs autres. Et Damoifelle Iehanne le Ca-
ron ; lequel Pierre auoit pour trif-ayeul Iehan dit Triftan, fieur de Megnelers & de Montigny, grand Ef-
chançon de France fous Charles 5. Iceluy Iean defcendu en ligne mafculine, de Pierre Triftan Cheualier
fieur de Paffy, Chambellan des Roys Philippes Augufte, & Louys 8. & gouuerneur de S. Louys. Iehanne
Triftan, femme d'Anthoine le Toillier, eftoit petite
niepce d'Anthoinette de megnelers, féme d'Anthoine
de Villequier Cheualier fieur dudit lieu, dont toute la
Maifon de Villequier, de laquelle par degrés eft venue
Charlotte Cathérine de Villequier féme du Seigneur
de Chappes de la maifon Daumôt Pere de plufieurs enfans, & entre autres de Céfar Daumont Cheualier,
fieur de Chappes qui a efpoufé Marie Amelot, fille de
Iacques Amelot fieur de Carnetin, & de Beau-lieu,
Confeiller du Roy en fes Confeils, & Prefident ez
Requeftes du Palais, & de Charlotte Girard, & fœur
de Iacques Amelot, fieur de Beau-lieu, Confeillers du
Roy en fa Cour de Parlement de Paris.

LA QUATRIESME de ces cinq fémes, Eftiénette
le Coq, qui eftoit l'ayeulle paternelle de marie de pajot,
poffedoit de par só pere & de par fa mere tous les aduátages confiderables qu'vne Damoifelle peut defirer
pour l'anciéneté de l'extractió, le luftre des alliáces, &
la fuffisáce des biés : Elle auoit pour fœur Damoifelle
Catherine le Coq (femme de Iean de la Haye fieur de
Vaujour, Cófeiller du Roy en fa Cour de Parlemét, dót
font defcendus les fieurs de Villacoublay & de la Hou-
faye) & pour freres Ieá le Coq Curé de S. Euftache, N.

Ans de Iesvs-Christ.

le Coq Abbé de Iendure , Chriſtophle , Cheualier de Malte , Cómandeur de Chantereines , & Anthoine le Coq, ſecond de tous les enfãs, & ſeul qui a continué la poſterité maſculine, en ſon viuant ſieur d'Eſgrenay, & Conſeiller du Roy en ſa Cour de Parlement, des enfãs duquel n'eſt reſté que Iacques le Coq ſieur de Corbeuille & des Porcherós, qui n'a pareillemét laiſſé qu'vn fils vnique Ieã le Coq , auſſi ſieur de Corbeuille & des Porcherós, Conſeiller du Roy en ſa Cour de Parlemét, marié depuis 3. ou 4. ans auec la fille aiſnée de Móſieur le Preſidét de Broé, niepce par ſa mere de Monſieur le premier Preſident de Hacqueuille, lequel ſieur de Corbeuille eſt à preſent le ſeul maſle du ſurnó & des armes de cette anciéne maiſon des Coqs, dont il faict de pere en fils le neufieſme degré. Eſtiennette le Coq, femme de François de Pajot premier du nom, auec ſeſdits freres & ſœurs, auoiét pour pere Gerard le Coq 4. du nó, Preu.p.39.lig.18 & ſuiuant. ſieur d'Eſgrenay & de Vaulx-la-Royne , Conſeiller du Roy & Maiſtre des Requeſtes ordinaires de ſon Hoſtel, & pour mere Dame Eſtiennette de la Balluë, qui eſtoit niepce du Cardinal de la Balluë, & ſœur, entre autres, de Dame Germaine de la Balluë, femme en premieres nopces de Charles d'Aléçon, fils naturel de René Duc d'Aléçon, & en ſecond mariage eſpouſe de Claude Brinó Cheualier ſieur du Pleſſis aux Tournelles, dont, par repreſentation de perſonnes, eſt iſſu Louys de Champaigne 2. du nom, Comte de la Suze, marié auec Charlotte de la Roche-foucault & de Roye, fille du Comte de Roucy. Ces deux ſœurs Eſtiennette & Germaine de la Balluë (auec d'autres, & quelques freres, dont toute la poſterité eſt eſteinte) auoient pour ayeul & ayeulle Thomaſſin de la Balluë Eſcuyer , demeurant en Poictou, & Damoiſelle Iacquette, que les memoires de la

maison surnomment de Roche-choüard: Et auoient
pour pere & mere Nicolas de la Balluë sieur de Ville-
preux & autres lieux, Conseiller du Roy & Maistre ordinaire en sa Chambre des Comptes , & Damoiselle
Philippes Bureau, fille de l'aisné de cette anciéne maisó des Bureaux, sortie autresfois d'vne des filles de Hé-
ry 1. du nom, Comte de Champaigne, Comte Palatin,
de Brie & Roy de Nauarre; laquelle espousa vn Bureau
il y a plus de 400. ans, dont firent preuue, sous Charles
VII. Iean & Iaspar Bureau freres; duquel Roy ils obtin-
drét confirmation de leur anciéne noblesse. Or l'aisné
de ces deux, appellé Iean Bureau, en son viuant Cheualier Baron de Monglat, Seigneur de la Houssaye & de la
malmaison, Capitaine de cinquante hommes d'armes
des Ordonnances , Maire de Bordeaux , Capitaine de
Chasteau-Trompette, Tresorier de France, maistre des
Comptes , Preuost des marchands de Paris en 1450. &
maistre de l'Artillerie de France, estoit le pere de la susdite Philippes Bureau, comme aussi, entre autres enfás:
de Iean Bureau, Euesque de Besiers: de Simon, Maistre
des Comptes: de Pierre , Tresorier de France: & d'Isabeau Bureau, de par laquelle fille est venuë vne grande
parenté aux enfans de sadite sœur aisnée Philippes Bureau, & à leurs descendans du surnom de le Coq, de Pajot & autres; Car icelle Isabeau espousa messire Geoffroy Coëur, Cheualier sieur de la Chaussee, dont sont is-
sues deux filles, sçauoir Marie Coëur, femme d'Eustache L'huillier, sieur de sainct mesmin, desquels sortent
les L'huilliers sieurs de sainct Mesmin, de Boullancour
& quelques autres : Et Germaine Coëur espouse de
Louys de Harlay sieur de Beaumont, dont descéd toute la maison de Harlay; Tant les Comtes de Beaumont,
les sieur de Cesy, de Chanualon & Marquis de Breual,
que

que les ſieurs de Sancy, Barons de Monglat & autres. Ans de Iesvs-
Christ.
La femme du ſuſdit Iean Bureau Maiſtre de l'artillerie,
(de laquelle eſt venuë philippes Bureau & ſeſdits freres
& ſœurs;) eſtoit Damoiſelle Germaine Heſſelin, iſſuë
d'vne tres-ancienne famille, & fort renommee dans
l'Hiſtoire; d'où vient auſſi vne grande alliance aux deſcendans de ſondit mary Iean Bureau & d'elle, qui lors
qu'elle contracta mariage auec iceluy Bureau, eſtoit veſ-
ue de Guillaume de Sailly, Eſcuyer ſieur de Sailly, dont
elle auoit eu des enfans, deſquels eſt iſſu Charles de
Combauld: Et c'eſt par là que Marie pajot eſt parente
d'iceluy Charles de Combauld ſon mary, du 5. au 6. degré; attendu qu'ils ſont tous deux ſortis de cette meſme Germaine Heſſelin, comme il ſe veoit en la Table
ſuiuante.

N n

ANS DE IESVS-
CHRIST.

1. lict.		2. lict.
Nicolas de Sailly.	——— Germaine Hesselin. ———	Iean Bureau.
Guillaume de Sailly.		Philippes Bureau, femme de Nicolas de la Balluë.
Germaine de Sailly, femme de Pierre de la Porte.		Estiennette de la Balluë, femme de Gerard le Coq.
Gillette de la Porte, femme de Claude Guybert.		Estiennette le Coq, femme de François de Pajot.
Marie Guybert, femme de Michel de Pomereu.		François de Pajot.
Marie de Pomereu, femme de Gilbert de Combauld.		Marie de Pajot.
Charles de Combauld.	du 6. au 5.	

Outre laquelle proximité iceux Charles de Combauld
& Marie de Pajot, en ont encor vne autre par la susdite
maison de la Balluë, de laquelle Marie de Pomereu, mere d'iceluy Charles de Combauld, estoit aussi bien descenduë par sa trisayeulle paternelle Ieanne de la Balluë,
que Marie de Pajot, par Estiennette de la Balluë, ayeulle
maternelle de son pere. A cause de la mesme maison
des BVREAVX les descendans de Nicolas de la BALLVË
Seigneur de Villepreux & de ladite Damoiselle Philippes BVREAV sa femme, ont encore parenté auec la

branche des ſieurs de Douy & de la Ramée, du ſurnom
& armes de Meaux, & auec la maiſon de Carnazet, d'au-
rant que Iaſpar Bureau, auſſi maiſtre de l'artillerie, frere
puiſné du ſuſdit Iean Bureau auoit eu 2. filles: L'aiſnée
GerardeBureau femme en premieres nopces de Robert
de Chaſtillon Seigneur de Bry, & en 2. nopces de Pierre
de Meaux Eſcuyer ſieur de Douy, & de la Ramée; dont
ladite branche eſt venuë: Et Marguerite Bureau la puiſnée des deux filles, féme en premieres nopces de Charles de Buz ſieur de Villemareil, dót, entre autres, ſortent
les ſieurs de Crecy du ſurnom de Lógueual, & en ſecód
mariage eſpouſe d'Yuó de Carnazet, Cheualier, deſquels
deſcéd toute la maiſon des Barós de S. Vrain, du meſme
ſurnom, & par vne fille d'icelle, le ſieur Marquis de Bo-
niuet du ſurnom de Gouffier auec toute ſa branche, de
laquelle par femmes ſont venus, entre autres, le ſieur
Cóte de Bernieulles chef d'armes de la maiſon de Cre-
quy, le ſieur du Vvailly Capitaine des gardes du corps
de Monſieur frere vnique du Roy, Duc d'Orleans, chef
d'armes de la maiſon d'Halvvin, & le ſieur de Boufflers.
Et ce quant à la maiſon & alliances d'Eſtiennette de la
Balluë, femme de Gerard le Coq 4. du nom, pere & mere d'Eſtiénette le Coq, eſpouſe de Fráçois de Pajot 1. du
nom, ſieur de Bury & d'Autheul. Gerard le Coq 4. du
nom eſtoit fils de Gerard le Coq 3. du nó, auſſi ſieur d'Eſgrenay & autres lieux, Conſeiller du Roy en ſa Cour de
Parlemét. Et de Damoiſelle Gillette de Corbie, laquelle
eſtoit fille de Guillaume de Corbie, ſieur de Mareil & de
Iaigny Preſident de la Cour de Parlement de Paris, & de
Damoiſelle Ieanne de Longueil, de par laquelle de Lógueil icelle Gillette de Corbie eſtoit iſſuë du Chácelier
de Moruilliers, & les deſcendás d'elle & d'iceluy Gerard

le Coq son mary; ont parenté auec tous ceux qui sont
sortis de ces deux maisons de Lógueil, & de Moruilliers.
Cette mesme Gillette de Corbie estoit petite fille de
Philippes de Corbie, pareillement sieur de Mareil & de
Iaigny Conseiller du Roy & Maistre des Requestes ordinaires de son Hostel, & de Damoiselle Ieáne de Chanteprime: par laquelle a aussi esté causee parenté auec
tous les descendans de cette maison de Chanteprime, &
de celle de Vaudetar, tát des Barons de Persan, sieurs de
Condé, que autres. Pour autant que cette Ieanne de
Chanteprime, femme de Philippes de Corbie, estoit
sœur de Marguerite de Chanteprime, espouse de Pierre
de Vaudetar Seigneur de Pouilly le fort, premier valet
de chambre du Roy Charles 7. d'où vient toute la maison de Vaudetar: lesquelles deux sœurs Ieanne & Marguerite de Chanteprime, estoient filles de Iean de Chá-
teprime Conseiller General des Finances du Roy Charles V. & de Gillette des Dormans sœur du Chancelier
des Dormans. Philippes de Corbie Maistre des Requestes, ayeul de Gillette, estoit fils de Arnaul de Corbie
Cheualier sieur de Mareil, de Breuanes, Iaigny & autres
lieux, & Chancellier de France, duquel Arnauld estoit
frere puisné Thomas de Corbie, dont est sortie toute la
maison des Barons du Pont sainct-Pierre du surnom de
Roncherolles. Cette mesme Gillette de Corbie (femme
du susdit Gerard le Coq 3. du nom) auoit deux freres Nicolas, & Charles de Corbie, desquels sortent plusieurs
bónes maisons: De Nicolas frere aisné d'icelle Gillette,
n'est restée qu'vne fille, Marie de Corbie dame desdits
lieux de Mareil & de Breuanes, féme de Germain du Val,
sieur du Mesnil, Conseiller & Secretaire du Roy maison
& Couronne de Fráce, dont sont issus, entre autres en-

fans

fans Catherine du Val, mere du premier Prefident de
Harlay, & Triftan du Val, Seigneur de Fontenay, Mareil, & autres lieux, Confeiller du Roy & Maiftre ordinaire en fa chábre des Comptes ; duquel eft venuë toute la branche de du Val, dite de Fontenay Mareil, & entre autres, font iffus de luy, ou immediatement, ou mediatement, le feu grand Preuoft de Fontenay : Les Marquis de Rothelin du furnom d'Orleans : La Marquife
de Coëfquen : Le Marquis de Fótenay, aifné de la maifó
de du Val, petit fils d'iceluy Triftan : Les Marquifes de
Thury-Montmorency, & d'Euerly de foffez : Et les
fieur d'Henonuille, du furnom de Buffy : & par iceux la
Marquife d'O-francóuille : De Charles de Corbie, (frere puifné de Gillette, efpoufe de Gerard le Coq 3. du
nom) qui en fon viuát fut Cheualier Seigneur de Iaigny
& autres lieux, & l'vn des cents Gentils-hommes de la
maifon du Roy, font iffus, entre autres enfans, Iean de
Corbie, fieur de Iaigny fon fils aifné, & Anthoinette
de Corbie, de laquelle eft venuë la branche des Barons
de Suruilliers, du furnom & armes de Meaux : Car elle
efpoufa Guillaume de Meaux, Efcuyer fieur de Marly,
& Baron de Suruilliers, Lieutenant de l'arriereban de
Fráce, & Capitaine des cent Gentils-hommes de la maifon du Roy, qui entre autres enfans, ont eu Charles de
Meaux, Efcuyer fieur de Rocourt, & Baró de Suruilliers:
pere d'Anthoine de Meaux, fieur & Baron de Suruilliers, aifné de cette branche. Gerard le Coq 3. du nom,
eftoit fils de Gerard le Coq 2. du nom, fieur d'Efgrenay
& de Cóbslauille, Confeiller du Roy en fa Cour des Aydes de Paris, & de Damoifelle Marguerite Cudoë, icelle
Cudoë, fille de Michel Cudoë, & de Damoifelle Ieanne
de l'Efclat : Petite fille de Charles Cudoë, filleul du

O o

 Roy Charles 5. son Conseiller & Maistre ordinaire en sa
chambre des Comptes, & de Damoiselle Iacqueline
Quippié: & arriere-petite fille de Michel Cudoë, & de
Damoiselle Ieanne Mignon, issuë des fondateurs du
College Mignon de Paris: & iceluy Michel son mary,
maistre general des Monnoyes de France, dit vulgairement le preuost Cudoë, durant le regne de Charles 5.
d'autant qu'il fust continué 16. ans durant, en la charge
de Preuost des marchands de cette Ville. Gerard le Coq
2. du nom, estoit fils de Gerard le Coq 1. du nom, Escuyer sieur d'Esgrenay & de Couppeuray, & de Damoiselle Denise de Nanterre: Laquelle Denise estoit fille
de Simon de Nanterre, Cheualier, premier president
du parlement de paris, & de Damoiselle perrette Quentin: Dont les descendans d'icelle Denise de Nanterre &
de Gerard le Coq son mary, ont parenté auec ceux qui
sont issus de la branche de Vé, du surnom de l'Huillier,
de laquelle vient entre autres, toute la famille des du
Tillet: Et auec ceux qui sortent de la bráche d'Allegrin,
dite de Cayeux: comme aussi auec toutes les autres familles qui descendent de celle de Nanterre. Gerard
le Coq 1. du nom estoit fils de Iean le Coq 2. du nom, dit
vulgairement *Ioannes Galli*, & de Damoiselle Iacqueline
Maillart, Dame de Couppeuray: Iceluy le Coq, en son
viuant, seul Aduocat du Roy au parlement de paris, &
Seigneur d'Esgrenay: & ladite Maillart sa femme, fille
de ce braue Capitaine Iean Maillart, & d'Yzabelle le
Coq, iceluy Maillart, Cheualier sieur de Lery, Belesbat,
& de Triel, Gouuerneur de Paris, si renommé dans
l'Histoire, pendant la prison du Roy Iean, & icelle le
Coq sa femme, niepce de Robert le Coq, Euesque de
Laon, & fille de Pierre le Coq, Maistre d'Hostel du

Roy, laquelle famille des Coqs n'eſtoit pas neantmoins
la meſme que celle dont eſtoit Iean le Coq, qui eſpouſa
Iacqueline Maillart: Laquelle auoit pour ayeul Iean
Maillart, Eſcuyer, & pour ayeulle Loüiſe de Marly: pour
biſayeul Pierre Maillart, Eſcuyer, & Ieanne de Meaux
pour biſayeulle: pour triſayeul & triſayeulle Hercules
Maillart, Eſcuyer ſieur de Thoury, Maiſtre d'Hoſtel du
Roy ſainct Loüis, & Marguerite de Dormans: & pour
4. ayeul André Maillart, Chambellan des Roys Philippes Auguſte, & Loüis 8. & Ieanne de Merlingues pour
4. ayeulle. En fin Iean le Coq 2. du nom, dit *Ioannes
Galli*, eſtoit fils de Iean le Coq 1. du nom, Secretaire du
Roy Iean, & maiſtre de ſa chambre aux deniers, & de
Damoiſelle N. Morant, lequel Iean eſt le plus ancien,
qui iuſques à preſent, ſoit venu en cognoiſſance de cette maiſon des Coqs, dont eſtoit ſortie la ſuſdite Eſtiennette le Coq, femme de François de Pajot premier du
nom, ainſi que nous auons monſtré: De cette meſme
famille de le Coq, ſont encor iſſus pluſieurs autres perſonnes du meſme ſurnom, par qui ſont ſortis force
honneſtes gens, & conſiderables en toutes profeſſions,
deſquels eſt augmentee & honoree la parenté & les alliances d'icelle Eſtiennette le Coq, & de ſes deſcendans:
Cóme entre autres, de Gillette le Coq, mariee à Philippes Iayer, Aduocat du Roy au Chaſtelet de Paris (icelle Gillette, ſœur de Gerard le Coq 2. du nom, biſayeul
d'Eſtiennette) ſont ſortis deux enfás, Philippes Iayer &
Ieanne Iayer. De Philippes Iayer, entre autres perſonnes, eſt iſſu par repreſentation, Monſieur le Garde des
Sceaux Mango: Ieanne Iayer a eſté mariee deux fois;
en premieres nopces à Simon Chartier, dont entre autres, eſt iſſu Meſſire Matthieu Molé (Conſeiller du Roy

 en ſes Conſeils, & ſon Procureur General) à cauſe de
Dame MARIE Chartier ſa mere ; En ſecond mariage
Ieanne Iayer, fille de Gillette le Coq, a eſpouſé Iean
Brulart, ſieur & Baron d'Aignets en Artois, & Cóſeiller
du Roy en ſa Cour de Parlement, deſquels ſort toute la
maiſon des Brularts, & nommément, par repreſentation de perſonnes, MEſſire Nicolas Brulart, Cheualier
ſieur de Sillery, Chancelier de France: De meſme, De
Charles le Coq (grand oncle paternel d'Eſtiennette)
ſieur de Combslauille, Preſident en la Cour des MON-
noyes, & de Damoiſelle Magdeleine Quetier ſa femme,
ſont iſſuës force bonnes familles de Paris: Pareillemét,
De Gillette le Coq, Dame de Louciennes (auſſi grande
tante d'Eſtiennette le Coq) eſt entre autres, ſortie par
repreſentation, Dame Catherine Gueffier, femme de
Meſſire Iacques Talon, Conſeiller du Roy en ſes Conſeils, & ſon Aduocat General. Bref, ainſi: De Gene-
niefue & Catherine le Coq ſœurs, pareillemét grandes
tantes paternelles d'icelle Eſtiennette, viennent de Geneuiefue le Coq, femme d'Ymbert Garnier, Eſcuyer,
toute la maiſon des Garniers; Et par iceux: Gilles le
Maſuier, premier Preſident du Parlement de Tholoſe:
Et de Catherine le Coq, eſpouſe de Pierre Aguenin, dit
le Duc, ſieur de Villeuodé, Auditeur des Comptes, toute la famille des Aguenins, dont entre autres, Ieanne
Aguenin, fille d'icelle Catherine le Coq, eſpouſa Iean
des Landes, Eſcuyer ſieur de Magneuille; & d'eux Guillaume des Landes, ſieur de Magneuille, Conſeiller du
Roy en ſa Cour de Parlement, à preſent Doyen de la
grand' Chambre, eſt petit fils.

LX

LA CINQVIESME & derniere des sufdites
cinq femmes, alliees par mariage en la maifon de Pajot, qui eftoit Marie le Clerc, n'a pas caufé de moindres
aduantages, par fon alliance, à cette famille, que les precedentes. En premieres nopces elle efpoufa donc, François de Pajot 2. du nom, fieur d'Autheul, (pere de Marie de Pajot, femme du fieur de Combauld) & en fecond
mariage Loüis de Giffart 1. du nom, Cheualier fieur de
la Pierre, d'où n'eft forty qu'vn fils vnique (frere vterin;
par confequent, de Marie de Pajot) Loüis de Giffart 2. du
nom, auffi Cheualier & Baron de Mafflé, Mouffoult,
& Bethmont, Seigneur de la Pierre & autres lieux, qui
de Dame Catherine de Boniface fon efpoufe, iffuë de la
maifon des Bonifaces de Prouence, a deux filles, dont
l'ayeul, Louys de Giffart, premier du nom, fieur de la
Pierre, a efté Gouuerneur de Longueuille, & Lieutenant de la compagnie de Gens d'armes de Monfieur le
Comte de Sainct Paul, qui eftoit iffu de tres-ancienne
maifon, & par expres auoit pour pere Guy de Giffart,
Cheualier fieur de Haneucourt, Gouuerneur de Blois,
Amboife, Tours, & de Meulant, & Dame Iacqueline de
Choifeul, tâte du Marefchal de Praflin, pour mere: Pour
ayeul Iean de Giffart, Efcuyer fieur de Haneucourt, &
pour ayeulle Damoifelle Marie de Châtelou, de la maifon de la Boffe: Pour bifayeul, Claude de Giffart, Efcuyer
auffi Seigneur de Haneucourt, & pour bifayeulle Damoifelle Catherine de Sabreuois, Dame de Buy: Pour
trifayeul & trifayeulle, Iacques de Giffart, Efcuyer pareillemét Seigneur de Haneucourt, & Damoifelle Marie de Guiry: Pour 4. ayeul Philipot de Giffart, Efcuyer
auffi Seigneur de Haneucourt, & pour 4. ayeulle Damoifelle Marie de Chantemefle, Dame de Neucourt: Et en

P p

fin pour cinquiefme ayeul & ayeulle, Girardin de Giffart, Efcuyer, Huiffier d'armes ordinaire du Roy, &
Guyotte Dame, heritiere de Hancucourt, iceluy Girardin iffu de l'anciéne maifon de Giffart d'Angleterre, depuis lequel, Loüis de Giffart 1. du nom, 2. mary de Dame
Marie le Clerc, faifoit le 7. degré de pere en fils. Cette
Marie le Clerc, mere de Marie Pajot, & de Loüis de
Giffart 2. du nom, (auec Nicolas le Clerc, fieur de Franconuille & du Tremblay, Confeiller du Roy en fa Cour
de Parlemét, & autres freres, & auec Anne le Clerc femme du fieur Prefident Forget) auoit pour pere Nicolas
le Clerc, auffi fieur de Franconuille & du Tremblay, &
pareillement Côfeiller du Roy en fa cour de Parlemét,
& pour mere Damoifelle Claire de Sainct-André, de la
maifon de Sainct-André de Languedoc, par laquelle a
efté caufée alliance à Marie le Clerc & fes defcendans,
auec plufieurs grádes & notables familles de ce Royaume, foit par le cofté paternel, foit par le maternel d'icelle Claire. Quant au cofté de fon pere, elle eftoit fille de
Meffire François de Sainct-André, Cheualier fieur de
Sainct-André, Vicomte de Corbeil & de Tigery, Confeiller du Roy en fes Confeils, premier Prefident de fon
femeftre, du parlement de Paris, & premier prefident de
la chambre ardente fous Charles IX. Elle auoit pour
ayeul Pierre de Sainct-André 3. du nom, auffi Cheualier
& fieur de Sainct-André, premier Prefidét de Tholofe,
Chancelier pour le Roy de France. Loüis douziefme, en
fes Eftats d'Italie, & Lieutenant de Roy pour le mefme
prince, dans la Seigneurie de Gennes, & pour fon ayeulle la Dame Claire de Pumiffon, féme d'iceluy Pierre de
Sainct-André, laquelle de Pumiffon, eftoit fille de Iacques de Pumiffon, Efcuyer fieur de Pumiffon, & de Da-

moiſelle Anne l'Huillier, de la branche de Rouuenac, à
cauſe de laquelle l'Huillier, les deſcendans d'iceluy de
Sainct-André & de Claire de Pumiſſon, ont parenté
generalement auec toute la maiſon des l'Huilliers :
Le ſuſdit Pierre de Sainct-André 1. du nom, ayeul de
Claire de Sainct-André, eſtoit fils de Bertrád de Sainct-
André, Eſcuyer ſieur de Sainct-André, & de Damoiſelle
Marguerite d'Auxillon : Petit fils de Pierre de Sainct-
André, 2. du nom, auſſi Eſcuyer & Seigneur du meſme
lieu de Sainct-André, & de Damoiſelle Yſabelle de Vil-
lagly : Et arriere petit fils d'autre Pierre de Sainct-André
1. du nom, pareillemét Eſcuyer & Seigneur dudit Sainct-
André, & de Damoiſelle Agnes Rubey : Depuis lequel
Pierre de Sainct André 1. du nom, Claire (femme de Ni-
colas le Clerc,) faiſoit le 6. degré, auec ſes trois freres &
ſes deux ſœurs; ſçauoir, Iean de Sainct-André, Chanoine
de noſtre Dame de Paris ; Iacques, Seigneur de Sainct-
André, Preſident és Requeſtes du Palais ; & Pierre de
Sainct-André 4. du nom, ſieur de Montbrun, Preſident
és Enqueſtes, tous deux ſans poſterité : Ieanne de Sainct-
André, femme d'Eſtienne de Fleury, Conſeiller du Roy
en ſa Cour de Parlement, mort Doyen de la grand'
Chambre ſans enfans, & Magdeleine de Sainct André,
eſpouſe de Triſtá du Val, ſieur de Fótenay & de Mareil,
Vicomte de Corbeil par ſa féme, & Maiſtre des Comptes, dont la maiſon dé Fontenay-Mareil, du ſurnom de
du Val, de laquelle ſont ſortis le grand Preuoſt de Fontenay, la Marquiſe de Rothelin, la Dame d'Henonuille,
& le ſieur de Mareil, pere du Marquis de Fontenay, &
des Marquiſes de Thury-Montmorency, & d'Eūerly-
foſſez, Tous leſquels ſix du ſurnom de Sainct André,
Iean, Iacques, Pierre, Magdeleine, Claire, & Ieanne,

Tiltres de la
maiſon, &
Sepultures.

P p ij

 enfans de François de Sainct André, auoient pour oncles paternels, & freres d'iceluy François leur pere, entre autres; Iean de Sainct André, aisné de tous, (Lieutenant de la compagnie de gens d'armes de Monsieur de
Tournon) tué à la bataille de pauie: & Martin de Sainct
André, Euesque de Carcassonne; Et pour tantes, aussi
paternelles, & pareillement sœurs de François, entre les
autres N. de Sainct André & Guillemette de Sainct
André: Guillemette fust mariée à François l'Huillier,
sieur de Rouuenac, desquels, entre autres, viennent les
l'Huilliers, sieurs de Barberan, & les Gilberts de Carcassonne, & par lesdits sieurs de Barberan, la femme du
sieur de paroy, Chancelier de Nauarre, & les sieurs de
Maisons, Longueil & autres: N. de Sainct André, aisnée des deux sœurs de François de Sainct André, espousa N. Bohier, Iuge Mage de Carcassonne, desquels est
issuë toute la famille des Bohiers, sieurs de la Migéne &
autres, dont nommément est descenduë Marie Bohier,
petite fille d'iceux Bohier & de Sainct André, qui a esté
mariée à Iean Scarron, sieur de Mandisné, Conseiller
du Roy en sa Cour de parlement, pere & mere des
sieurs Scarrons à present viuans, l'aisné desquels est
Conseiller de la Cour, & le puisné est Euesque & prince de Grenoble: Qui est tout ce qui s'est peu recouurer de la maison de Sainct André, de laquelle estoit
sortie, par son pere, Claire, femme de Nicolas le Clerc.
Quant à la mere de cette Claire de Sainct André, & de
seldits freres & sœurs, elle s'appelloit Dame Marie de
Guetteuille, Vicomtesse de Corbeil & de Tigery, laquelle auoit pour ayeul & ayeulle Robert de Guetteuille, Cõseiller du Roy en sa Cour de parlement, aussi Vicomte de Corbeil & de Tigery, & Damoiselle Ieanne

Amyart, Dame desdits lieux: Et pour pere Leó de Guetteuille, pareillement Vicomte de Corbeil & de Tigery,
& pour mere Damoiselle Guillemette Lescot: De par laquelle Lescot les descendans de Marie de Guetteuille
sa fille, ont eu parenté auec toute la maison des sieurs
de Lissy du surnom de Lescot, & auec tous ceux qui sortent de la maison de Chanteprime, à cause que Guillemette Lescot estoit fille de Pierre Lescot, Conseiller du
Roy en sa Cour de Parlement, & de Damoiselle Ieanne
de Chanteprime, vne des sœurs de laquelle de Chanteprime, femme de N. L'Orpheure, sieur de Pont Sain-
cte-Maixance, a eu, entre autres, pour petite fille Ide
L'Orpheure, espouse de Gilles Fay, Cheualier sieur de
Chasteau-rouge, desquels est issu nommément Iacques
de Fay, qui a esté pere de Henry, ayeul de Charles, & bisayeul de Loüis de Fay, tous Cheualiers Seigneurs de
Chasteau-rouge, & Vicomtes de Cressonçac: Nicolas le
Clerc, mary de Claire de Sainct-André (desquels est sortie la mere de Marie de Pajot) n'estoit que le cadet de sa
maison: Il auoit trois freres ses aisnez, & deux sœurs; Le
premier des trois estoit Iacques le Clerc, dit Cottier 1.
du nom, sieur d'Aulnay & de Nonneuille, pere de la Damoiselle de Helin, de la Damoiselle de Bois-Taillé, de
N. le Clerc, sieur d'Hodezac, & de Iacques le Clerc-
dict Cottier 2. du nom, Escuyer Seigneur desdits lieux
d'Aulnay & autres, aisné de ces quatre enfans: Iceluy
Iacques 2. du nom, pere de Iean & ayeul de Loüis le
Cler-dict-Cottier, Escuyer sieur d'Aulnay, &c. lequel
Loüis est à present aagé seulement de 22. ans ou enuiron, & est aisné & chef des armes de la maison des
Clercs, qui entre autres, a pour sœur Anne le Clerc,
femme d'Anthoine de Meaux, Baron de Suruilliers.

Le secõd des trois freres aisnez de Nicolas le Clerc(ayeul maternel de Marie de Pajot, femme du sieur de Combauld) estoit Nicolas le Clerc, Ecclesiastique. Et le troisiesme s'appelloit Iean le Clerc, aussi sieur du Tremblay, Conseiller du Roy & Procureur general en son Conseil, lequel, de Dame Magdeleine Barthelemy son espouse a eu entre autres enfans, Iean, Nicolas, Iacques, & Magdeleine le Clerc: Cette Magdeleine le Clerc a esté féme de Sebastien le Hardy, Cheualier Baron de la Trousse, grand Preuost de France, pere & mere du sieur de la Trousse viuant, qui a succedé à ladite charge de son pere: Iacques le Clerc, vn des fils puisnez dudit Procureur General, est mort sans enfans en la charge de Capitaine des gardes du corps du feu Roy Henry le Grand: Nicolas a esté Seigneur de Sainct-Martin, & President aux Requestes, mort, ayant laissé plusieurs enfans, dont entre autres il y a vn fils appellé Ieã le Clerc, sieur dudit Sainct-Martin, Conseiller du Roy en sa Cour de Parlement: Iean le Clerc (fils aisné dudit Procureur General) a esté aussi Seigneur du Tremblay, & President aux Requestes auparauant Nicolas son frere, decedé pareillement, ayãt eu de Dame Marie de la Fayette son espouse plusieurs enfans, & entre autres François le Clerc Capucin, dit P. Ioseph de Paris, Charles le Clerc, sieur du Tréblay, à present Gouuerneur de la Bastille, & quelques filles. Les deux sœurs que Nicolas le Clerc, sieur de Fráconuille & du Tremblay auoit, auec les susdits ses 4. freres, estoiét Philippes, & Iacqueline le Clerc: l'aisnee, Philippes, a esté femme de Guillaume Bourgoin, sieur de Poissons, dont est issuë toute la maison des Bourgoins: Iacqueline le Clerc a espousé Gaillard Burdelot sieur de Montfermeil, Secretaire du Roy: Lesquelles deux filles,

enſemble le ſuſdit Nicolas le Clerc, ſieur de Fráconuille
& du Tréblay, & leurs trois autres freres aiſnez, Iacques,
ſieur d'Aulnay, Nicolas, Eccleſiaſtique, & Ieã, Procureur
Géneral du Conſeil & auſſi ſieur du Tremblay, eſtoient
tous ſix, auec quelques autres, enfans de Pierre le Clerc,
ſieur du Tremblay & de Limoy, Conſeiller du Roy en
ſa Cour de Parlemét, & de Damoiſelle Louyſe Michelle
de Pierreuiue ſa femme, icelle de Pierreuiue de meſme
famille, & proche parente de Dame Marie de Pierreuiue féme d'Anthoine de Gódy, Seigneur du Peron, deſquels ſont ſortis les ſieurs Cardinal de Gondy & Mareſchal de Rets, & de ce dernier toute la maiſon de Rets,
auec laquelle les deſcendans de Louyſe Michelle de
Pierreuiue, & de Pierre le Clerc ſon mary, ont parenté
fort proche, cóme pareillemét auec toutes les autres familles qui ſót iſſuës de celle de Pierreuiue, ou par maſles
ou par fémes d'vne des bráches maſculines: de laquelle,
qui eſt des ſieurs de Leſigny, eſt venuë la Cóteſſe d'Eg-
mont, & pluſieurs autres perſonnes cóſiderables. Pierre
le Clerc, ſieur du Tréblay, mary de ladite de Pierreuiue,
(auec quelques freres Eccleſiaſtiques, & auec Dame
Marguerite le Clerc ſa ſœur, femme du Preſident Cottier, qui ſubſtitua ſon bié au nepueu aiſné de ſa femme,
à la charge de porter par luy & ſes deſcendás le nom &
les armes de Cottier auec le nom de le Clerc,) auoit
pour ayeul & ayeulle, Charles le Clerc, ſieur du Tremblay & de Limoy, Cheualier, Threſorier de France, &
Damoiſelle Marguerite le Febure: Et pour pere & mere
Iean le Clerc, ſieur du Tremblay, de Limoy, & autres
lieux, Conſeiller du Roy en ſa Cour de Parlement, &
Damoiſelle Catherine de Vaudetar: lequel Ieã le Clerc
pere de Pierre, auoit vn frere puiſné appellé Charles le

Clerc, qui a eu vne fille vnique Anne le Clerc, espouse de
Geoffroy le Maistre, dont est sortie toute la maison des
le Maistre, sieurs de Ferrieres, de Bellejambes & de
Vaulx, icelle Anne le Clerc mere par exprés de Messire
Gilles le Maistre, Cheualier, premier president du parlement de Paris : Quant à la femme de Iean le Clerc, Catherine de Vaudetar (de la maison de Vaudetar, venuë
originairement d'Italie) elle auoit plusieurs sœurs, dót
il sera parlé cy-apres, & entre autres freres, Guillaume
de Vaudetar aisné de tous, sieur de Pouilly-le-fort, Conseiller du Roy en sa Cour de parlement, duquel sont
sortis les Barós de Persan, Seigneurs du mesme Pouilly:
Les Seigneurs de Condé & autres, auec lequel Guillaume & ses autres freres & sœurs, Catherine de Vaudetar
femme de Iean le Clerc, auoit pour pere & mere Ieá de
Vaudetar 2. du nom, Seigneur de Pouilly le fort, & autres lieux, Vidame de Meaux, premier valet de chábre
du Roy, & Damoiselle Marguerite Claustre : pour
ayeul Pierre de Vaudetar, aussi Seigneur de Pouilly le
fort, Vidame de Meaux & premier valet de chambre du
Roy, & pour ayeulle Damoiselle Marguerite de Chanteprime, icelle de Chanteprime fille de Iean de Chanteprime, Conseiller general des finances du Roy Charles
5. & de Damoiselle Gillette des Dormás, sœur de Miles
des Dormans, Euesque de Beauuais & Chancelier de
France. La susdite Catherine de Vaudetar auoit encore
pour bisayeul Iean de Vaudetar 1. du nom, pareillement Seigneur du mesme lieu de Pouilly & autres, &
premier valet de chambre du Roy, & pour bisayeulle
Damoiselle Perrinelle des Ládes (arriere grande táte de
Monsieur des Landes, à present Doyen de la grande
chambre) pour trisayeul Guillaume de Vaudetar, aussi
pre-

premier valet de chambre du Roy Philippes de Valois,
& pour trifayeulle Yoland de Melun, de l'Illuftre maifon
de Melun, dont eft auiourd'huy aifné & chef d'armes
le Prince d'Efpinoy des pays bas : Icelle Yoland fille de
Charles de Melun Vicomte en partie & Bailly dudit lieu,
& d'Agnes d'Iffy : Bref, Catherine de Vaudetar auoit
pour 4. ayeul Leandro Valdetaro Marchio de la Torre-
Rana, Nobiliffimo Piacentino, Et pour 4. ayeulle Leo-
nora Ghini, fœur du Cardinal Ghini, lequel Leandro
eftoit de l'ancienne famille de Valdetaro de Lombardie,
dont les predeceffeurs auoient efté alliez dans des plus
grandes maifons de l'Italie , ayans nommément pris
femmes dans celle des Ducs de Milan du furnom de la
Torre, dés l'an mil dix, dans celles de Lumella, de Roffi &
autres: Or de la branche de Vaudetar habituée en France,
outre celles enoncées cy-deuant, font encores iffuës plufieurs perfonnes confiderables en tout fexe, dont viennent quantité de bónes familles, auec lefquelles les defcendans de Catherine de Vaudetar, & de Iean le Clerc
fieur du Tremblay fon mary ont parenté affez proche:
Comme entre autres de Barbe de Vaudetar (fœur de la
fufdite Catherine femme de Iean le Clerc) mariée à Iean
de Reillac fieur de la Queuë en Brie, eft iffuë toute la maifon des Reillacs fieurs dudit lieu, & par iceux la Dame de
Beaurepaire, la Vicóteffe de l'Ifle, Et la femme du fieur
de Chantelou, de la maifon de Neufuille Villeroy, qui fut
pere de deux filles, dont l'vne a efté mariée au fieur du
Pleffis, de la Maifon de Thou, duquel viennent le fieur
Abbé de la Roüe, & Madame de Breues fa fœur, & l'autre
a efpoufé le fieur de Champigny-Bochart, Confeiller
d'Eftat, cy deuant Ambaffadeur à Venife, & Controolleur general des Finances. De Perrette de Vaudetar (auffi

sœur d'icelle Catherine (espouse de Nicolas Aurillot sieur de Champlastreux, vient toute la maison des Aurillots: De Geneuiefue de Vaudetar (pareillement sœur de Catherine) femme de Madot Babute sieur de Froidefont, est sortie la famille des Seigneurs dudit lieu, celle des Poüarts sieurs de Mosni, & par eux les sieurs des Paulx: Et de Marie de Vaudetar femme de Maistre Iean Angenoust Conseiller du Roy en sa cour de Parlement, est issuë toute la famille des Angenousts, & par eux celle des Michós, d'vne fille desquels Michons viennent mediatement les sieurs Scarrons de la branche de Mandisné: En fin outre plusieurs autres, viennét encor plus recemmét de cette mesme maison de Vaudetar, Anne & Oudette de Vaudetar sœurs du Baron de Persan dernier mort, aisné de la maison, desquelles, Anne est femme du Seigneur de Fresnoy, & Oudette est espouse du Marquis de Breual du surnom de Harlay, lesquelles deux sœurs, auec iceluy Baron de Persan, leur frere, auoient pour tante paternelle, Ieanne de Vaudetar, femme de René Thomassin, dit de Sainct Barthelemy, Cheualier de l'Ordre du Roy, sieur de Montmartin, dont sont issuës les Dames Comtesses de Champlite & de Belin. Et à tant pour la noblesse paternelle & maternelle, & pour les alliances de Dame Marie de Pajot, Baronne de Masslé & Dame d'Autheul, espouse de Charles de Combauld premier du nom, Cheualier sieur des Clayes, duquel elle a eu les cinq enfans cy-apres enoncez soubs la marque 20.

ENFANS DE CHARLES
DE COMBAVLD, 1. du nom, &
de MARIE DE PAIOT.

20 MARIE DE COMBAVLD,
premier enfant de Charles de Combauld Cheualier

fieur'des Clayes & de Marie de Pajot Baronne de
Maſſlé,&c.naſquiſt à Paris le 25.Feurier 1605.& fut leuee au baptefme ſur les fonds de S. Germain de l'Auxerrois, par Gilbert de Combauld ſieur des Clayes
ſon ayeul paternel, pour parrain : Et par Damoiſelle
Claire de S. André, femme de Nicolas le Clerc ſieur
de Franconuille, & du Tremblay, biſayeulle maternelle de l'enfant:Et par Dame Anne le Clerc femme
du ſieur Preſident Forget, grande tante maternelle
dudit enfant,pour marraine. Cette Marie de Combauld mourut le Mardy 8.iour du mois enſuiuant, &
fut enterrée aux Innocens auec ſes oncles, & ſes tantes paternelles,au tombeau des ſieurs de Pomereu.

20.   ## CHARLES DE COMBAVLD,
2.du nom ſieur de Fercour, &c. à preſent ſeul maſle
deſdits Charles & Marie ſes pere & mere, aura ſon
Eloge au chapitre ſuiuant.

20.   ## NICOLAS DE COMBAVLD,
a eſté le 3. enfant. Il naſquiſt auſſi à Paris le 16. Octobre 1607.fut tenu ſur les fonds baptiſmaux de S. Germain de l'Auxerrois , par Meſſire Nicolas Brulart
Cheualier ſieur de Sillery Chancelier de France(dont
Marie de Pajot,mere de l'enfant, eſtoit couſine au 5.
degré)pour parrain:Et par Dame Anne le Clerc femme du ſieur Preſident Forget,grande tante maternelle de l'enfant, pour marraine. Nicolas de Combauld
mourut le 16. Ianuier enſuiuant 1608. & fut enterré
aux Innocents,non auec ſes freres , ſœurs, oncles &
tantes,mais ſoubs la tumbe des Maſſons.

20.   ## MAGDELAINE DE COMBAVLD
Dame de Saintdier, eſt le 4. enfant deſdits ſieur &
Dame de Combauld ;Elle naſquit à Paris le Ieudy

Ans de Iesvs-
Christ.

tits enfans de Gil-
bert de Combauld,
eſcrit de ſa main.

COMBAVLD,
comme cy deuant

Sainct, 16. Auril 1609. & fut baptisee en l'Eglise dudit
S. Germain de l'Auxerrois, & eut pour parrain Pierre
le Clerc sieur en partie du Tremblay, Conseiller &
Secretaire du Roy, son grand oncle maternel: & pour
marraine Magdelaine de Pomereu (tâte de son pere)
femme de Raoul Coignet Escuyer sieur de S. Aubin
Magdelaine de Combauld est femme de Monsieur
Maistre Iean Perrot Seigneur de Saint-dier & autres
lieux, Conseiller du Roy en sa Cour de Parlement
(dont elle a deux petits enfans, Cyprian & Marie
Perrot) lesquels furent mariez par contract du Mardy 15. Auril 1625. passé pardeuant le Camus & le Se-
melier Notaires, en presence de tres haute & puissante princesse, Catherine de Gonzagues & de Cleues, Duchesse Doüairiere de Longueuille & de Touteuille, en qualité d'amye de la future espouse, & de
l'aduis pareillement de plusieurs autres personnes
considerables, parens & amis de part & d'autre.

PERROT
d'azur à deux croif
sans d'or ioints,
l'vn montant, l'au-
tre renuersé, au
chef d'argent, cha-
gé de trois Aigles,
esployé de sable.

20.   IEANNE DE COMBAVLD,
Dame d'Oüaruille, est la cinquiesme & derniere des
enfans desdits Charles de Combauld & Marie de Pajot: Elle nasquist à Paris le Ieudy 2. Aoust 1612. & fut
baptisee sur les mesmes fonds de S. Germain, tenuë
par Nicolas le Clerc sieur de Franconuille & du Tréblay Conseiller du Roy en sa Cour de Parlement,
son grand oncle maternel, pour parrain: & par Ieanne de Bacoüel Dame de Sailly, femme de François
de Pajot Cheualier sieur d'Autheul, &c. sa belle tante maternelle, pour marraine. Ieanne de Combauld
est à present espouse de Monsieur Maistre Pierre
Pastoureau Seigneur d'Oüaruille & autres lieux, Có-
seiller du Roy en sa Cour de Parlement, qui furent

COMBAVLD
comme cy-deuant

PASTOVREAV
d'azur au cheuron
d'argent, chargé de

mariez

mariez par contract du 12. Iuillet *1626.* passé pardeuant les susdits Notaires : Et pareillement en la presence de la mesme Princesse Catherine de Gonzagues & de Cleues Duchesse-Doüairiere de Longueuille & de Toute-uille, & en outre de l'aduis de Haute & puissante Princesse Marie de Gonzague fille de Monsieur le Duc de Neuers : (à present Duc de Mantouë) en qualité d'amyes de la future espouse, comme aussi du consentement de plusieurs autres personnes qualifiées, parens & amys des parties, de costé & d'autre.

ANS DE IESVS-CHRIST.
sept Aiglettes de sable, à vne gerbe de bled d'or, en pointe.

COMBAVLD comme cy deuant.

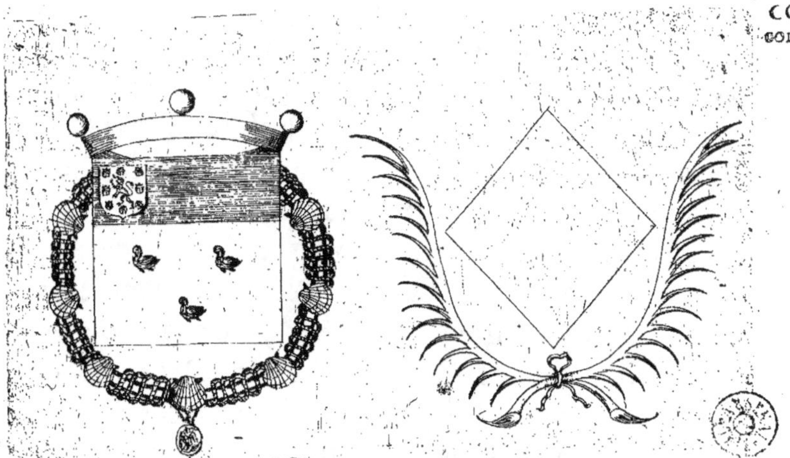

20   **CHARLES DE COMBAVLD**
2. du nom, Cheualier de l'ordre du Roy, Seigneur de Fercourt, la Boissiere, & autres lieux.

CHAPITRE XVI.

LE seul enfant masle de Charles de Combauld premier du nom, Cheualier sieur des Clayes, & autres desdits lieux, & de Dame Marie de Pajot Baronne de

preuues, pag 35.
lig. 1. & suiuan.
lig. 16. & suiu.

Ans de Iesvs-
Christ.
&pag.61.62.63.
&64.

Mafflé Dame d'Autheul & de Fercourt, eſt Charles de
Combauld 2. du nom, dont il eſt traité en ce chapitre,
lequel par la mort de Marie ſa ſœur aiſnée, eſt à preſent
l'aiſné des enfans de ſeſdits pere & mere:par le deceds de
Nicolas de Combauld ſon frere puiſné eſt reſté ſeul fils:
& par l'extinction, quaſi entiere, des autres maſles des
branches puiſnées, eſt auiourd'huy non ſeulemét l'aiſné
de toute la maiſon, & chef des armes, mais vnique &
ſeul maſle apparemment, du ſurnom & armes de Combauld, lequel puiſſe à preſent cótinuer la poſterité maſculine, qui en cette année 1628. n'eſt encor marié: Charles de Combauld 2. du nom, naſquit à Paris, le Mercredy
7. iour du mois de Iuin 1606. Et fut baptiſé ſur les fonds de
S. Germain de l'Auxerrois, ayant pour parrains Iean Forget Cheualier Baron de Mafflé Preſident en la Cour de
Parlement de Paris, mary de Dame Anne le Clerc, ſa
grande tante maternelle, & Iacques de Pomereu ſieur
de la Breteſche ſainct nom, ſon grand oncle paternel. Et
pour marraine Dame Marie le Clerc ſon ayeulle maternelle: Le Roy a aſſocie Charles de Combauld 2. du nó
en la compagnie des Cheualiers de ſon Ordre, dót iceluy
Charles a receu le collier le 4. Feurier de cette preſente
année 1628. des mains de Monſieur le Mareſchal de la
Chaſtre, par vertu de la commiſſion du Roy addreſſante
audit ſieur du 12. Septembre 1627. dés lequel temps il
eſtoit retenu, quoy que non receu en cét hóneur, lequel
ſa Majeſté luy a conferé en recompenſe des longs & anciens ſeruices de ſes predeceſſeurs, & auſſi en conſidera-
tion de ſon ancienne Nobleſſe, laquelle il iuſtifia en ce
meſme temps en la Cour des Aydes de Paris (eſtát neceſſité de ce faire) & en a obtenu vne tres authentique có-
firmation en icelle, par vn de ſolemnels Arreſts, quiiù

mais ait esté rendu en cette Cour Souueraine, cy-apres enoncé: Or ayant iustifié (de mesme façon qu'il a esté cy deuant prouué, comme ses predecesseurs estoient sortis autresfois puisnez de la maison de Bourbon l'ancien, nó Royalle, & que luy, par l'extinction & cheute en quenoüille, de toutes les bráches aisnées, est à present l'aisné, & le chef des armes de cette Illustre maison : Pour marque de son extraction, & pour recognoissance à sa posterité de son droict d'ainesse, a chargé le premier quanton du chef de ses armes (qu'il continuë tousiours pleines de Larbour, comme ses predecesseurs) d'vn escusson de Bourbon l'ancien, portant au iourd'huy ses armes pleines en cette façon.

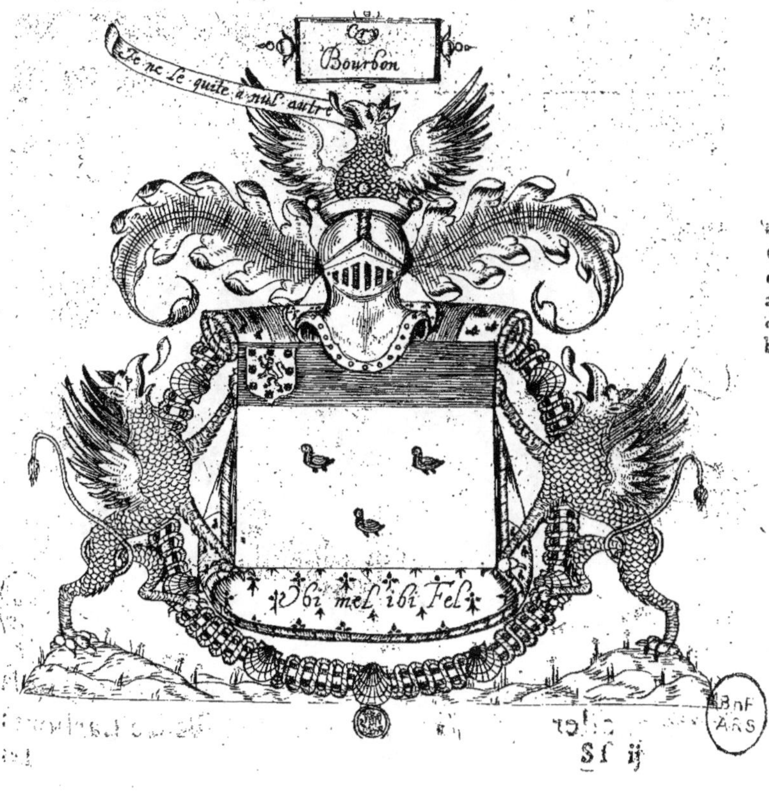

COMBAVLD, comme cy-deuát, au chef chargé d'vn escu de Bourbon l'ancien.

Outre lefquelles armes pleines, iceluy Charles de Combauld 2. du nom, a pour fes armes   efcartelées, le Penon
genealogique de fa maifon, compofé de 16. quartiers:

*Penon
genea-
logique.*

Dont les 2. premiers font de fa maifon ancienne, & de fa
maifon moderne, fçauoir de BOVRBON, & de Larbour:

Les

Les 14. fuiuants font de degré en degré, & de toutes les
femmes qui ont efpoufé fes predeceffeurs, & l'efcu de
France, qu'il porte *fur le tout*, eft la marque qu'il eft forty
de la maifon de France par Alix de Bourgoigne fa 16.
ayeulle, femme d'Archambauld de Bourbon 7. du nom,
icelle Alix fortie de mafle en mafle de la Royalle maifó
de Bourgoigne, dont fut la fouche Monfieur Robert fils
de France Duc de Bourgoigne, petit fils de Hugues Capet, & fils puifné de Robert, Roys de France.

Lequel Penon genealogique fe blafonne en
cefte façon;
c'eft

Au premier quartier, *de la maifon ancienne de Charles de
Combauld, qui eft de Bourbon-l'ancien.*
Au deuxiefme, *de fa maifon moderne, qui eft de Combauld,
c'eft à dire de Larbour.*
Au troifiefme, *de Maurienne, c'eft Sauoye-Ancien.*
Au quatriefme, *de Bourgoigne-Duché.*
Au cinquiefme, *de Dampierre.*
Au fixiefme, *de Saintre.*
Au feptiefme, *de la Tour.*
Au huictiefme, *de Courtenay.*
Au neufiefme, *de Chazeron.*
Au dixiefme, *d'Allegre.*
Au vnziefme, *de Bourbon-France, Baftard.*
Au douziefme, *de Vaulgris,* vid. chap. 11.
Au treiziefme, *de Sollier,* vid. chap. 12.
Au quatorziefme, *de Baile,* vid. chap. 13.
Au quinziefme, *de Pomereu,* vid. chap. 14.
Au feiziefme, *de Pajot,* vid. chap. 15.

Et fur le tout de France.

Reſte pour conclure ceſte premiere partie, de faire voir
par la table des ſoixante quatre quartiers, de Charles
de Combauld 2. du nom, vne partie de ce qui s'eſt cy-deuant leu par le diſcours concernant ſa nobleſſe, nõ ſeulement paternelle, mais auſſi celle de tous ſes coſtez, tant
paternels que maternels, puis qu'il a cét aduantage de
pouuoir monter iuſques à ee nombre auec fort peu de
defauts, leſquels ne viennent point de la part des Maiſons, mais de la ſcience qui ne peu renoüer ces branches à leurs arbres. Or pource que la Table ſeroit trop
grande de les faire mettre ſur vn meſme papier, nous y
auons trouué cette commodité, & pour la bien-ſeance
du volume, & pour le contentement du Lecteur, de mettre en la premiere des pages ſuiuantes les huict quartiers ſeulement dudit Charles de Combauld, & aux autres d'apres les huict quartiers de chacun de ſes premiers huict, auec le rapport de la premiere page aux
autres, par le moyen des lettres alphabetiques; de ſorte que huict fois huict quartiers, feront les ſoixante &
quatre.

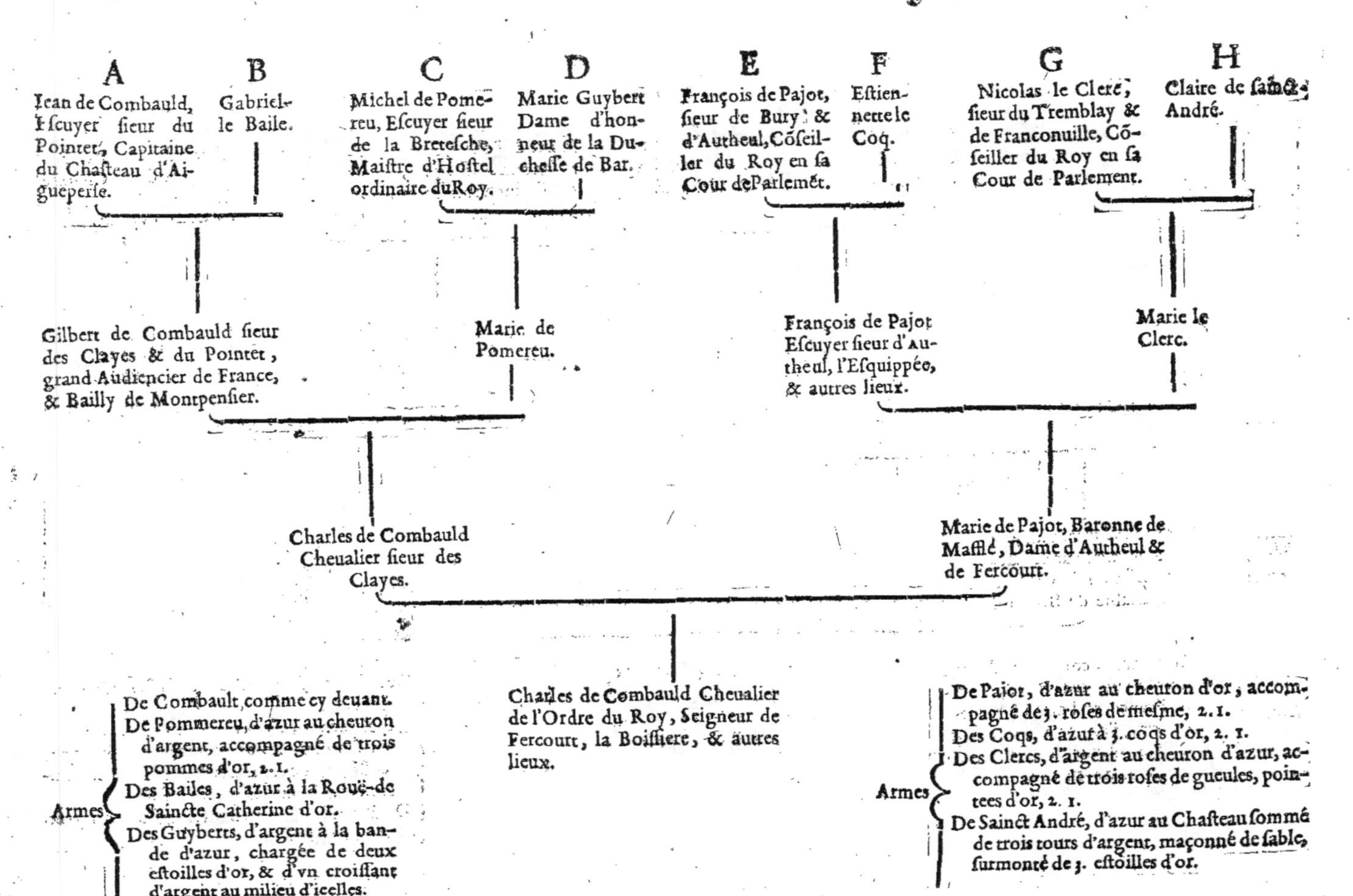

A
Iean de Combauld, Escuyer sieur du Pointet, Capitaine du Chasteau d'Aigueperse.

B
Gabriel le Baile.

C
Michel de Pomereu, Escuyer sieur de la Bretesche, Maistre d'Hostel ordinaire du Roy.

D
Marie Guybert Dame d'honneur de la Duchesse de Bar.

E
François de Pajot, sieur de Bury & d'Autheul, Côseiller du Roy en sa Cour de Parlemēt.

F
Estiennette le Coq.

G
Nicolas le Clerc, sieur du Tremblay & de Franconuille, Côseiller du Roy en sa Cour de Parlement.

H
Claire de sainct André.

Gilbert de Combauld sieur des Clayes & du Pointet, grand Audiencier de France, & Bailly de Montpensier.

Marie de Pomereu.

François de Pajot Escuyer sieur d'Autheul, l'Esquippée, & autres lieux.

Marie le Clerc.

Charles de Combauld Cheualier sieur des Clayes.

Marie de Pajot, Baronne de Maslé, Dame d'Autheul & de Fercourt.

Charles de Combauld Cheualier de l'Ordre du Roy, Seigneur de Fercourt, la Boissiere, & autres lieux.

Armes
De Combault, comme cy deuant.
De Pommereu, d'azur au cheuron d'argent, accompagné de trois pommes d'or, 2.1.
Des Bailes, d'azur à la Rouë de Saincte Catherine d'or.
Des Guyberts, d'argent à la bande d'azur, chargée de deux estoilles d'or, & d'vn croissant d'argent au milieu d'icelles.

Armes
De Pajot, d'azur au cheuron d'or, accompagné de 3. roses de mesme, 2.1.
Des Coqs, d'azur à 3. coqs d'or, 2.1.
Des Clercs, d'argent au cheuron d'azur, accompagné de trois roses de gueules, pointees d'or, 2.1.
De Sainct André, d'azur au Chasteau sommé de trois tours d'argent, maçonné de sable, surmonté de 3. estoilles d'or.

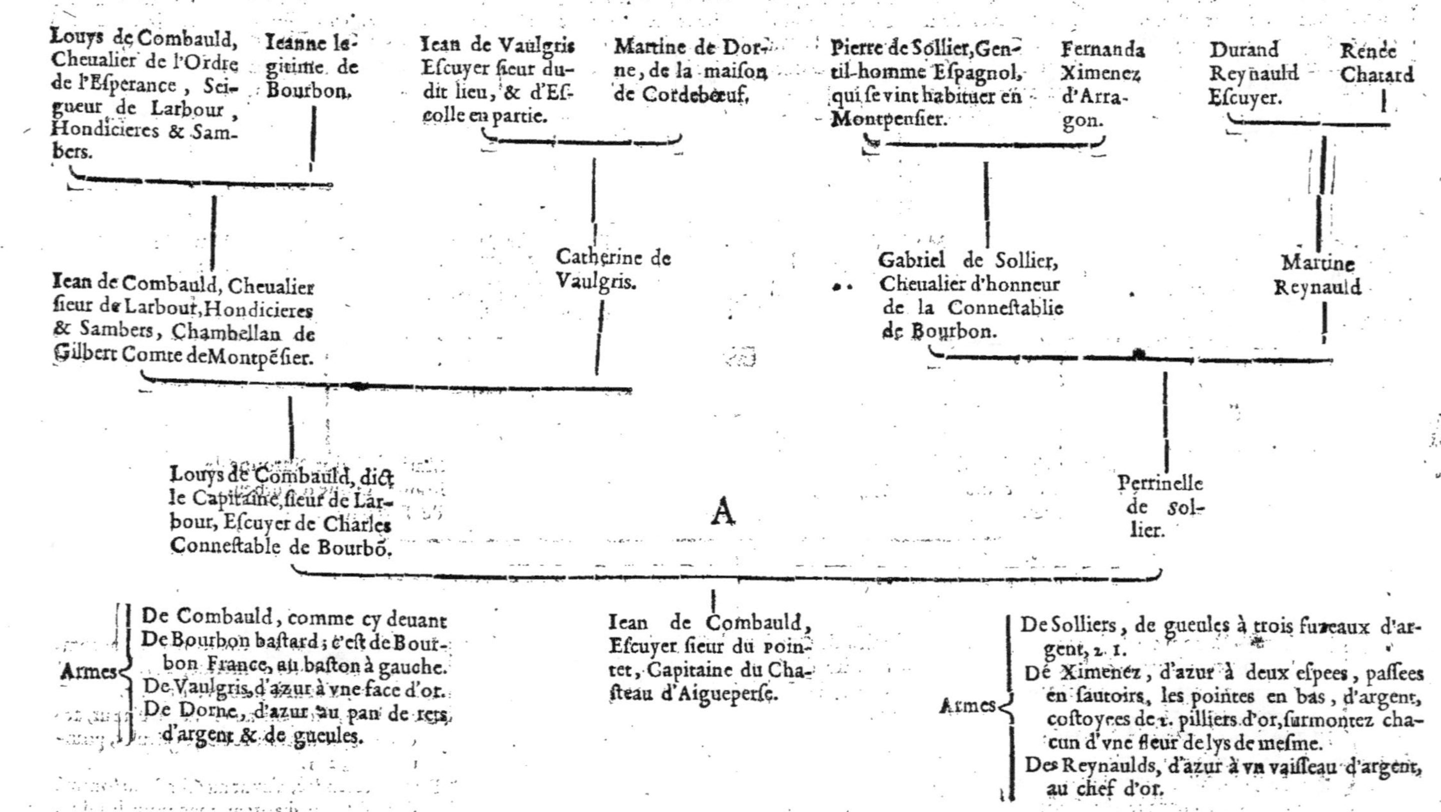

A

Louys de Combauld, Cheualier de l'Ordre de l'Esperance, Seigueur de Larbour, Hondicieres & Sambers.

Ieanne legitime de Bourbon.

Iean de Vaulgris Escuyer sieur dudit lieu, & d'Escolle en partie.

Martine de Dorne, de la maison de Cordeboeuf.

Pierre de Sollier, Gentil-homme Espagnol, qui se vint habituer en Montpensier.

Fernanda Ximenez d'Arragon.

Durand Reynauld Escuyer.

Renée Chatard

Iean de Combauld, Cheualier sieur de Larbout, Hondicieres & Sambers, Chambellan de Gilbert Comte deMontpésier.

Catherine de Vaulgris.

Gabriel de Sollier, Cheualier d'honneur de la Connestablie de Bourbon.

Martine Reynauld

Louys de Combauld, dict le Capitaine, sieur de Larbour, Escuyer de Charles Connestable de Bourbô.

Perrinelle de Sollier.

A

Iean de Combauld, Escuyer sieur du pointet, Capitaine du Chasteau d'Aigueperse.

Armes
{
De Combauld, comme cy deuant De Bourbon bastard; c'est de Bourbon France, au baston à gauche.
De Vaulgris, d'azur à vne face d'or.
De Dorne, d'azur au pan de rets, d'argent & de gueules.
}

Armes
{
De Solliers, de gueules à trois fuzeaux d'argent, 2. 1.
Dé Ximenez, d'azur à deux espees, passees en sautoirs, les pointes en bas, d'argent, costoyees de 2. pilliers d'or, surmontez chacun d'vne fleur delys de mesme.
Des Reynaulds, d'azur à vn vaisseau d'argent, au chef d'or.
}

B

Anthoine Baile, Escuyer sieur de Chauaignac.   Andree de Marillac.   Quentin Cenade, Escuyer sieur de Rudignac en haute Auuergne.   Felice du Prat.   Michel Rauail, Escuyer sieur de Tressat & Champguillaume.   Perrette Reynauld.   Michel Coëffier, Maistre des Eauës & Forests de Montpensier.   Gilberte Goy Dame de la Guesle.

Iean Baile, Escuyer sieur de Chauaignac haute Auuergne.   Catherine Cenade.   Anthoine Rauail, Escuyer sieur de Tressat & Champguillaume, Tresorier de Charles dernier Duc de Bourbon.   Claudia Coëffier.

Christophle Baile, Escuyer sieur de Montchenon, Tressat & Champguillaume, Bailly d'Auuergne.   B   Anthonia Rauail.

Gabrielle Baile.

Armes { Des Bailes, comme cy-deuant, fol. 75.
De Marillac, d'argent maçonné de sable, remply de six Merlettes de mesme, à vn croissant de gueules en cœur.
Des Cenades, d'azur au sautoir d'or.
De du Prat, d'or à la face de sable, accompagné de trois trestles de Synople.

Armes { Des Rauails, d'azur à vne rauë d'argent, fleurie d'argent & de synople.
Des Reynaulds, comme cy-deuant, fol. 76.
Des Coëffiers, d'azur à trois coquilles d'or, 2. 1.
Des Goy, d'azur à trois chiens d'argent, 2. 1. à la bordure de gueules.

C

Ieán de Pomereu, Ieanne   Henry Chefnard,   Ide de   Guillaume le Maſſon, ſieur de   Iſabeau   Guillaume de Vitry, ſieur de la   Ieanne Pi-
Eſcuyer ſieur de   de la   Auditeur   des   Pon-   la Neufuille Meſſire Garnier,   de   Breteſche, & de Goupillieres,   cart.
Bleuré.   Balluë.   Comptes   cher.   & de Bourbieres, Maiſtre des   Ruel.   Conſeiller du Roy en ſa Cour
   Monnoyes de France.   de Parlement de Paris.

Iean de Pomereu,   Ieanne
Eſcuyer ſieur de   Chef-
Bleuré.   nard.

Pierre le Maſſon, Eſcuyer Seigneur   Gillette
de la Neufuille-Meſſire-Garnier,   de
& autres lieux.   Vitry.

Guillaume de Pomereu, Eſcuyer
ſieur de la Breteſche-ſainct- nom,   Marie le Maſſon.
de Vaulxmartin, & autres lieux.

C

Michel de Pomereu,
Eſcuyer ſieur de la
Breteſche- ſainct-nõ,
de Vauxmartin, & au-
tres lieux.

Armes { De Pomereu, comme cy-deuant, fol. 75.
De la Balluë, d'argent au cheuron de ſable, accompagné de 3. teſtes de lyon,
arrachées de gueules, 2. 1.
Des Cheſnarts, d'argent à la bande de
Sinople.
De Bonsher, d'or au cheuron de gueules, accompagné de 3. coquilles de
ſable.

Armes { Des le Maſſon, d'or au cheuron d'azur,
accõpagné de 3. cloportes de ſable, 2. 1.
De Ruel, d'or à 4. Aigles eſployez de
gueules.
De Vitry, d'azur à la bande fuzelee de
cinq pieces d'or, accompagnee de
trois Merlettes de meſme, 2. 1.
Des Picarts, d'azur au lyon d'or.

D

Marc Guybert, Efcuyer fieur de Neufuille furOyfe. — Anne de Bauran.

Damian de Couppeuray, Efcuyer fieur d'Amblife. — Ieanne de Fay.

Mathieu de la Porte, Confeiller du Roy, & Lieutenant Criminel de Paris. — Florence le Trouué.

Guillaume de Sailly, Efcuyer fieur de Sailly. — Nicolle de Clerbourg.

Eftienne Guybert, Efcuyer fieur de Neufuille, Anery, & Harauilliers.

Henriette de Couppeuray.

Pierre de la Porte, Confeiller du Roy en fa Cour de Parlement de Paris.

Germaine de Sailly.

Claude Guybert, Efcuyer fieur de Neufuille, Anery & Harauilliers.

D

Gillette de la Porte.

Marie Guybert, Gouuernante, & depuis Dame d'honneur de Catherine de Bourbon Ducheffe de Bar.

Armes
- Des Guyberts, comme cy deuant, fol.175.
- De Bauran, de gueules à 3. eftoilles d'argent, au franc quartier de méfme.
- De Couppeuray, d'azur à 3. eftoilles d'or, 2.1.
- De Fay, d'argent femé de fleurs de lys fans nombre de fable.

Armes
- De la Porte, cóme cy apres en l'Arreft.
- Des le Trouué, de fynople à la face d'or, accópagnée de 3. enfans trouuez, emmaillottez d'argent, & bandez de gueules.
- De Sailly, à la face d'or, chargée de 3. Croix florencees, d'azur, accompagnee de 3. teftes de butord, arrachees d'or.
- De Clerbourg, facé d'or & de gueules de fix pieces à la bordure de gueules chargee de 16. fers à chetal d'argent.

E

Droüard de Pajot, sieur de l'Esquippée, Secretaire du Roy, Maison & Couronne de France.

Anne Foürnier.

Iean de la Vesiere, Escuyer.

Claude de Corbie.

N. le Toillier Escuyer.

Pierre Tristan, Escuyer, Seigneur de la Ruë-Preuost, de Chasserat & de Cardanois.

Ieanne le Karon.

André de Pajot sieur de l'Esquippee.

Ieanne de la Vesiere.

Anthoine le Toillier, Escuyer sieur d'Angiuilliers.

Ieanne Tristan.

Iean de Pajot, sieur de l'Esquippee.

E

Anthoinette le Toillier.

François de Pajot, sieur de Bury, d'Autheul, l'Esquippee & autres lieux, Conseiller du Roy en sa Cour de Parlement de Paris.

Armes {
De pajot comme cy-deuant, fol. 75.
De Fournier, d'azur, aü heron d'argent, attaqué & bequeté d'vn sacre d'or tōbāt sur luy, à la bordure d'or chargee de 16. croisettes de sable.
De la Vesiere, d'or au cheuron d'azur, accompagné de 2. Aiglons de mesme en chef.
De Corbie, d'or à 3. corbeaux de sable, 2.1.
}

Armes {
Des Toilliers, d'azur à vne bande d'or accompagnee de 3. besäns d'or; deux en chef, & vn en pointe.
De Tristan, de gueules à la bande d'or.
De le Karon, de gueules à vne roüe d'argent.
}

F

Gerard le Coq, sieur d'Esgrenay
& de Combstauille, Conseiller du
Roy en sa Cour des Aydes.

Margue-
rite Cu-
doë.

Guillaume de Corbie, sieur
de Mareil & de Iaigny, President au Parlemét de Paris.

Ieanne
de
Longueil.

Thomassin
de la Balluë
Escuyer.

Iacquette
de Roche.
choüart.

Iean Bureau, Cheualier
Barõ de Mõglat, Maistre
de l'Arrillerie de France.

Germai-
ne Hesse-
lin.

Gerard le Coq, sieur d'Esgrenay
& autres lieux, Conseiller du Roy
en sa Cour de Parlement.

Gillette
de
Corbie.

Nicolas de la Balluë,
sieur de Villepreux,
Maistre des Comptes.

Philip-
pes Bu-
reau.

Gerard le Coq, sieur
d'Esgrenay, Maistre
des Requestes.

Estiennette
de la
Balluë.

F

Estiennette
le Coq.

Armes
{
Des Coqs, comme cy-deuant,
Des Cudoes, d'azur à 3. oyes d'or, 2. 1.
De Corbie, d'or à 3. corbeaux de sa-
ble, 2. 1
De Longueil, d'azur à trois quinte-
fueilles d'or, 2. 1. au chef d'or char-
gé de 3. quintefueilles de gueules.
}

Armes
{
De la Balluë, d'argent au cheuron de sable, accõpagné de trois testes de lyon, arrachees de gueules.
De Rochechoüart, facé & enthé de gueules & d'argent de six pieces.
De Bureau d'azur au cheuron d'or potencé, cõtrepo-
tẽcé & vuidé de sable, accõpagné de 3. phioles d'or, 2. 1
De Hesselin, d'or à deux faces d'azur, à 14. croix
florencees de l'vn en l'autre, 4. 4. 3. 2. 1.
}

G

Charles le Clerc, Cheualier ſieur du Tremblay & de Limoy, Treſorier de France.

Marguerite le Febure.

Iean de Vaudetar ſieur de Poüilly, Conſeiller du Roy en ſa Cour de Parlement de Paris, Vidame de Meaux, & premier Valet de Chambre du Roy.

MargueriteClauſtre.

N. de Pierreuiue.

Iean le Clerc, ſieur du Tremblay & de Limoy, Conſeiller du Roy en ſa Cour de Parlemét.

Catherine de Vaudetar.

N. de Pierreuiue.

Pierre le Clerc, ſieur du Tremblay & de Limoy, Conſeiller du Roy en ſa Cour de Parlement de Paris.

Louyſe Michelle de Pierreuiue.

G

Nicolas le Clerc, ſieur de Franconuille, du Tremblay & de Limoy, Conſeiller du Roy en ſa Cour de Parlemét de Paris.

Armes
Des le Clerc, comme cy-deuant.
Le Febure, d'argent à trois glands de ſynople, 2. 1.
De Vaudetar, faeé d'azur & d'argent de ſix pieces.
De Clauſtre, d'azur à vn eſcuſſon d'or en cœur.

Armes
De Pierreuiue, palé d'or, & de gueules, de ſix pieces à trois pierres-viues d'argent ſur la gueule.

H

Bertrand de Sainct André, Escuyer sieur de Sainct André. — Marguerite d'Auxillon.

Iacques de Pumisson, Escuyer sieur de Pumisson & autres lieux. — Anne Lhuillier, de la branche de Rouuenae.

Robert de Guetteuille, Conseiller du Roy en sa Cour de Parlement de Paris. — Ieanne Amyart, Vicomtesse de Corbeil.

Pierre Lescot, Conseiller du Roy en sa Cour de Parlement de Paris. — Ieanne de Chãrepime

Pierre de Sainct André, Cheualier sieur de Sainct André, 1. President de Tolose, & Lieutenant du Roy à Gennes.

Claire de Pumisson.

Leon de Guetreuille, Cheualier, Vicomte de Corbeil, Tigery & autres lieux.

Guillemette Lescot.

François de Sainct André, Cheualier sieur de Sainct André, premier President, de son semestre, du Parlement de Paris.

H

Marie de Guetteuille.

Claire de Sainct André.

Armes {
De Sainct André, comme cy deuant, d'Auxillon, ...
De Pumisson, de gueules à 3. roües d'or, 2. 1.
Des Lhuilliers, d'azur à trois coquilles d'or, 2. 1.
}

Armes {
De Guetteuille, d'argent semé de chaussetrappes de sable.
Des Amyarts, d'azur à vne face d'or, accompagnée de trois coquilles d'argent, 2. 1.
De Lescot, escartellé, au 1. & 4. de sable à vne teste de cerf d'argent sommée d'or: Au 2. & 3. d'azur à 3. rocs d'or à la bordure de gueules.
De Chanteprime, d'or à vne bande d'azur accompagnée de 2. hures de sanglier, vne en chef, l'autre en pointe.
}

Sens de la Deuiſe.

CHARLES *de Combauld 2. du nom, Cheualier de l'Ordre du Roy, seul heritier masle, qui à present puisse continuer la posterité de sa maison, à bon droict prend pour Deuise la ville de Rome, de la ruïne la plus grande & derniere de laquelle sa famille a esté la principale cause en la personne de Louys dit le Capitaine Combauld son trisayeul, laquelle reciproquement fut la vraye cause de la ruïne de ce Gentilhomme, & par consequent de sa posterité : puisqu'elle tua malheureusement le Duc de Bourbon son Maistre, duquel seul il*

Cette ruïne de Rome est arriuée en 1527.

pou-

pouuoit esperer recompense de tous ses biens generalement,
quelconques, dont il auoit vendu & alisené la plus grande
partie pour subuenir aux afflictions & incommoditéz de
ce grand, (mais lors malheureux Prince;) & veu confis-
quer l'autre, declaré adherant de son maistre. Auparauant
laquelle mort il ne pouuoit estre dit ruiné, puis qu'il auoit pour
seureté de ses aduances la foy inuiolable de ce Duc. Or tou-
tes les deux, & Rome comme ville; & la race de Com-
bauld comme Maison, n'ont rien de reste à present de leur
premiere & ancienne grandeur que le nom: Mesmes tou-
tes deux respectiuement l'vne par l'autre en sont descheuës,
ce qui se voit expliqué par ces vers suiuans, lesquels esclair-
cissent la deuise emblematique, & literalement pour Rome,
& allegoriquement pour la maison de Combauld, en la per-
sonne dudit Charles.

VRbis ruinas dum vides, veterem putas
Adesse Romam? Cernis, hîc, Romæ quidem
Rudera situmque, Roma sed subtus latet:
Latet sub ipso pondere immenso, suis
Sepulta molibus, & vetus fundat nouam,
Tamen ista veterem quærit, &Roma in suis
Romam ruinis ore luctifico vocat.
Ita est, prioris Roma sum Romæ leuis
Imago tantùm, quæ malè exemplar refert.
Orbis fuisse subditi quondam caput
Dominamq; meminit exigua pars hæc mei
Vel vmbra potius iuris Antiqui fugax:
Et nunc perire nescium SOLVM MIHI

NOMEN relictum est, cætera eripuit furor
Superestq; solum, Roma quod, (Romę licet
Nihil superfit) semper à cunctis vocor.
Horrenda series cladium tantæ prior
Euersionis causa: supremum malum.
Combaldus, Aptè cum ducem texit Sago
Victumque facit arte victorem sua,
Solamen istud restat ærumnis, meus
Quod casus, idem casus authoris fuit.

TABLE DES FAMILLES,

auec lesquelles la famille de Combauld a parenté & alliance, mediatement ou immediatement, dont il est parlé en cette premiere partie du Liure.

LE NOMBRE SE DOIT rapporter aux pages de ce Liure.

A

B

Garnaze

C.

G

H

GENEAL.

GENEALOGIE ET ALLIANCES

DE LA MAISON DES SIEVRS DE LARBOVR, DITS DEPVIS DE COMBAVLD,

fortie autresfois puifnée de la premiere race de Bourbon non Royalle, dés deuant l'an mil deux cens : En apres renduë aifnée d'icelle par la cheute en femmes des deux branches aifnées : Et auiourd'huy par l'extinction de toutes les autres, feule reftée de la ligne mafculine.

IVSTIFIEE PAR HISTOIRES MANVSCRITES & imprimées, Chartres d'Eglifes, Titres publics & particuliers, & par autres bonnes & certaines preuues dont la plufpart eft enoncée dans l'Arreft de la Cour des Aydes de Paris, donné auec legitime contradicteur, pour la confirmation & maintenuë de la Nobleffe de cette famille, inferée en la feconde partie du liure.

Par le fieur D'HOZIER, Cheualier de l'Ordre du Roy, Seigneur de la Garde, &c.

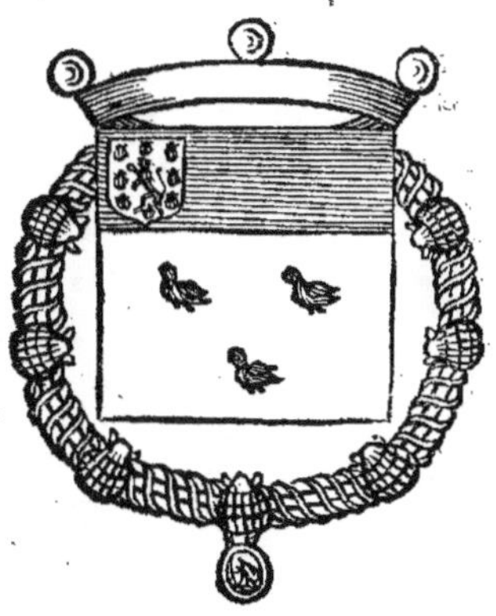

A PARIS,

Chez MATHVRIN HENAVLT, ruë Clopin, deuant le petit Nauarre.

M. DC. XXIX.

SECONDE PARTIE,

Contenant l'Arrest donné contradictoirement en la Cour des Aydes de Paris.

CAROLO COMBALDO,

Equiti Regio Torquato, Domino de
Fercourt & de la Boiſſiere, antiquam
ſuorum ſtirpem, eximia publici iu-
dicij obtenta confirmatione, illu-
ſtranti.

PArtos honores tot tibi, dicere
  Cogit voluntas mutua quę mihi
    Te jungit, & antiqua Matrum
    Vincla ab Auis Atauiſque nexa,
Combalde, ſed pars quæ mihi glorię
Cedit, latebit tecta ſilentio,
    Et fando quæ ſpectant amicum
    Ipſe mihi nihil arrogabo.
Cantabo ſoli quod tibi competit
Qui res Auorum temporis obrutas
    Lapſu, tenebris eruiſti
    Gnauiter, & tibi reddidiſti.
Vix eſt vt vllus ſanguine nobili
Antiqua auorum ſtemmata ſedecim
    Depingat, integro manente ex-
    amine & ordine veritatis.
Herôes illi proxima Principum
Olim tenebant, Martis & artibus.

§

Clari, ruêrunt à ſublimi,
Ferre manum renuente Fato.
Antiqua origo Borboniæ domus
Communis illis, regius antequam
   Princeps, vir heredi daretur
   Borbonij tituli puëllæ.
Cenſus paterni portio nobilis
Natu minori quæ data Auorum Auo
   Diſtracta bellis in gerendis
   Pro Patria laribuſque ceſſit.
Combaldus acer teſtis, in Italas
Bellator vrbes, cuius & alite
   Deuictus, arces occupatas
   In ſubrium, Heluetius remiſit.
QuicumqueRegum limina non adit
Stipendiorum Martis & inſolens,
   Vult de ſuo bellis adeſſe,
   Pondere ſeu nimio teretur.
Tales fuerunt à quibus ortus es
Cóbaldi, ab Aulæ prorſus honoribus
   Qui ſe remouerunt, ſuorum
   Borbonidûm ſtudijs fauentes:
Non vſque magnis Borbonidis fuit
Regum priorum vultus amabilis,
   Combaldi ab illis non dirempti
   Sortis eorum habuêre partem.
Proles auitis poſterior bonis
Demeſſa, natiuo excidit à gradu,
   Donec tot ignes non tuliſti
   Sub cumulo cinerum latêre.
Vt noctis atrâ Luna caligine

Splendens, tenebrarum odit inertiam.
    Et solis illustres reflexus,
    Vt potis est imitata currit.
Tentata multis sic tibi proximis
Sed frustrà, faustè perficis vnicus,
    Et reddis antiquo nitori
    Quæ latuêre diù sepulta.
Vt nempe Combaldis generi tuo
Dat clarus Archembaldus originem,
    Herôis author sanguinis, qui
    A modò Francica sceptra torquet.
Hoc à Paterno sanguine duceris,
Materna desunt nec tibi lumina,
    Vtroque quid in parente magnum est
    Multa in Auis imitanda matris.
Addenda partæ laus ea gloriæ,
Fastidiosè non renuis togam
    Quemque ordinem Regis sagatus
    Possis habere, Togæ dedisti.
Felicis æui tempora tunc erunt,
Cum litterarum culta scientia
    Iungetur Ensi, Nobilésque
    Quæ facient generosa, scribent.
Feliciori sol quoque seculo
Fulgebit, annis si venientibus
    Quisquis Togatus seligatur
    Nobilium è numero scientum.
Non ambigendum quin lare nobili
prognatus, osor sit vitij magis,
    Quam pergulâ natus patenti,
    Purpurâ vterque licet tegatur,

Combalde, qui Iunonius auspice
Partus videris numine, nobilis
    Aude Togatus, magna & alta
    Quę recinant soboli nepotes.
Non absque cæli numine dextero
Emersit atris Gens tenebris tua
    Combalda, primo te auspicante
    Atque tuis iter instruente,
Vt qui tuorum primus es editus
Sub Rege primo Borboniæ domus,
    Alas recludas, particepsque
    Ominis, ad potiora tendas.

D. M. R.

TRADVCTION DES VERS LATINS
PRECEDENTS.

COMBAVLD, *le nœud d'amitié saincte*
Qui tient à vous mon ame ioincte,
Et nostre lien maternel,
M'ont esmeu de chanter ta gloire,
Ia faicte à la France notoire,
Au bruit d'vn Arrest solemnel.
2.   *Ie tays sous vn sacré silence,*
Et n'ay rien en moy d'arrogance
Pour la part que i'y puis auoir:
Quiconque pense à son affaire
Feignant à son amy bien-faire

Il se met hors de son debuoir.
3   Ie diray ce qui seul vous touche,
Que des Combaulds l'antique souche
Couuerte du voile d'oubly,
Auez mise en belle lumiere
Acquerant en cette maniere
Un bien doublement ennobly.
4   Es Nobles rarement on treuue,
Qui se soumette à faire preuue
De seize ayeux d'antique sang ,
Gens de merite & de seruice,
Sans faire quelque preiudice
A l'Histoire, ou à l'ordre & rang.
5   Ces vieux Heros, en leurs Prouinces
Marchoient premiers apres les Princes,
Et suyuoient des armes le train ,
Auant que la fortune peu stable
Leur osta ce rang honorable
Refusant leur prester la main.
6   Des Bourbons en l'Antique race
Ils souloient maintenir leur place ,
Iusqu'à tant qu'vn Prince sorty
De sang Royal, eust prins à femme
De Bourbon l'heritiere Dame
Digne party de tel party.
7   Le bien qu'ils eurent en partage,
Comme Cadets de hault parage,
Peu à peu s'est tout dissipé.
Employé par eux à la guerre,
En France, & en estrange terre
Ou chacun d'eux s'est occupé.
8 Tesmoing de Combauld la vaillance

Qui seruist dignement la France
De Conseil, et en bon soldae,
Quand le determiné Suisse.
Entré contre la France en lice
Perdit Milan & le combat.
9 Quiconque veult ez guerres viure,
Et la Cour mesprise de suiure
Pour en tirer appoinctement :
N'est pas taillé de rien acquerre,
Et donnera du nez à terre
Comme chargé trop pesamment.
o Tels furent les chefs de ta race
Les Combaulds, qui faueur ne grace
N'ont recherché pres de nos Roys :
Mais s'attacherent aux querelles
Et se monstrerent fort fidelles
Au party des Ducs Bourbonnois.
11 Les Roys qui cy deuant regnerent,
En toute saison ne monstrerent
Faueur aux Bourbons valeureux,
Et les Combaulds de leur partie
Chassez bannis de leur patrie
Souuent en ont paty pour eux.
12 Ainsi la mauuaise influence,
De leur rang, et de leur cheuance
Les a rudement debouté,
Tant que ces flammes n'as souffertes
Sous tant de cendre estre couuertes,
Et leur as rendu leur clarté.
13 Comme on voit que la claire Lune,
Des noires nuicts chasse la brune,
Et faisant son celeste tour

Escharpe le rond de la Terre
Et aux tenebres fait la guerre
Imitant à peu pres le iour.
14   Ainsi quelques-uns tiens ancestres
A tel affaire moins adextres,
En vain se sont mis en deuoir
Chasser les tenebres espoisses ;
Mais de tes majeurs les Noblesses
Par toy seul ont deu se sçauoir.
15   Comment la premiere puissance
Des Bourbons ores Roys de France
Leur vient de ce Grand Archambauld:
Qui fut aussi de Combauld Frere,
Cadet plus vaillant que prospere
Prime autheur du nom de Combauld.
16   Telle est ta ligne Paternelle
Mais quant à celle Maternelle
On y void de rares flambeaux.
Cette derniere des deux lignes
Fournira des exemples dignes
De ton bel esprit des plus beaux,
17   I'adjouste à ta loüange acquise,
Que point la Robe ne mesprise,
Et que l'Ordre donné du Roy
En Manteau n'auez voulu prendre
Mais en Robe, pour faire entendre
Que tout habit est Noble à toy.
18   Heureuse alors sera la France,
Quand le coutelas &/ la lance
Aux lettres on accouplera,
Et que le sçauant Gentil-homme
Faisant ce dont on le renomme,

Ses gestes luy mesme escrira.
19   Mais le Ciel sera plus propice
Quand les haults estats de Iustice
Seront seulement conferez,
Quand ils tomberont en vacance
Aux Nobles sçauans, sans finance,
Et qu'ils leur seront asseurez.
20   Car c'est vn discours veritable,
Qu'vn issu de maison notable,
Ne sera si tost hazardeux
A faire quelque traict inique,
Qu'vn sorty de banque ou boutique
Bien qu'ils soient en pourpre tous deux.
21   Combauld que le Ciel a fait naistre
Pour releuer ton sang ancestre,
Comme vn nouueau part de Iunon :
Entreprends hardiment de croistre
En te faisant noble paroistre
Par actes dignes de renon.
22   Car ce n'est sans ordre celeste,
Que par toy seul, l'oubly funeste
Des premiers Combaulds a pris fin,
Et que leur prime renommée
Soit à present bien confirmée,
Leur ayant dressé le chemin.
23   Afin qu'ayant receu la grace
D'estre nay premier de ta race
Sous le premier Bourbon vainqueur
Qui s'est acquis cette couronne,
Vn vol plus haultain tu te donne
Comme parsonnier de cet heur.

D. M. R.

LOVIS PAR LA GRACE DE DIEV, ROY DE FRANCE ET DE NAVARRE: *A tous presens et aduenir, Salut, Sçauoir faisons. Que nostre cher & bien amé, CHARLES DE COMBAVLD, Escuyer, Seigneur de Fercourt, la Boissiere, & autres lieux*; NOVS *ayant exposé, & tres-humblement remonstré, Que tous ses ancestres & predecesseurs auroient esté de tout temps, d'extraction & condition noble, vassaux, et fidels seruiteurs de nostre Illustre, & Royale maison de* BOVRBON, *au commencement en la Tige-aisnee, & depuis en la branche des puisnez Comtes, et Ducs de Montpensier, qu'ils auroient tousiours vescu depuis cinq cens ans, en qualité de Gentils-hommes; mesmes de Cheualiers Bannerets, portans armes timbrees, & lambrequinees, auec cymier, & tenans, blasonnees Noblement, selon la coustume desdits Cheualiers Bannerets: Mesmes plus recemment, que Iean & Louys de Combauld, auroient seruy cette Couronne aux guerres d'Italie, sous les Comtes de Montpensier, és charges honorables, où ils se seroient signalez, particulierement au regne de François premier, en la iournee de Marignan, où Louys de Combauld, trisayeul de l'exposant, commandant à vne compagnie de gens de pied, se seroit si genereusement comporté, qu'il auroit merité honneur & loüange dans l'Histoire de Marillac, Secretaire de Charles de Bourbon, Comte de Montpensier, Connestable de France, tesmoin oculaire des actions dudit Louys de Combauld, fils de Iean,*

A

Escuyer, & Chambellan de Gilbert, Comte de Montpensier, pere de Charles, Comte dudit de Montpensier, & Conneſtable de France. Qu'en ſuitte de ce, Iean de Combauld, Capitaine du Chaſteau d'Aigueperſe, fils de Louys, & petit fils de Iean, auroit continué de ſeruir nos predeceſſeurs Roys, tant dedans, que dehors ce Royaume, en la meſme profeſſion des armes, & ce iuſques à vn grand aage, où il auroit veritablement conſommé la plus grande partie de ſes moyens & facultez; & en ſuite eſté reduit à vne tres-grande neceſſité; Ce qui n'auroit empeſché neantmoins que ſes enfans, Gilbert, & Louys Gilbert de Combauld, n'auroient continué de viure noblement, & de s'adonner à toutes actions nobles & vertueuſes, à l'imitation de leurs predeceſſeurs, ayant ledit Louys Gilbert de Combauld eſté honoré des charges de Secretaire, & grand Audiancier de France; & pour ſes ſeruices & merites de celles d'Intendant, et Controolleur General des Finances; & ledit Gilbert de Combauld, ſieur des Clayes, aiſné de tous les enfans dudit Iean de Combauld, eſté Bailly du Duché de Montpensier, & Capitaine Gouuerneur de la ville & Chaſteau d'Aigueperſe, & ſeruy ſoixante ans durant cinq Roys, nos predeceſſeurs, & NOVS, és charges de noſtre Secretaire, & de noſtre Maiſon & Couronne de France, de Controolleur general de noſtre Chancellerie, de Garde des Roolles de nos Offices, et de grand Audiancier de France, Nous ſeruant eſquelles charges tres-fidellement, il ſeroit decedé, comblé d'années, d'honneur, et de reputation, laiſſant aux ſiens plus de memoire de ſa vertu, que de profit de ſon heritage: QVE dudit Gilbert ſeroit iſſu vn fils vnique Charles de Combauld, Eſcuyer; Seigneur des Clayes, pere de l'expoſant: lequel ſieur des Clayes auroit continué de viure noblement, & de nous rendre dans les occaſions, dans la profeſſion

des armes, les seruices d'vn braue Gentil-homme, & d'vn
fidel sujet, iusques à present; comme semblablement conti-
nuoit, luy impetrant, de viure noblement, n'ayant iamais
fait aucun acte desrogeant à son extraction, & à la Noblesse
de sa race, & que neantmoins on luy auroit voulu debattre
sa qualité de Noble, & luy reprocher que ledit bisayeul, Iean
de Combauld, Capitaine du Chasteau d'Aigueperse, auroit
esté reduit, pour subuenir à la necessité de ses affaires, de faire
quelque acte desrogeant, ce que l'on luy auroit voulu imputer,
& par ce moyen faire reuoquer en doute sadite qualité, no-
nobstant les charges de son ayeul, CE QVI L'AVROIT
CONTRAINT nous supplier tres-humblement, luy estre
par nous pourueu de nos lettres sur ce necessaires, pour estre
par icelles maintenu en sadite qualité de Noble, tant à
cause de son ancienne extraction, que pour l'aduantage des
charges nobles de son ayeul, et en tout cas, releué & déchargé de toute dérogeance, qui pouuoit auoir esté faite par
ledit Iean de Combauld, son bisayeul (s'il s'en iustifioit aucune) à laquelle il n'auroit peu estre reduit, que pour s'estre
totalement ruiné, en rendant seruice à nos predecesseurs Roys,
dans les guerres d'Italie. NOVS, POVR ICELLES CAV-
SES, aurions, par nos lettres donnees à Sainct Germain
en Laye, le vingt-deuxiesme Octobre mil six cens vingt six,
signees de nostre main, & scellees, mandé, & ordonné à
nos amez & feaux Conseillers, les gens tenans nostre Cour
des Aydes à Paris; Que s'il luy apparoissoit l'impetrant desdites lettres, estre issu de race & d'extraction Noble, ses
predecesseurs, depuis cinq cens ans, auoir tousiours vescu noblement en l'exercice des honneurs, & charges susdites,
comme il faisoit encores, en ce cas, elle eust à le faire iouyr,
comme nous entendions qu'il iouyst, ensemble ses enfans, posterité & famille, plainement & paisiblement, sans aucun

L'addresse desdi-
tes lettres faite à
la Cour des Ay-
des.

A ij

contredit de ſadite qualité de Noble, portans armes timbrees, en la forme que ſes predeceſſeurs Cheualiers, en auoient anciennement bien & deuëment iouy & vſé, enſemble de tous les autres droits, priuileges, dignitez, libertez, exemptions, rangs, grades, & honneurs, dont iouyſſent & ont accouſtumé de iouyr les autres Nobles de ce Royaume, nonobſtant, & ſans auoir égard à la dérogeance dudit Iean de Combauld, ſon biſayeul (ſi aucune s'en trouuoit) dont nous l'aurions releué, & déchargé par leſdites lettres Patentes. L'ENTHERINEMENT deſquelles ledit impetrant ayant requis à noſtredite Cour des Aydes: Et veu les Concluſions de noſtre Procureur General, auquel le tout auoit eſté communiqué. Elle auroit, par ſon Arreſt du vingt ſixieſme dudit mois d'Octobre, ordonné que ledit Charles de Combauld, impetrant deſdites Lettres, articuleroit plus amplement ſes faits de Genealogie & Nobleſſe, auec noſtre Procureur General, & auec les manans & habitans des lieux, de ſon domicile, aux champs, informeroit deſdits faits pardeuant noſtre amé & feal Conſeiller, en noſtredite Cour des Aydes, Maiſtre Louys de Machault, tant auec noſtredit Procureur General, qu'auec leſdits manans & habitans, qui à cette fin ſeroient appellez en vertu dudit Arreſt, & ce tant par tiltres, que teſmoins, & à cet effect luy auroit eſté permis de compulſer pardeuant ledit ſieur Conſeiller & Commiſſaire, tous tiltres & contracts, extraicts, lettres, enſeignemens, Epitaphes, armes, & memoriaux, concernans ſadite Genealogie & Nobleſſe, pour le tout veu & communiqué eſtre fait droict, ainſi que de raiſon: EN VERTV DVQVEL ARREST, ſignifié à noſtre Procureur General, le Dimanche vingt-neufieſme dudit mois d'Octobre, & aux manans & habitans de la Paroiſſe des Clayes, iſſue de la premiere Meſſe, dite & celebree en leur Egliſe, le

vingt-

Arreſt du 26. Octobre 1626. afin de iuſtifier le contenu aux Lettres, auparauant l'entherinemenr.

Signifié à Monſieur le Procureur General, & aux habitans des Clayes.

vingt-neufiefme Nouembre audit an mil fix cens vingt-fix, en parlant à plufieurs d'iceux habitans, fortans en grand nombre de ladite Eglife ; ils auroient efté affignez en noftre-dite Cour, pour proceder aux fins dudit Arreft, duquel auroit efté, à cet effect, baillé & laiffé copie à Robert Maffot, leur Procureur Sindic, prefens plufieurs tefmoins nommez dans l'exploict de Guyon, Sergent. ET LE LENDEMAIN Lundy dernier iour de Nouembre mil fix cens vingt-fix, iour et fefte de fainct André, le Curé, Vicaire, & plufieurs defdits habitans des Clayes, en grand nombre, fe feroient affemblez au fon de la cloche, au fortir de l'Eglife, iffuë de Vefpres, pardeuant vn Notaire Royal, ou fon Commis, audit lieu, lequel auroit dreffé, en leur prefence, l'acte de ladite affemblee : Et par iceluy auroient dit & refpondu, qu'ils confentoient, en tant qu'à eux eftoit, l'enregiftrement de nofdites lettres Patentes, & n'entendoient s'oppofer, ny eftre prefens à la preuue des faits & articles, de la Genealogie & Nobleffe dudit impetrant, lequel ils tenoient & recognoiffoient pour Gentil-homme, ayans veu & cogneu fes Anceftres, lefquels de pere en fils, auroient vefcu en qualité de Nobles ; & depuis long temps, iufques alors, auroient efté & eftoient encores leurs Seigneurs, aymez & honorez de tous les Nobles du pays, viuans auec eux noblement, portans armes nobles, qui eftoient peintes en plufieurs lieux, dans l'Eglife dudit village des Clayes ; fçauoir, En Banniere d'or, à trois Merlettes de fable, au Chef de Gueules, timbrées & lambrequinées, dans les tableaux & memoriaux, laiffez par le fieur Gilbert de Combauld, autrefois leur Seigneur, ayeul du demandeur : en laquelle qualité de leurs Gentils-hommes & Seigneurs, ils les auroient gouuernez auec toute forte de douceur & fupport, enuers & contre tous, comme faifoit encores lors le fieur Charles de

Combauld, pere du demandeur: lequel depuis dix ans, auroit toufiours demeuré, & lors encores demeuroit en la maiſon Seigneuriale des Clayes, viuant noblement dans la proſeſſion des armes. EN OVTRE, ledit demandeur auroit, en execution dudit Arreſt, dreſſé & articulé les faits de ſa Genealogie & Nobleſſe, tant paternelle, maternelle, que de tous ſes quartiers neceſſaires à la preuue de Cheuallerie, qu'il entendoit iuſtifier par teſmoins, et par Epitaphes, memoriaux, lettres & tiltres anciens de ſes predeceſſeurs: autant neantmoins pour leſdits tiltres du coſté paternel, que le pourroit ſouffrir la perte qu'il eſperoit iuſtifier, & prouuer auoir eſté faite d'iceux, arriuee par l'incendie & embraſement du Chaſteau d'Aigueperſe, dans lequel ſon biſayeul, (Capitaine d'iceluy) y reſidant lors de ce malheur, auroit penſé eſtre bruſlé, & auroit veu reduire en cendres tous ſes meubles, tiltres & papiers, fors ceux que ſes parens & amis auroient ſauué des flammes, deſquels, autant qu'il en pourroit recouurer, il les mettroit és mains de noſtredit Procureur General, en noſtredite Cour: PAR LESQVELS FAITS, ledit demandeur Charles de Combauld, Eſcuyer, Seigneur de Fercourt, la Boiſſiere, & autres lieux, auroit, entre autres choſes, deſduit, QV'IL ESTOIT aiſné de maſle en maſle, et d'aiſné en aiſné, de temps immemorial de la Maiſon de Combauld, habituee de long temps au Duché de Montpenſier, & anciennemēt ſortie puiſnee de la premiere race de Bourbon. QVE de ladite Maiſon eſtoient iſſus pluſieurs grands perſonnages, qui de tout temps auroient veſcu en qualité de Gentils hommes: meſmes depuis plus de trois cens ans, en celle de Cheualiers Bannerets, dont les deſcendans, iuſqu'à auiourd'uy, en portent encores les armes; leſquelles auroient eſté autresfois en Eſcu, & auiourd'huy, En Banniere d'or à trois Merlettes de ſable, au

Chef de Gueules, ayant pour ſuppoſts deux Griffons, & pour Cimier vn Griffon naiſſant, tous trois
d'or, armez & lampaſſez de Gueules, *leſdites Armes
timbrees de front. QVE ladite Maiſon auoit pour ſon
Cry de Guerre, ce mot,* BOVRBON: *Cry ancien
de la premiere race de Bourbon, pour marque que la Maiſon
de Combauld eſtoit vne branche de cette Illuſtre ſouche; et
pour deuiſe,* Ie ne le quitte à nul autre: LESQVEL-
LES *Armes, qui eſtoient celles d'vne ancienne maiſon* DE
LARBOVR, *fonduë en celle de Dampierre ⚜ de Bourbon, auoient eſté touſiours ſucceſſiuement continuees dans la
Maiſon,* DEPVIS que COMBAVLD DE BOVR-
BON, *Cadet de ladite ancienne et premiere Maiſon de
Bourbõ, non Royale, fils puiſné de Guy, Sire de Bourbon ⚜ de
Dampierre, apres partage fait auec ſes freres, & apres la mort
de ſes pere & mere (du viuant deſquels il auroit touſiours retenu le Nom ⚜ les Armes de Bourbon,* d'or, au Lyon
rampant, de Gueules à l'Orle, de huict Coquilles
d'azur) *auoit pris les ſuſdites Armes, pour eſtre diſtingué
de ſes aiſnez, & principalement de ſon frere Archambauld, Sire de Bourbon,* APRES *auoir eſté par luy du
nom de la terre de* LARBOVR, *eſcheuë en ſon partage, fait le ſurnom, qui auroit eſté depuis celuy de ſes fils &
petit fils; leſquels auroient accompagné leurs noms propres
de* NOEL ⚜ de GABRIEL, *du nom dudit* COM-
BAVLD *leur predeceſſeur, en marque de l'eſtime qu'ils
faiſoient de ce grand perſonnage;* LEQVEL, *depuis ſon
arriere-petit fils il auroit entierement, par ſucceſſion de temps,
pris pour ſurnom; ⚜ laiſſé à toute ſa poſterité pour tel:
Ne retenant ny luy, ny ſes deſcendans, celuy de* LAR-
BOVR, *qu'en tiltre de Seigneurie, & non plus de ſurnom.* QVE CES MVTATIONS, *& changemens de*

*La Maiſon de
Combauld ne por-
te ny le nom, ny
les armes de Bour-
bon, comment, &
pourquoy.*

*Le mot Cõbauld,
au commencemẽt,
eſtoit vn Agno-
men.*

noms *&* d'armes, en ces temps , entre enfans d'vne mesme famille , auroient esté frequens *&* ordinaires , à ceux particulierement qui partage fait, n'auoient plus eu aucun droict dans les terres , dont la famille tiroit son surnom, ainsi qu'il estoit arriué audit COMBAVLD DE BOVRBON, qui n'auroit eu aucune part en la Sirerie *&* Principauté de Bourbon, escheuë par droict d'aisnesse à Archambauld son frere aisné, huictiesme du nom, Seigneur de ladite Terre. QVE de mesmes l'auroit pratiqué Guillaume, autre frere dudit Archambauld, qui auroit pris le surnom de la Terre de Dampierre, escheuë à son partage, *&* ce quant au general de la Maison, ET POVR LES PARTICVLIERS DE-GREZ D'ICELLE. QVE luy impetrant *&* demandeur, CHARLES DE COMBAVLD, Escuyer sieur de Fercourt, la Boissiere, *&* autres lieux, auec deux sœurs ses puisnees, DAMOISELLE MAG-DELEINE DE COMBAVLD, femme du sieur Maistre Iean Perrot, Seigneur de Sainct Dier, nostre Conseiller en nostre Cour de Parlement de Paris, *&* DA-MOISELLE IEANNE DE COMBAVLD, Espouse du sieur Maistre Pierre Pastoureau, Seigneur de Douaruille, aussi nostre Conseiller en nostredite Cour de Parlement, estoit fils seul de CHARLES DE COM-BAVLD, Escuyer, Seigneur des Clayes, *&* cy-deuant nostre Conseiller *&* Secretaire de nostre Maison *&* Couronne de France *&* de nos Finances: lequel a espousé DA-MOISELLE MARIE DE PAIOT, de fort noble *&* illustre race, fille de François de Pajot, viuant Escuyer, Seigneur d'Autheul en Beauuoisis, de Lesquipee, Vessancourt, le Val de l'eauë, *&* autres lieux. Et de Damoiselle Marie le Clerc, issuë de pere en fils du Chancelier de France, Iean le Clerc, Cheualier, Seigneur *&* Baron de

la Forest : Et encores ladite Damoiselle Marie de Pajot,
petite fille du sieur Maistre François de Pajot, viuant aussi
Seigneur d'Autheul, de Lesquipee, Vessancourt, de Bury, de
Goincourt, de la haute Touffe, le Val de l'eauë, & autres
lieux, Conseiller en nostredite Cour de Parlement de Paris,
& de Damoiselle Estiennette le Coq sa femme, issuë d'vne
des plus ancienne maisons & des mieux alliées de nostre
Royaume, & par exprés, fille du sieur Maistre Girard
le Coq, viuant sieur d'Esgrenay, Conseiller & Maistre des
Requestes ordinaire de l'Hostel du Roy, lors regnant, & de
Dame Estiennette de la Balluë, laquelle le Coq, par les
femmes, seroit descenduë d'vn Comte de Champagne, Comte Palatin, de Brye, et Roy de Nauarre, des Chanceliers
de Corbie, & de Moruilliers, & de plusieurs autres grands
& illustres personnages, au moyen dequoy ladite Damoiselle
Marie de Pajot, & par consequent luy demandeur son
fils, a l'honneur d'estre allié auec la pluspart des meilleures
& plus grandes maisons de nostre Royaume. QVE ledit
Charles de Combauld, sieur des Clayes, pere de luy demandeur, est enfant seul & vnique de GILBERT DE
COMBAVLD, aussi Seigneur des Clayes & du Pointet, & autres lieux : lequel Gilbert, de son viuant auoit
seruy les Roys Henry second, François second, Charles
neuf, Henry trois, Henry le Grand, nostre Tres-honoré
Seigneur et Pere (que Dieu absolue) & nous, és charges
de nostre Conseiller & Secretaire de nostre Maison &
Couronne de France, qu'il auoit exercé plus de quarante ans,
& de celle de Secretaire de nos Finances, de Controolleur
general, Garde des Roolles de nos Offices, et de grand Audiancier de France, & tousiours ensemble employé dés sa
ieunesse, dans le seruice de nos Cousins les Ducs de Montpensier, és charges de Bailly en espee de leur Duché de

C

Montpensier , de Capitaine Gouuerneur de leur Ville & Chasteau d'Aigueperse , & de Conseiller, Chancelier & Garde des Sceaux , aux contracts de leurdit Duché: Lequel Gilbert auoit fait tousiours profession des armes, s'estant tousiours trouué en toutes les occasions qui s'estoient presentees en son temps , & nommèment n'auoit iamais abandonné nostre feu Tres honoré Seigneur & Pere, en toutes les rencontres où il se seroit trouué, ains l'auoit tousiours tres fidellement seruy , & suiuy, sous la Cornette blanche, & le plus souuent proche de sa personne : mesmes auoit esté tousiours honoré par iceluy Seigneur, de la qualité de (PERE) pour l'estime qu'il faisoit de ses merites , lesquels il auoit recogneu par double preuue au Conseil, dans les affaires, où ses charges l'auoient employé, & dans les armes, où son courage l'auoit porté dans les actions de valeur & de gloire. QVE ledit Gilbert de Combauld (ayeul de luy , demandeur) auoit espousé DAMOISELLE MARIE DE POMEREV , de tres-noble & ancienne Maison, & bien alliee, fille de Michel de Pomereu , Escuyer, Seigneur de la Bretesche , Sainct Nom , de Vaulxmartin , & autres lieux, Controolleur de la Maison de feu nostre tres-honoré Seigneur & ayeul , Anthoine , Roy de Nauarre , Tresorier & Receueur general en ses Terres & Seigneuries de Picardie & de Flandres , & depuis de feu nostre tres-honoré Seigneur & Pere, & apres son aduenement à la Couronne de France, Conseiller & Maistre ordinaire de son Hostel, & de Damoiselle Marie Guibert , Gouuernante , & depuis Dame d'honneur de nostre tres honoree Tante la Duchesse de Bar: Et encores ladite Damoiselle Marie de Pomereu , espouse dudit Gilbert de Combauld , petite fille de Guillaume de Pomereu , aussi Escuyer & Seigneur des mesmes Terres de la Bretesche, Sainct Nom , & Vaulxmartin , & de Damoi-

felle Marie le Mâsson. QVE *ledit Gilbert de Combauld,
sieur des Clayes, auec Louys Gilbert de Combauld, Intendant & Controolleur general des Finances, Pierre, Seigneur de la Folleterie, François, Docteur és Droicts, François de Combauld le ieune, Commissaire de l'Artillerie, Gilberte de Combauld, femme de Iames de Gans, Tresorier du
Duché de Montpensier, Marie, femme de François Chatard, Commissaire des Guerres, & Ieanne de Combauld,
femme d'Anthoine Bourrachot, Escuyer, sieur de la Motte
de Bas, Tresorier & Payeur de la gendarmerie de France,
tous ses freres & sœurs, estoit issu de* IEAN DE COM-
BAVLD, *dit Bouche-d'or, Escuyer, sieur du Pointet,
& Capitaine du Chasteau d'Aigueperse, & de* DAMOI-
SELLE GABRIELLE BAILE, *issuë pareille-
ment d'ancienne Race, & alliee des plus nobles Maisons
d'Auuergne ; par exprés fille de Christophle Baile, Escuyer,
sieur de Montchenon, Tressat, Champ Guillaume, Bailly
en espee du Bailliage d'Auuergne, establi lors à Montferrand, & de Damoiselle Anthonia Rauail, proche parente
du Cheualier Bayard, Baron du Terrail, & de toute la famille des sieurs de Bayard : lequel Iean de Combauld est celuy que l'on a pretendu auoir fait quelque dérogeance à Noblesse:* CE QVE *le demandeur ne croit luy estre arriué, au
moins en des temps qu'elle soit considerable, pour preiudicier
à son extraction, & pour empescher que la Noblesse n'ayt
esté bien & legitimement par luy transmise à ses enfans ;*
ATTENDV *que si ledit Iean auoit fait quelque dérogeance depuis la naissance de Gilbert, son fils aisné, ayant lors
d'icelle, & tousiours auparauant, vescu noblement, en la
maniere de ses predecesseurs, cela ne pourroit estre imputé
audit Iean, ny à son fils Gilbert, & moins encores au demandeur, pource que la calamité & le malheur des parens*

ne peut nuire, ny preiudicier aux enfans, quand l'infortune
est posterieure à leur naissance, ET CONSEQVEMMENT,
quand il se trouueroit (ce que non) que ledit Iean auroit fait
quelque dérogeance en cette façon, que le demandeur pourroit
purement maintenir, qu'il n'en a iamais fait aucune, puis
qu'en ce cas elle ne preiudicieroit point à sa Noblesse, & seroit reputee indifferente. QVE ledit Iean de Combauld,
auec ses deux freres, Hector, homme d'armes dans vne compagnie d'Ordonnance, & Maistre Gilbert de Combauld,
Conseiller & Aumosnier ordinaire de feu nostre Tres-honoré Seigneur & Pere, Tresorier et Chanoine de la Saincte
Chapelle Sainct Louys d'Aigueperse, & Conseiller, Chancelier, et Garde des Sceaux, aux contracts du Duché de
Montpensier (auparauant Gilbert de Combauld, sieur des
Clayes, son Nepueu) estoit issu de LOVYS DE COM-
BAVLD, dit le Capitaine (trisayeul du demandeur) lequel auoit esté Escuyer de Charles de Bourbon, Connestable
de France, qu'il auoit accompagné iusques à sa mort sur les
murs de Rome, où il l'auoit couuert de sa Casaque d'armes,
& destourné des yeux de ses Soldats, & par ce stratageme esté cause d'vne notable victoire, en signe & recognoissance dequoy il auoit entouré la banniere de ses armes,
& depuis luy tous les descendans, d'vne cotte d'armes, pareille à celle qui auoit esté l'instrument de sa gloire, auec cette
nouuelle deuise Latine, dans le reply d'icelle, Vbi mel, ibi
fel. QVE c'est le mesme Capitaine Combauld : lequel plusieurs annees auparauant auoit desia, par vn seruice signalé,
en la iournee de Marignan, esté la plus grande cause de la
victoire qu'auoit r'emporté François premier du nom, nostre
predecesseur Roy, vne des plus signalees & des plus glorieu-
ses qui auoient iamais esté en la defaite des Suisses, & en la
prise de Milan : commandant ledit de Combauld à vne

Com-

Compagnie de gens de pied, dans l'auant garde de l'armee Royale, conduite par ledit Charles, Duc de Bourbon, depuis Conneſtable de France, duquel il eſtoit lors Eſcuyer, & recogneu pour parent. QVE ledit Louys, dit le Capitaine Combauld, douzieſme, & dernier Seigneur des terres de Larbour, Hondiciere, & Sambers, auoit eſpousé DAMOISELLE PERRINELLE DE SOLLIER, fille du Sire Gabriel de Sollier, Cheualier d'honneur de la Dame Conneſtable de Bourbon, & de Damoiſelle Martine Regnault, & encores petite fille de Pierre Sollier, Gentil-homme Nauarrois, Seigneur de Villalpando, & vn des experimenteZ Capitaines de Marine de ſon temps, qui auoit eſpousé vne fille iſſuë d'vn grand d'Eſpagne, appellée Dogna Fernanda, de Ximenes, di Aragon. QVE ledit Louys de Combauld, auec vn autre Louys, ſon frere puiſné, Treſorier du Comte de Montpenſier, eſtoit iſſu de IEAN DE COMBAVLD, Cheualier, Seigneur des meſmes lieux, Chambellan du ſieur Gilbert de Bourbon, Dauphin d'Auuergne, & Comte de Montpenſier. QVE ledit Iean auoit eu pour femme, DAME CATHERINE DE VAVLGRIS, fille de Iean de Vaulgris, & de Damoiſelle Martine de Dorne. QVE ledit Iean de Combauld (quatrieſme ayeul de luy, demandeur) auec vn autre frere puiſné, auſſi nommé Iean, Prote-Notaire du Pape, & Chanoine de Sainct Quentin en Vermandois, & deux ſœurs, Dame Louyſe de Combauld, femme du Sire Iulien de Beaumont, Cheualier, Seigneur de Midry, & de Dame Marie de Combauld, eſpouſé de Ilbert Malorde, Cheualier, Seigneur de Moüy, eſtoit iſſu de LOVYS DE COMBAVLD, Seigneur des meſmes lieux, Cheualier de l'Ordre de Bourbon, dit de l'Eſperance, & Chambellan du ſieur Louys de Bourbon, Comte

de Montpensier, duquel il estoit filleul, & beau frere naturel, ayant eu pour femme DAME IEANNE, LE-
GITIMEE DE BOVRBON, fille naturelle de
Iean premier du nom, quatriesme Duc de Bourbon, sœur,
par consequent, dudit Comte de Montpensier. QVE pour
marque de cette alliance, le feu sieur de Combauld, Intendant des Finances, grand Oncle de luy, demandeur, a porté
ses Armes escartelees, de Bourbon, Bastard, comme ayant
eu ladite Dame pour sa trisayeulle (cinquiesme, par consequent, à luy, demandeur.) QVE ledit Louis de Combauld,
mary de ladite Bastarde, legitimee de Bourbon, estoit issu de
NICOLAS DE COMBAVLD, Cheualier,
Seigneur des mesmes lieux, Chambellan de Iean premier du
nom, quatriesme Duc de Bourbon, & de DAME
MARGVERITE DALLEGRE, issuë d'vn
des Cadets de l'Illustre maison Dallegre, celebre & renommee, tant pour l'ancienneté de son extraction, que pour ses
alliances, & principalement pour celle qu'elle auroit eu sou-
uentesfois auec nostre Royale Maison de Bourbon. QVE
ledit Nicolas de Combauld, sixiesme ayeul de luy, demandeur, auec vn autre Nicolas puisné, Marie, & Iulienne
de Combauld, ses freres & sœurs, estoit issu de IVLIEN
DE COMBAVLD, Cheualier, Seigneur des mes-
mes lieux, Chambellan ordinaire du Roy, lors regnant,
nostre predecesseur, & premier Maistre d'Hostel de Louys
deuxiesme du nom, troisiesme duc de Bourbon: lequel Iulien
auroit eu pour femme, DAME ANTHOINETTE
DE CHAZERON, de notable, & celebre Maison
en Auuergne. QVE ledit Iulien, septiesme ayeul de luy,
demandeur, estoit issu de MARCEL DE COM-
BAVLD, Cheualier, Seigneur des mesmes lieux, & de
DAME PERRINELLE DE COVRTENAY,

de l'Illustre Maison de Courtenay : laquelle mesmes se pretend estre sortie du sang Royal. Qᴠᴇ ledit Marcel de Combauld (huictiesme ayeul de luy, demandeur) estoit issu d'vn autre MARCEL DE COMBAVLD, Cheualier, Seigneur des mesmes lieux, Chambellan de Louys, premier Duc de Bourbon, & Cheualier d'honneur de la Dame Duchesse sa femme : lequel Marcel auoit eu pour espouse, DAME ANNE DE LA TOVR, de l'ancienne maison de la Tour, auiourd'huy souueraine de Sedan. Que ledit Marcel premier, neufiesme ayeul de luy, demandeur, estoit issu de FIACRE DE COMBAVLD, Seigneur des mesmes lieux, fait Cheualier Banneret par le Roy, nostre predecesseur, lors regnant. Ce qui auroit esté cause que luy, & depuis tous ses descendans, iusques à present, ont porté leurs armes en Banniere. Qᴠᴇ ledit Fiacre s'estoit Croisé, et auoit esté en vn des voyages de la Terre Saincte, auec nos anciens François, & auoit eu pour femme VNE DAME, APPELLEE DIANE, dont le surnom est ignoré. Qᴠᴇ ledit Fiacre de Combauld (dixiesme ayeul de luy, demandeur) estoit fils de FIACRE COMBAVLD DE LARBOVR, Escuyer, aussi Seigneur des mesmes lieux. Qᴠᴇ ledit Fiacre premier (vnziesme ayeul de luy, demandeur) estoit issu de GABRIEL COMBAVLD, DE LARBOVR, Escuyer, Seigneur des mesmes lieux. Qᴠᴇ ledit Gabriel (douziesme ayeul de luy, demandeur) estoit issu de NOEL COMBAVLD, DE LARBOVR, dit le Capitaine Furieux, Cheualier, Seigneur des mesmes lieux. Qᴠᴇ ledit Noël (treiziesme ayeul de luy, demandeur) estoit fils vnique de COMBAVLD DE BOVRBON, dit depuis de LARBOVR, Cheualier, Cadet de la premiere Maison de Bourbon, non Royale, qui auoit eu, par

partage fait auec ſes freres , leſdites terres de Larbour, Hondiciere , & Sambers , leſquelles auoient touſiours ſucceſſiuement , depuis ſubſiſté en la famille DE LARBOVR,
dite depuis DE COMBAVLD, iuſques en la perſon-
ne de Louys , triſayeul de luy , demandeur , douzieſme Seigneur d'icelles , lequel auoit eſté contraint de les vendre , auec
la plus part de ſes autres biens (commencement de la deſ-
cheance , & deſcroiſſement de la maiſon) pour le ſeruice, &
fortune du Conneſtable de Bourbon, ſon Maiſtre & parent.
QVE ledit Combauld de Bourbon, dit depuis de Larbour,
(quatorzieſme ayeul de luy , demandeur) auoit eſpouſé
VNE DAME DE L'ANCIENNE, ET
ILLVSTRE MAISON DE SAINTRE,
& auec ſes freres Guillaume , Sire de Dampierre , & Archambauld , Sire de Bourbon , dit le Grand , huictieſme du
nom , aiſné des trois , eſtoit fils de GVY, SIRE DE
BOVRBON, ET DE DAMPIERRE, & de
DAME MARGVERITE, DAME DE BOVR-
BON, petit fils D'ARCHAMBAVLD, ſeptieſ-
me Prince ſouuerain de Bourbon, et de DAME ALIX
DE BOVRGOGNE, de l'illuſtre & Royale mai-
ſon de Bourgogne , deſcenduë du ſang de France, arriere-petit
fils D'ARCHAMBAVLD, ſixieſme Prince ſou-
uerain des terres de Bourbon, & autres, & de Dame
AGNES DE MAVRIENNE, de l'illuſtre &
ſouueraine maiſon de Sauoye, ET EN FIN, ISSV
DES AVTRES PRINCES DE BOVRBON
PRECEDENS, qui de tout temps auoient eſté
en France des principaux, & plus grands Barons de ceſtuy
noſtre Royaume, s'eſtoient touſiours maintenus ſouuerains
en leurs terres , depuis qu'ils eſtoient ſortis des Princes des
Boiens , et auroient donné , & pris des femmes dans les
pre-

Selon d'autres
Mathilde de Bour-
bon.

premieres maiſons Royales & ſouueraines de l'Europe. ET
en dernier lieu, QVE luy demandeur, yſſu de pere en fils dudit Combauld, a l'honneur de repreſenter auiourd'huy, & d'e-
ſtre actuellement l'aiſné, & le chef des armes de ladite ancienne & premiere maiſon de Bourbon : attendu que par la
cheutte en quenoüille des deux branches aiſnées d'Archambauld, de Bourbon, & de Guillaume, dit de Dampierre, Freres. DE CELLE d'Archambauld en Beatrix, Dame de
Bourbon, ſon arriere petite fille: laquelle, par ſon Mariage auec
Monſieur Robert, Comte de Clermont, fils du Roy S. Louys, a
eſté ſource de noſtre maiſon Royale de Bourbon : ET DE
CELLE d'iceluy Guillaume, en la maiſon des Comtes de
Flandres, & autres ſouueraines. Le droict d'aiſneſſe eſt defe-
ré à luy demandeur, au droict dudit Combauld de Bourbon,
ſon quatorzieſme ayeul, Frere puiſné deſdits Archambauld,
& Guillaume. PAR TOVS LESQVELS FAICTS
& articles de la Genealogie & Nobleſſe, & pluſieurs autres,
accordez par noſtre Procureur General, pour faire enqueſte,
& ſignez le vingt-ſix Octobre, & douzieſme Nouembre
mil ſix cens vingt ſept. Ledit demandeur auroit conclud, à ce
que par Arreſt de noſtre dite Cour, en entherinant noſdites
lettres, ſi beſoin eſtoit, il fuſt declaré noble de race & d'extraction, de tous coſtez, tant paternel, que maternel: meſmes de la
plus haute & ancienne Nobleſſe, & de la plus Illuſtre Cheuallerie de ceſtuy noſtre Royaume. Et ce faiſant, ordonné que
luy, ſes enfans, poſterité, & famille, ioüiroient plainement &
paiſiblement des priuileges, exemptions, immunitez, franchiſes, honneurs & prerogatiues, dont iouyſſent les Gentils-hommes de ceſtuy noſtre Royaume, & dont ſes predeceſſeurs auoiẽt
de tout tẽps, bien & deuëment ioüy, & ce tant, & ſi longuement, qu'ils ne feroient acte deſrogeant à Nobleſſe, & nous
feroient ſeruice. POVR paruenir à la preuue & verification

E

desquels faicts de Genealogie & Noblesse, ledit demandeur se seroit pourueu pardeuant ledit sieur de Machault, Conseiller, & Commissaire en ceste partie, lequel, à sa requisition, luy auroit decerné ses ordonnances: En vertu desquelles, tant nostredit Procureur General, & habitans des Clayes, que les tesmoins qu'il entendoit faire oüir, auroient esté adiournez à diuers iours pour voir ouurir lesdits faits, conuenir d'adioint, & voir iurer lesdits tesmoins, ausquelles assignations, lesdites parties seroient comparuës, sçauoir, Maistre Pierre Petitpied, Procureur en nostredite Cour des Aydes, & Procureur dudit demandeur, d'vne part: Et Maistre Iean Sauzion, Substitut de nostredit Procureur General, d'autre, en presence desquels, se rapportans audit Commissaire, il auroit nommé pour adjoint Maistre Paul Charuau, Aduocat en nostredite Cour de Parlement, & aussi Substitut de nostredit Procureur General, en presẽce desquels il auroit procedé à l'ouuerture des faits, & pris le serment de Maistre Iulien Gillard, Chastellain de la Chastellenie de Biozat, au Duché de Montpensier, aagé de quarante huict ans, tesmoin produit pour deposer sur lesdits faits. EN SVITTE DEQVOY, ce requerant ledit demandeur assisté dudit Petitpied, son Procureur, ledit sieur Commissaire se seroit, auec son Greffier, transporté au village des Clayes, principale terre auiourd'huy de la maison de Combauld, où lesdits Procureur General & habitans dudit lieu auroient en vertu de son ordonnance, esté assignez, ausquelles assignations lesdites parties seroient comparuës: Sçauoir, ledit Sauzion pour nostredit Procureur General, qui auroit déclaré n'auoir moiens pour empescher la confection de ladite enqueste, sauf à nostredit Procureur General, ses moyens de nullité & reproches, & se feroit rapporté audit Commissaire de nommer tel adioint que bon luy sembleroit pour y vacquer, ET lesdits habitans des Clayes, par Robert Massot, leur

Procureur Sindic: lequel auroit dit, que lors de la signification dudit *Arrest*, ils auroient desia tous vnanimement, & d'vne mesme voix, declaré qu'ils n'entendoient point estre partie à l'encontre dudit de Combauld, demandeur, pour disputer sa Genealogie & Noblesse, par acte dudit iour trentiesme Nouembre : lequel d'abondant ils ratifioient & approuuoient, declarans & recognoissans ledit de Combauld pour Noble, & estre yssu de noble race, fils de Charles de Combauld, Escuyer, Seigneur dudit lieu des Clayes, encores viuant, & petit fils de Gilbert de Combauld, aussi Escuyer, Seigneur des mesmes lieux, nostre Secretaire & grand Audiancier de France: lesquels ils auoient tousiours veu viure noblement, tenus & reputez pour Gentils-hommes, non iamais cottisez aux Tailles, & qu'ils n'entendoient point encores les y cottiser: desquelles comparutions & declarations, ledit sieur Commissaire leur auroit donné acte, & nommé pour Adioint Maistre Pierre Richon, Greffier & Tabellion à Villepreulx, par eux accordé, duquel il auroit pris le serment, ET SVR CE, auroit ledit demandeur produit pour tesmoins, Claude le Vicote, Escuyer, sieur de la Bretechelle, homme d'armes de la Compagnie du sieur Marquis de Rosny, aagé de trente vn an, Iean le Vicomte, Escuyer, sieur de Ternay, aagé de soixäte ans, François Faulchet, Escuyer, fils d'Archambauld Faulchet, aagé de trente huict ans, tous Gentils-hommes voisins de ladite seigneurie des Clayes. Maistre François Sancyer, Prestre, Curé de la parroisse des Clayes, aagé de soixante ans. Nicolas Guyon, Capitaine & conducteur du charroy de nostre Chancellerie, aagé de cinquante six ans : Et Iean de Thumery, Escuyer, sieur de Menildon, aagé de cinquante six ans, desquels, en la presence dudit Sauzion Substitut dudit Adioint, & dudit Massot Sindic: Ledit sieur Commissaire auroit pris & receu le serment. CE FAICT, ce requerant ledit deman-

Collation des Ar-
mes de Combauld
& de Pomereu,
trouuées en l'Egli-
se des Clayes.

D E
COMBAVLD,
Vne Bâniere d'or,
à trois Merlettes,
de sable, au chef
de Gueulles, en-
touree d'vne cot-
te d'armes, fourree
d'hermines, & dãs
le reply d'icelle,
Vbi mel, ibi fel.

Armes des Com-
baulds derechef, au
mesme lieu.

deur, par sondit *Procureur*, ledit sieur *Commissaire* se seroit transporté dans l'*Eglise* dudit village des *Clayes*, où estant, accompagné comme dessus, auroit veu vn vieil *Tableau* attaché contre la muraille, du costé senestre de ladite *Eglise*, representant la descente de nostre *Seigneur* de la croix, fort vsé, en sorte qu'il ne s'y pouuoit plus recognoistre que les figures, au hault duquel *Tableau*, du costé dextre, estoient des armes pleines: Sçauoir, vne *Banniere* d'or, à trois *Merlettes*, de *Sable*, au *Chef* de *Gueulles*, & ladite *Banniere* entouree d'vne *Cotte* d'*Armes*, fourree d'*Hermines*, ayant dans le *Reply* la *Deuise*, Bi mel bi, *qui luy auroit esté dit vouloir signifier*, Vbi mel, ibi fel, *qui estoit vne des Deuises de la maison de Combauld: Et au costé Senestre, estoit vn Escusson, party du mary, & de la femme, où au premier party estoient* vne *Merlette & demy de Sable, en chãp d'or, & vn demy Chef de Gueulles, et au second party,* vn *demy Cheuron d'argent, accompagné d'vne Póme & demy d'or, en champ d'azur. Surquoy, enquis ledit Massot, Sindic, present, par ledit Sieur Commissaire, auroit dit, que c'estoient les Armes du feu Sieur Gilbert de Cõbauld, et de Damoiselle Marie de Pomereu (ayeul, & ayeulle dudit demandeur) et que ledit Tableau auroit esté dés long tẽps, par eux donné à ladite Eglise; Lesquelles armes auroyent esté trouuées par ledit Commissaire, pareilles & semblables à celles dépeintes és faicts de Genealogie, & Noblesse dudit demãdeur. Comme aussi auroit esté representé audit sieur Commissaire, la Banniere de ladite Eglise, de Damas rouge, Cramoisy, ayant d'vn costé l'image de Sainct Martin, patron d'icelle Eglise, & de l'autre costé vn Euesque, où dans l'vn, et l'autre costé, il auroit veu les Armes blasonnees, en Banniere d'or, à trois Merlettes de Sable, au Chef de Gueulles, timbrees d'argent, & lambrequinees d'or, de sa-*
ble,

ble, & de Gueulles, & à leur opposite vn Chriffre d'vn
double ƆC. Que ledit Maſſot, audit nom, auroit recogneu
eſtre les meſmes Armes, et ladite Banniere auoir eſté donnée à ladite Egliſe par ledit Gilbert de Combauld, Eſcuyer,
Seigneur des Clayes. ET s'eſtant ledit ſieur Commiſſaire, ce
requerant ledit demandeur, tranſporté auec leſdits de Sauzion, et Maſſot, en la maiſon Seigneuriale des Clayes, demeure ordinaire de Charles de Combauld, Eſcuyer, Seigneur
dudit lieu (pere dudit demandeur) il auroit recogneu leſdites
Armes eſtre empreintes et grauees auec Timbre, et Cotte
d'Armes, en la maniere ſuſdite) ſur les cachets, vaiſſelle, et
autres meubles domeſtiques de ladite maiſon, à luy repreſen-
tez, dont & de tout, ce requerant ledit demandeur, ledit ſieur
Commiſſaire luy auroit donné Acte, pour luy ſeruir, et val-
loir ce que de raiſon. ET decerné ſon ordonnance, en vertu
de laquelle les parties ayans eſté aſſignees en ſon Hoſtel à Paris, enſemble quelques teſmoins, ledit de Sauzion, Subſtitut,
s'eſtant rapporté à luy de nommer pour adioint qui bon luy ſē-
bleroit, ſauf à noſtredit Procureur General, ſes moyens de nullité, & de reproches, dont auroit eſté donné Acte auſdites parties, de leurs dires, declarations, et conſentement: Auroit ledit
ſieur Commiſſaire nommé pour adioint le juſdit Maiſtre
Paul Charuau, en preſence duquel, & des parties, ledit demandeur auroit produit pour teſmoins, le ſieur Anthoine de
Murat, noſtre Cõſeiller en nos Conſeils d'Eſtat, et Priué, &
noſtre Lieutenant General en la Seneſchauſſee d'Auuergne,
& ſiege Preſidial de Riõ, aagé de ſoixãte & dix ans; Le ſieur
Iacques de la Boulaye, Cheualier de noſtre Ordre, Capitaine
de noſtre Compagnie de Cheuaux legers, entretenu pour noſtre ſeruice, & Gouuerneur du Duché de Montpenſier, pour
noſtre tres-cher Frere, le ſieur Duc d'Orleans, aagé de ſoixante dix ans; Claude Gillet, noſtre Conſeiller, et Controolleur

F.

General des Boistes des *Monnoyes* de France, aagé de quarante neuf ans; Le sieur Emmanuel de Gondy, Cheualier de
nos Ordres, General de nos Galleres, en France, Conseiller en
nos Conseils, & Capitaine de cent hommes d'armes de nos
Ordonnances, aagé de quarante cinq ans; Le sieur Guillaume
de Laubespine, Cheualier, Seigneur de Chasteau-neuf, nostre
Conseiller en nos Conseils, & Chancelier de nos Ordres, aagé
de soixante dix-neuf ans; & Matthieu du Clos, Escuyer, Sieur
de Martillac, Gentil-homme ordinaire de nostre Chambre,
& vn de nos Maistres de Camp, entretenu pour nostre seruice, aagé de soixante trois ans: Desquels tesmoins, en presence
desdits Substitut & Adioint, ledit Commissaire auroit, à diuers iours, & assignations, pris, & receu le serment en tel cas
requis, & accoustumé, de bien, & fidellement déposer en ladite
Enqueste, dont il auroit aussi donné Acte. ET quelques iours
apres auroit, ce requerant ledit demandeur, decerné son Ordo-
nance, en vertu de laquelle nostredit Procureur General, &
Pierre de Combauld, Escuyer, Sieur de la Folterie, auroient
esté assignez pardeuant luy, pour proceder à la collation des tiltres, & pieces qu'il auoit en sa possession, iustificatifs de ladite
Noblesse des Combaulds: à laquelle assignation estans compa-
ruz: Sçauoir, ledit de Sauzion, audit nom, qui auroit consen-
ty: & ledit Sieur de la Folterie, qui auroit representé, & mis
ês mains dudit Sieur Commissaire, les originaux desdites pieces: Sçauoir, vn Testament en parchemin, faict par Iulien de
Combauld, en son Chasteau de Larbour, en Bourbonnois, le
Mercredy vingtiesme May, mil quatre cent & neuf, Vn partage faict entre Iean de Combauld, d'vne part ; & Iean de
Combauld son Frere, d'autre, des successions de Louys de Combauld, leur Pere, & de Ieanne, legitimee de Bourbon, leur mere, passé souz le Séel de la Preuosté de Paris, pardeuant Iean
de Calais, & Iean Charpentier, Notaires au Chastelet, le

*Mercredy vingt-cinquiesme Ianuier, mil quatre cens nonante
vn : Les prouisions de la charge de Capitaine du Chasteau
Descolle, octroyées à Louys de Combauld, par Charles Comte
de Montpensier, au doz desquelles est escrit en Latin, l'acte du
serment presté par ledit de Combauld, és mains du Sieur de
Leage. Lesdites prouisions dattees du deuxiesme Octobre, mil
cinq cens trois, Vn* Committimus *obtenu par ledit Louys
de Combauld, le vingt quatriesme Ianuier, mil cinq cens dix-
neuf. Signé, Par le Conseil, Durand. Et de lettres de retenuë,
faite par le Sieur Duc de Montpensier, Pair de France, de la
personne de Iean de Combauld, pour estre de son Conseil, en
datte du dix-neufiesme Octobre, mil cinq cens soixante &
dix-sept. Signees Louys de Bourbon. Et plus bas, Coustureau.
Lesquels originaux, ledit Sieur Commissaire auroit, en presence, & du consentement desdits Sauzion, Substitut, & Charuau, Adioint, collationné, & rendu audit sieur de la Folterie,
qui auroit signé, auec eux, la minute dudit procez verbal. ET
LEDIT sieur Commissaire ayant procedé à l'audition desdits tesmoins, auroit mis l'enqueste au greffe de nostredite Cour.
ET LE sixiesme Feurier mil six cens vingt sept, ledit de
Combauld, demandeur, auroit presenté sa requeste à nostredite
Cour, à ce qu'attendu, que pour fortifier, & paracheuer la
preuue de sa Genealogie & Noblesse, il estoit besoin de faire
ouyr quelques tesmoins au pays d'Auuergne, où ses bisayeul, trisayeul, & predecesseurs auoient demeuré, & faire description
des Armes, & memoriaux estans en leurs Maisons, Eglises,
& autres lieux dudit pays, Il pleust à nostredite Cour com-
mettre les Presidens, Lieutenans, & Esleuz des Eslections
de Moulins, & de Gannat, ou l'vn d'iceux, premier sur ce requis, pour paracheuer l'execution dudit Arrest du vingt sixiesme Octobre, mil six cens vingt-six. Sur laquelle Requeste seroit interuenu Arrest dudit iour sixiesme Feburier, mil six cens*

Arrest de la Cour,
portant commission

F iij

vingt-sept, par lequel nostredite Cour, pour l'execution dudit premier Arrest, & pour informer desdits faicts côpulsez auec le Substitut de nostre Procureur General sur les lieux. Les tiltres, contracts, enseignemens, Epitaphes, & Memoriaux, concernans ladite Genealogie, & Noblesse. Auroit commis le premier des Esleuz de Moulins & de Gannat, pour les procez verbaux & enquestes faites, rapportees & communiquees à nostredit Procureur General, estre fait droict ainsi que de raison. LEQVEL ARREST en bonne forme, signé, & seellé de nostre Seel, & lesdits faicts clos souz le Contre-seel de nostre Chancellerie de Paris, auroient esté, le dix-septiesme dudit mois de Feurier mil six cens vingt-sept, presentez par Maistre Michel Mingon, au nom & comme Procureur dudit de Combauld, demandeur, à Maistre Louys Guillouet, nostre Conseiller & Esleu en l'eslection de Moulins: lequel auroit decerné ses Ordonnances, en vertu desquelles Maistre Iean Cantat, Substitut de nostredit Procureur General en ladite Election, auroit esté appellé, en presence duquel, & de Maistre Anthoine Chauuin, Aduocat en la Seneschaussee & Siege Presidial de Bourbonnois, Adioinct ordinaire & necessaire aux Enquestes (qui auroit fait serment) ledit Commissaire auroit procedé à l'ouuerture desdits faicts, trouuez clos & seellez. Et à la Iurande d'Anthoine de Laual, Escuyer, sieur de Bellair, nostre Conseiller & Geographe, aagé de soixante dix-sept ans. Et de Maistre Philippes Buisson, Archer en la Vissenes chaussee de Bourbonnois, aagé de soixante dix ans, tesmoins assignez pardeuant luy: la deposition desquels il auroit fait rediger par escrit, par le Greffier de ladite Eslection, en vne enqueste separee & enuoyee pardeuant nostredite Cour, close & seellee. ET LE vingt-cinquiesme Septembre audit an, mil six cens vingt sept, Maistre Claude de Chassignoles, Procureur en l'eslection de Gannat,

au nom,

aux Esleuz de Moulins. Et de Gannat, pour paracheuer la preuue de la Noblesse des Côbaulds.

Ce qui s'est fait à Moulins, en execution d'Arrest.

Nommément la Iurande de quelques tesmoins notables & autres.

au nom, & comme Procureur dudit demandeur, se seroit
presenté au Bureau & Chambre du Conseil de l'Eslection
dudit Gannat, & auroit requis à Maistre Guillaume Rouher nostre Conseiller & Lieutenant General en ladite Eslection, l'execution desdits arrests des vingt sixiesme Octobre, mil six cens vingt six, & sixiesme Feurier, mil six
cens vingt sept, lesquels, auec lesdits faits, il luy auroit bail-
lez à ceste fin; EN execution desquels, ledit Commissaire
auroit decerné sa Commission, tant pour faire assigner tesmoins, que pour proceder à l'Extraict des tiltres, enseignemens, lettres, contracts, epitaphes, deuises, & memoriaux,
concernans ladite Genealogie & Noblesse, en la presence
de Maistre Toussaincts Cheuarier, Substitut de nostredit
Procureur General en ladite Eslection. ET le vingt-septiesme dudit mois de Septembre, ledit Commissaire s'estant,
auec ledit Substitut, transporté en la ville d'Aigueperse, où
les parties auroient esté assignez, IL auroit pris pour adioinct Maistre Iacques Culhat, Aduocat au Bailliage &
Pairie de Montpensier, en presence duquel (apres serment
pris) & dudit Substitut, il auroit fait iurer Maistre Guillaume Gilhard, Chastellain de Biozat, aagé de quatre-
vingts ans, Iulien l'Ascher, aagé de quatre vingts deux
ans, François Grimault, aagé de soixante dix ans, & noble Noël Cousin, Lieutenant General au Bailliage de Mot-
pensier, aagé de soixante vn an, tesmoins produits & assignez à la requeste dudit Procureur, & leurs depositions
fait rediger par escrit, en enqueste, par Maistre Gilbert
Guilloüet, Greffier en ladite Eslection, dont il auroit faict
procez verbal separé pour seruir aux parties ce que de raison. CE FAIT, seroit comparu pardeuant ledit Commissaire, le sire Genaix du Lac, Chanoine de la Saincte
Chappelle de ladite ville d'Aigueperse, & Baisle du Cha-

pitre de ladite Eglise, assigné par deuant luy: lequel auroit, en presence dudit Culhat Adioint, et dudit Substitut, representé trois lettres escrites de Fontaine-bleau, au sieur de Montpensier, Duc et Pair de France. La premiere, du trois May, mil cinq cens soixante treize, signee Catherine. La deuxiesme, dudit mois et an, signee C. Cardinal de Bourbon. Et la troisiesme, de la Dame Princesse de Montespedon, du sixiesme desdits mois et an, signee de Montespedon: Lesquelles lettres, apres auoir esté transcrites par ledit Commissaire, en son procez verbal, auroient esté retirees par ledit Du Lac, toutes lesquelles trois lettres escrites, pour vn mesme suject, en faueur du Secretaire Combauld, ayeul du demandeur, tesmoignent l'estime en laquelle il estoit parmy les grands. ET LE LENDEMAIN vingt-huictiesme Septembre mil six cens vingt sept, ledit Commissaire, ce requerant ledit Procureur, se seroit transporté en la maison ancienne des Combaulds, scise audit Aigueperse, au deuant du Chasteau dudit lieu, où en la salle basse de ladite maison, au coing de la cheminee, & à main droicte, auroit remarqué au doigt & à l'œil, les armes de ladite maison des Combaulds, en la mesme façon et forme qu'elles sont peintes dans les faicts de Genealogie, articulez par ledit demandeur: sçauoir, en Banniere d'or à trois Merlettes, de sable au chef de Gueules, auec la deuise, IE NE LE QVITTE A NVL AVTRE, entouree d'vne cotte d'armes, & dans le reply d'icelle, escrit, VBI MEL IBI FEL. Et de l'autre costé de ladite cheminee à main gauche, les armes de la maison des Combaulds et Bailes DE Combauld, comme dessus. ET de Baile, à vne demy rouë de Saincte Catherine, d'or en champ d'azur : et aux vitres, tableaux & planchers de ladite maison, les armes pleines desdits Cōbaulds d'vn costé & my party de l'autre desdits Bailes, ainsi qu'il auroit esté recogneu, en presence desdits Substitut & Adjoint. ET de ladite maison se seroient transportez dans la maison ancienne des Bailes, où demeuroit lors Damoiselle Françoise Baile, vnique heritiere de ladite maison, où estans dans la salle basse, ils auroient remarqué dans le tableau de la cheminee, sept Escussons, celuy du milieu & principal de Baile plein, d'azur à ladite roüe d'or. Le deuxiesme, my-party de Combauld & de Baile, apres my-party de Baile & Rauail, & ledit Rauail d'azur à vne Raue d'argent, en pal fleurie d'argent & de Sinople. Le quatriesme de Rauail plein. Le cinquiesme de Rauail, my party de Coiffier, d'azur à trois coquilles d'or, 2. 1. Et plusieurs autres Armes & Escus difficiles à blasonner, LORS de laquelle visite, ladite Damoiselle Baile auroit representé audit Commissaire, vn petit portraict, qu'elle auroit dit estre de Christofle Baile son ayeul, Bailly de Monferrand, tenant la main sur son espee, vestu à l'antique, vne tocque à la teste, estant autour d'iceluy tableau ce distique; Atque animo Bellus, bellus quoque corpore semper moribus, & bello nomine bellus eris. Lequel Christofle elle auroit dit estre trisayeul dudit Charles de Combauld, pere de Gabrielle Baile, sa bisayeulle, femme de Iean de Combauld, Capitaine du Chasteau de ladite ville, duquel tableau elle auroit fait don audit Charles, & l'auroit mis és mains de son Procureur pour le luy rendre, ledit tableau datté de l'an mil cinq cens quarante quatre, & auroit fait voir, en presence des dessusdits, plusieurs autres tableaux, portans les Armes desdits Combaulds & Bailes. ET de ladite maison, se seroit ledit Commissaire accompagné, comme dessus, transporté en l'Eglise Collegiale de Nostre Dame d'Aigueperse, où dans le Tresor dudit Chapitre, Maiſtre Gilbert Gilhart, Preſtre, Chanoine, & Baiſle de ladite Egliſe, auroit repreſenté le papier iournal des fondations faites en icelle, eſcrit en lettre antique, & tout vſée, où ſe ſeroient trouuez ces mots, Noble homme Louys de Combauld, tant pour luy, que par Perinelle de Sollieres ſa femme, qu'auſſi par Iean de Combauld, & Catherine de Vaulgris ſes pere & mere, pain & vin, liuraiſon, & vingt deniers tournois, & aprés Modo. Iean de Combauld. CE FAICT, ſe ſeroit, ce requerant ledit de Combauld par ſon Procureur, auſſi tranſporté au deuant du grand & ancien Autel de ladite Egliſe, au deuant duquel il auroit veu trois grands tumbeaux de pierre de taille, en vn lieu eminent, & eſleué, que l'on luy auroit dit eſtre les tumbeaux des predeceſſeurs du demandeur. Ce qui auroit eſté atteſté & certifié par les Sires Gabriel Bargirot, Iacques Meſchin, Genaix du Lac, & Vincent de Gans, tous Preſtres, & Chanoines d'icelle Egliſe, qui auroient dit ſçauoir aſſeurémẽt, & de certaine ſcience, eſtre les tumbes deſdits ſieurs Combaulds, pour y auoir veu enſepuelir Iean de Combauld, par eux cogneu, pour eſtre biſayeul du demandeur, Capitaine du Chaſteau d'Aigueperſe, dit vulgairement Iean Bouche-d'or, Gabrielle Baile ſa femme, & Maiſtre Gilbert de Combauld, Conſeiller & Aumoſnier du feu Roy, noſtre tres honoré Seigneur & pere, Treſorier & Chanoine de la Saincte Chappelle de Sainct Louys d'Aigueperſe, & ledit lieu d'iceux tumbeaux eſtre la marque la plus releuee, honorable, & eminente de ladite Egliſe, & tenant le premier rang & preſceance, dont ledit Commiſſaire auroit donné acte, & de tout dreſſé ſon procés verbal, preſens leſdits Subſtitut & Adjoint. ET le lendemain vingt-huictieſme Septembre, ledit Commiſſaire eſtant en ladite ville d'Aigueperſe, pardeuant luy, ſeroit cõ-

paru

paru Noble homme Anthoine de Gans, Tresorier general du Duché de Montpensier, fils de Damoiselle Gilberte de Combauld, assigné à la requeste dudit demandeur, de l'ordonnance dudit Commissaire, & auroit representé quatre tiltres, que sadite mere auroit recueilly lors de l'incendie & embraZement arriué au Chasteau d'Aigueperse, où Iean de Combauld, Capitaine d'iceluy, auoit deposé la plus part des tiltres, papiers, & meubles de sa maison. LE premier, le contract de mariage d'entre Iean de Combauld & Catherine de Vaulgris, receu par Garrot, Notaire d'Aigueperse, le premier Octobre, mil quatre cens soixante neuf, signé dudit Garrot, & scellé en parchemin. LE second, vn contract de donation, par ledit Iean de Combauld, fait au profit de ladite de Vaulgris sa femme, du vingt-vn Iuillet, mil quatre cens nonante quatre, receu par Chenut, Notaire audit lieu, aussi en parchemin, & scellé : LE troisiesme, vn contract en parchemin, en forme de transaction, entre ladite Catherine de Vaulgris, lors veufue dudit Iean de Combauld, & Louys de Combauld leur fils, faict auec Pierre Randan, receu par Cellerier, Notaire audit lieu, l'an mil quatre cens nonante six, le dix huictiesme Iuillet, de luy signé, & scellé en parchemin: ET le quatriesme, le contract de mariage entre Iean de Cõbauld, fils dudit Louys de Combauld, et Gabrielle Baile sa future espouse, aussi en parchemin, receu par Garrot, Notaire audit lieu, le septiesme Iuin, mil cinq cens trente quatre, de luy signé, & scellé: desquels contracts auroient esté faicts extraicts & collatiõs, ce requerant ledit Procureur, dont auroit aussi esté fait proceZ verbal, signé dudit Commissaire, dudit sieur de Gans, et desdits Substitut, Procureur, Adioint, et Greffier. ET le quatriesme Octobre ensuiuant, de la mesme annee mil six cens vingt-sept, ledit Commissaire, assisté desdits Substitut,

Descente du Commissaire en la ville Descolle, & ancienne habitation des Combaulds.

H

Adioint, & Greffier, se seroit, ce requerant ledit Chassignol, Procureur dudit de Fercourt, demandeur, transporté
en la ville & bourg Descolle; & illec, en l'Eglise de
Sainct Blaise, au deuxiesme pillier, à main droite, à l'entree
d'icelle Eglise, ledit Procureur auroit monstré certaine Bulle y estant, auec les cordons pendans, des sceaux qui y auoient
esté cy-deuant, (ainsi comme plusieurs anciens presens l'auroient attesté) faisant mention de la Noblesse de la famille
des Combaulds. ESTANT au dessuz d'icelle Bulle, vn
Tableau, auec les Armes de ladite Maison, ledit Tableau
de deux pieds de longueur, sur vn pied de hault, en forme de
vieil Epitaphe, my party, ayant à la main droite l'Image
nostre Dame, l'Image Sainct Blaise, et la figure & representation d'vn Gentil homme habillé à l'antique, d'vne
longue Casaque, fourree d'hermines, l'espee au costé, les
mains jointes, et vne grande cheuelure à l'ancienne Gau-
loise. Et de l'autre costé dudit Tableau, & au dessus, au milieu, les Armes de la Maison des Combaulds: à sçauoir,
Vne Banniere d'or, à trois Merlettes de sable, au
Chef de Gueules, ayant pour supposts deux Griffons d'or, le Timbre Tarré de front, & pour Cimier, vn Griffon naissant d'or, auec la deuise, IE
NE LE QVITTE A NVL AVTRE, le
tout supporté d'vne petite terrasse, tout ainsi & de
mesmes qu'elles sont representees esdits faicts, hors mis que la
cotte d'Armes n'y est point, ny l'autre deuise, Vbi mel, ibi
fel, Que ledit Chassignol, Procureur dudit demandeur, auroit dit prouenir de ce que ladite cotte d'Armes n'auoit cō-

mencé à estre prise dans la famille, que depuis Louys de Cōbauld, fils de Iean, qu'il auroit dit estre celuy qui est representé audit tableau, ainsi que l'escriture estant au bas, fait
foy, lesdites Armes des Combaulds cy dessus, blasonnees, ac-

zompagnets de quatre autres Escussons, deux de châque costé. Le premier, de Bourbõ, Bastard, d'azur, à trois Fleurs
de Lys d'or, au baston de Gueules. Le second , de
Gueules, à la Tour d'argent, ouuerte de Gueules,
accõpagnee de six Fleurs de Lys d'or , en pal, trois
à trois de châque costé. Que ledit Commissaire auroit
recogneu estre les Armes de la Maison d'Allegre. Le troisiesme, Escu, d'azur, semé de France, à la Tour d'argent, Armes de la Maison de la Tour. Et le quatriesme,
Escu d'or, au Lion rampant, de Gueules , entouré
de Coquilles d'azur. Que ledit Commissaire auroit aussi recogneu estre les anciennes Armes des Archambaulds
de Bourbõ, pour auoir esté par luy veuës, blasonnees de mesmes, en plusieurs lieux de Bourbonnois, & Duché de Mõtpensier. Au dessous desquelles Armes & blasons est escrit
en caracteres anciens, & difficiles à lire à cause de quelques
lettres effacees en plusieurs endroits, ce qui s'ensuit. C'est le
pardon en ceste Bulle, octroyé à Rome, par nostre
sainct Pere le Pape, assisté de dix-neuf Cardinaux,
pour l'Eglise de Monseigneur Sainct Blaise Descolle, comme il est plus à plein contenu en icelle;
A la requeste de Noble Iean de Combauld , aisné
de l'ancienne famille des Combaulds, Cheualiers
Bannerets, luy Escuyer de Monseigneur Gilbert,
Comte de Montpensier, qu'il a tousiours suiuy,
auec Louys de Combauld son fils , en toutes les
guerres, & seruy en ladite qualité, tres-fidellemét,
à l'imitation de tous ses predecesseurs , Louys de
Combauld son pere, Cheualier de l'Esperance,
Chambellan de Louys, Comte de Montpensier,
& son filleul, qui auoit espousé vne sœur naturelle dudit Comte Louys, Nicolas de Combauld son

d'Allegre.

De la Tour.

Et de Bourbon l'an-
cien.

Tableau, en forme
d'Epitaphe , conte-
nant la Genealogie
des Combaulds.
Dés deuant l'ã mil
deux cens , iusques
en l'an 1486.

H ij

ayeul, Chambellan dudit Louys, & de Iean Duc de
Bourbon , qui euſt à femme Marguerite d'Allegre, lequel en ligne maſculine eſtoit deſcendu de
Marcel de Combauld, & d'Anne de la Tour , luy
Eſcuyer, & Chambellan de Louys, premier Duc
de Bourbon, & Cheualier d'honneur de Madame:
Iceluy auoit pour pere Fiacre , Eſcuyer : Et, *c'eſt la*
place des quatre mots, qui ne ſe peuuent lire , pour eſtre effa-
cez entierement: Lequel fut fait Cheualier Banneret
au voyage de la Terre ſaincte , & auoit eſpouſé
vne Diane. *Icy peuuent eſtre quatre autres mots, qui ne ſe*
peuuent entierement lire. Il auoit pour ayeul vn autre
Fiacre, pour biſayeul Gabriel, & pour triſayeul
Noel Combauld, dit le Capitaine Furieux, tous Eſ-
cuyers, & ſuyuans les Archambaulds de Bourbon,
deſquels ils eſtoient yſſus par Cóbauld, fils maiſ-
né d'vn deſdits ſieurs: Ledit Iean de Combauld a
fait poſer pour eternelle memoire, ce Tableau, le
ſixieſme Iáuier, l'an mil quatre cens quatre vingts
cinq, de ſon aage le quarantieſme, en l'Egliſe dudit Eſcolle, ville natalle de la famille des Combaulds. *Lequel Tableau en forme d'Epitaphe, eſt expli-*
catif d'vne Bulle Latine, eſtant au deſſouz d'iceluy, en vieil
parchemin, trouuee ſaine & entiere, commençant par ces
mots, Rodericus portuen, *octroyee à Rome par le Pape*
Innocent, aſſiſté de dix-neuf Cardinaux y deſnommez , le
vingt vn Mars, mil quatre cẽs octante cinq, pour la reſtau-
ration de l'Egliſe ſainct Blaiſe d'Eſcolle, Porrectis ſuper
hoc humiliter, pro parte nobilis equitis , Ioannis
de Combauld, Comitis Delphini Aluerniæ, fami-
miliariſſimi ſupplicationibus : *Qui ſont les propres*
termes de ladite Bulle, de laquelle, & dudit Tableau, Ar-
moiries,

Et en dernier lieu,
Bulle du Pape In-
nocent pour la re-
ſtauration d'icelle
Egliſe.

Faiſant mẽtiõ des
Combaulds.

moiries, Efcuſſons, et deuiſes, auroit eſté faict Extraict, et collation par ledit Commiſſaire, en ceſte forme, qui eſt la meſme en laquelle ils ont eſté trouuez, appellé auec luy Maiſtre Iean Viart, Procureur d'Office dudit lieu, et le Vicaire perpetuel de ladite Egliſe, et en preſence de quatre teſmoins, des principaux habitans dudit lieu, tous anciens, de ſoixante à quatre vingts ans, qui ont aſſeuré, que de tout temps, et de toute leur cognoiſſance, ils ont veu leſdits Tableau et Bulle, en la forme ſuſdite, en l'Egliſe dudit Eſcolle, et qu'ils tiennent par tradition de pere en fils, que ledit Iean de Combauld, y deſnommé, eſtoit pere de Louys de Combauld, qui accompagna Charles de Bourbon ſur les murs de Rome, et que deſdits Combaulds ſeroit deſcendu en ſuitte ledit demandeur, leſdits Combaulds tenus originaires d'Eſcolle, de Noble et Illuſtre famille, Gentils-hommes qui auoient touſiours ſuiuy le party de la Maiſon de Bourbon, dont et de tout, auroit eſté donné acte audit Chaſſignol, Procureur dudit demandeur, en preſence deſdits Subſtitut, Adjoint, et autres deſnommez audit procez verbal. LEQVEL, auec les autres faicts, à Paris, et Moulins, auec les trois enqueſtes, ayans eſté mis pardeuers noſtredite Cour, PAR appointement paſſé en icelle, le dix-ſeptieſme Decembre mil ſix cens vingt-ſept: Entre ledit demandeur et noſtredit Procureur General, defendeur, LESDITES enqueſtes auroient eſté receuës pour iuger, ſauf à debattre leſdits procez verbaux, et les parties appointees à produire à huictaine, bailler contredicts et ſaluations dans le temps de l'ordonnance, SVIVANT LEQVEL APPOINTEMENT, ledit demandeur auroit produit au Greffe de noſtredite Cour, pluſieurs pieces et tiltres iuſtificatifs de ſadite Genealogie, et extraction noble, SIGNAMMENT, et entre au-

I

<table>
<tr><td>

Ladite piece cottee par B.

CHARLES II. demandeur , fils de CHARLES DE COMBAVLD, I. du nom, Et de MARIE DE PAIOT.

Cotté par B. Idem probat.

MAGDELAINE Et IEANNE, sœurs du demandeur.
Magdelaine a espousé Mr. Me. Iean Perrot , Conseiller en la Cour par contract du 15. Auril 1625 passé pardeuant le Camus & le Semelier, Notaires à Paris.
Ieanne a espousé Mr. Me. Pierre Pastoureau, aussi Conseiller en ladite Cour, par contract passé pardeuant les mesmes Notaires, le 12 Iuillet 1626.

</td><td>

tres, SON ACTE BAPTISTAIRE , en l'Eglise de Sainct Germain de l'Auxerrois à Paris, le huictiesme Iuin mil six cens six, par lequel appert , que luy demandeur, nommé audit acte, Charles de Combauld, fils de noble homme Maistre Charles de Combauld, nostre Conseiller & Secretaire, & de Damoiselle Marie de Pajot sa femme, a esté baptisé ledit iour, & a eu pour Parrains le sieur Iean Forget, nostre Conseiller en nos Conseils d'Estat & Priué, & President en nostre Cour de Parlement, Baron de Maslé, et noble homme Maistre Iacques de Pomereu, nostre Conseiller & Secretaire, & de nostre Maison & Couronne de France, Seigneur de la Bretesche : & pour Marraine Dame Marie le Clerc, femme du sieur Louys de Giffart, sieur de la Pierre; ledit acte signé Gombert, Prestre, Vicaire de ladite Eglise. VN ACTE passé au Chastellet de Paris, le vingtiesme Decembre mil six cens vingt-deux, par lequel appert, que Damoiselle Marie de Pajot, mere dudit demandeur , a esté esleüe Tutrice & Curatrice, pour receuoir & demander deliurance des legs testamentaires, faits par la Dame Presidente Forget, au profit de ses petits Nepueux & Niepces, Charles, Magdelaine, & Ieanne de Combauld, desnommez audit acte, enfans de ladite Damoiselle & de Charles de Combauld son mary, Escuyer, Seigneur des Clayes, nostre Conseiller & Secretaire, & de nostre Maison & Couronne de France, & ce du consentement & authorité dudit Charles de Combauld , pere desdits enfans, et de l'aduis de leurs parens paternels & maternels, ainsi desnommez et qualifiez audit acte. Iacques de Pomereu, Escuyer, sieur de la Bretesche Saintnom, Oncle paternel. Noble homme Maistre Pierre Perrot, nostre Conseiller , & Procureur en l'Hostel de Ville de Paris, Oncle paternel, à cause de sa femme. Gabriel de Salu-

</td></tr>
</table>

ces, Escuyer, Gentil-homme ordinaire de noſtre Chambre, Oncle paternel, à cauſe de ſa femme. Maiſtre François de Pomereu, noſtre Conſeiller en noſtre Cour de Parlement, Couſin paternel. Le ſieur François de Pajot, Cheualier, ſieur d'Autheul, Oncle maternel. Louys de Giffart, Escuyer, ſieur de Sainct Macloud, Oncle maternel. Maiſtre Nicolas le Clerc, noſtre Conſeiller en noſtre Cour de Parlement, grand Oncle maternel. Le ſieur Anthoine de Pajot, auſſi noſtre Conſeiller, en nos Conſeils d'Eſtat & Priué, & Maiſtre des Requeſtes de noſtre Hoſtel, Couſin maternel deſdits enfans mineurs, & de Maiſtre Iacques le Coq, noſtre Conſeiller, & Subſtitut de noſtre Procureur General. Ledit acte en parchemin, ſigné Rainçe, & ſeellé. VN EX- Cotté par C. TRAICT en papier, des Regiſtres de l'Audiance de France, ſigné Perrochel, grand Audiencier ; par lequel appert, que Gilbert de Cõbauld, noſtre Secretaire, a eſté pourueu de l'Office de grand Audiancier de France, par la reſignation de Louys Gilbert de Combauld ſon frere, & immatriculé. Que Maiſtre Charles de Combauld a eſté pourueu de l'Office de noſtre Secretaire, à condition de ſuruiuance de Gilbert de Combauld ſon pere. Et que Maiſtre Pierre de Combauld a auſſi eſté pourueu de l'Office de noſtre Secretaire, par la reſignation de Maiſtre Louys Gilbert de Combauld, grand Audiancier de France. VN AVTRE Item par C. ET PAREIL EXTRAICT en papier, auſſi ſigné Perrochel, tiré des Regiſtres de l'Audiance de France, par lequel appert, que ledit Louys Gilbert de Combauld, a eſté immatriculé en qualité de Secretaire, au nombre des Gagers & de Conſeiller, Notaire, & Secretaire, & grand Audiancier de France: & que Maiſtre Guillaume de Fieubet a auſſi eſté immatriculé en ladite charge de noſtre Conſeiller & Secretaire, par la reſignation dudit Charles de

<table>
<tr><td valign="top">

Cotté par **D**.

D E PAIOT,
D'azur au Che-
uron d'or, accom-
pagné de trois Ro-
ses d'or. 2. 1.

CHARLES I.
fils de
GILBERT,
& de
**MARIE DE
POMEREV.**

</td><td valign="top">

Combauld. CONTRACT ET TRAICTE
DE MARIAGE *dudit Charles de Combauld, qualifié*
en iceluy, nostre Conseiller, et Secretaire, et de Marie de
Pajot, qualifiee Damoiselle (pére, et mere du demandeur)
passé pardeuant Franquelain, et Haultdesens, Notaires
à Paris, le premier Mars, mil six cens quatre: auquel ont as-
sisté, du costé dudit Combauld, ses parens, et amis, ainsi nõ-
mez, et qualifieZ. Noble homme Maistre Gilbert de
Combauld, sieur des Clayes, nostre Conseiller, et Secretaire
de nostre Maison, et Couronne de France, et de nos Fi-
nances, stipulant pour Charles de Combauld, futur espoux,
fils de luy, et de feuë Damoiselle Marie de Pomereu, jadis
sa femme. Noble homme Maistre Nicolas Fauier, nostre
Conseiller en nostre Cour de Parlement, Cousin. Iacques de
Pomereu, nostre Conseiller, et Secretaire, et Controol-
leur general en nostre Chancellerie de France. Raoul Coi-
gnet, Escuyer, sieur de Sainct Aubin. Maistre Pierre Per-
rot, nostre Conseiller, et Procureur en l'Hostel de ville de
Paris, Oncles. Le sieur Marcellin de Guillon, Cheualier,
Seigneur de Serres. Et Maistre Iacques de la Porte, Ad-
uocat en nostre Cour de Parlement, Cousins de Charles de
Combauld, futurs espoux. Et du costé de ladite de Pajot, ses
parens, et amis pareillement, ainsi nommez, et qualifieZ.
Dame Marie le Clerc, femme, et espouse du sieur Louys
de Giffart, Cheualier, sieur de la Pierre, et auparauant
veufue de François de Paiot, viuant, Escuyer, sieur d'Au-
theul, de Lequipee, la Folie, et Val de l'eaue (ladite Ma-
rie le Clerc stipulante pour Marie de Pajot, future espouse,
fille d'elle, et dudit feu sieur d'Autheul, son premier mary)
François de Paiot, Escuyer, sieur d'Autheul, et autres, des-
dits lieux, Gentil-homme seruant du feu Roy, nostre tres-ho-
noré Seigneur, et pere, et Capitaine entretenu prés sa Ma-

</td></tr>
</table>

Marie de Paiot, fil-
le de François de
Paiot, & de Marie
le Clerc.

iesté,

jefté, fils aifné de ladite Dame, & frere d'icelle Damoifelle
Marie de Pajot. Damoifelle Claire de Sainct André,
veufue de feu Maiftre Nicolas le Clerc, Seigneur du Trê-
blay, & Franconuille, Confeiller en noftre Cour de Parlement de Paris, ayeulle maternelle. Le fieur Iean Forget,
Cheualier, fieur, Baron de Maflé, & autres lieux, Confeiller en nos Confeils d'Eftat, & Priué, & Prefident audit
Parlement, Oncle d'icelle Marie de Paiot, à caufe de fa
femme. Ledit contract en parchemin, figné defdits Notaires, & fcellé, aux marges, & fin duquel sōt plufieurs endof-
femens. LE CONTRACT DE MARIAGE
defdits François de Pajot, & Damoifelle Marie le Clerc
(ayeul, & ayeulle maternels du demandeur) paffé pardeuāt
de Nets, & le Camus, le Ieudy troifiefme Iuillet, mil cinq
cens foixante fept: auquel ont affifté, de part & d'autre, les
parens paternels, & maternels, ainfinommez, & qualifiez: Sçauoir, du cofté dudit de Paiot, Noble Damoifelle
Eftienuette le Coq, veufue de feu Noble homme Maiftre
François de Paiot, viuant, Confeiller au Parlement de Paris, fi. ur de Bury, & d'Autheul, en Beauuoifis, ftipulante
pour Noble homme François de Paiot, fils d'elle, & dudit
feu fieur de Bury. Noble perfonne Maiftre Iean le Coq,
Chanoine en l'Eglife de Paris, & Curé de Sainct Euftache, Oncle. Le fieur Chriftophle de Harlay, Prefident en ladite Cour de Parlement, & Confeiller audit Priué Cōfeil.
Arnoul Boucher, Confeiller, & Prefident au grand Confeil. Germain Du Val, Doyen de Bayeux, Coufins. Et Bernard de Fortia, auffi Confeiller en noftredite Cour de Parlement, amy dudit futur efpoux. Et du cofté de ladite Damoifelle Marie le Clerc. Noble Damoifelle Claire de
Sainct André, veufue de feu Noble homme Maiftre Nicolas le Clerc, Confeiller audit Parlement, fieur du Trem-

---

Marginal notes:

Cotté par E.
LE CLERC,
D'argent au Cheuron d'azur, accō-
pagné de troisRo-
fes de Gueulles, 2.
1.
François de Pajot,
(ayeul maternel du
demandeur)
Fils
De François de Pa-
jot,
Et de
Eftiennette le Coq.

S. ANDRE'.
D'azur, à vn Cha-
fteau fommé, de
trois tours d'ar-
gent, maçonnees
de fable, à trois
Eftoiles d'or, en
chef.

Marie le Clerc, femme d'iceluy François de Paiot.
Fille de
Nicolas le Clerc,
Et de
Claire de S. André.
Claire de S. André.
Fille de
François de S. André.

Item, par E.

Pour la Noblesse de la maison de Paiot.

LE COQ
D'azur, à trois Coqs d'or. 2.1.

LA BALLVE
D'argent, au cheuron de sable, accomp. de trois testes de Lyon, de Gueulles, arrachees.
Estiennette le Coq, bisayeulle maternelle du demandeur,
Fille de
Girard le Coq,
Et de
Estiennette de la Ballue.

blay, & de Franconuille la Garenne stipulante pour Damoiselle Marie le Clerc, future espouse, fille d'elle, & dudit feu sieur le Clerc, Nobles personnes, le sieur François de Sainct André, Conseiller audit Priué Conseil, & President en nostredite Cour de Parlement de Paris, ayeul maternel. Iacques de Sainct André, Conseiller en ladite Cour, & President aux Requestes du Palais. Pierre de Sainct André, aussi Conseiller en ladite Cour. Iean de Sainct André, Doyen de Carcassonne. Tristan du Val, Conseiller, & Maistre ordinaire en la Chambre des Comptes. Et Estiëne de Fleury, aussi Conseiller en nostredit Parlement, tous Oncles maternels de la future espouse. Ledit Contract estât en parchemin, & signé desdits Notaires, seellé, & endossé de quittances. AVTRE CONTRACT DE MARIAGE, d'entre Noble homme, & sage, Maistre Fráçois de Pajot, Seigneur de Goincourt, de Bury, & de la Haute Touffe, Conseiller en la Cour des Aydes de Paris, stipulant pour soy, & en son nom, d'vne part, és qualitez susdites. Et Damoiselle Estiennette le Coq (bisayeul, & bisayeulle maternels du demandeur) auquel ont assisté, du costé de ladite le Coq, les parens, ainsi nommez, & qualifiez. Nobles personnes Damoiselle Estiennette de la Ballue, veufue de feu Noble homme, & sage, Maistre Girard le Coq, viuant, sieur Desgrenay, Conseiller, & Maistre ordinaire des Requestes de l'Hostel, stipulante pour Damoiselle Estiennette le Coq, future espouse, fille d'elle, & dudit feu sieur Desgrenay Et religieuse personne, François le Coq, Prieur de Ternay, Diocese de Chartres, fils d'iceux sieur & Dame Desgrenay, & Frere de ladite future espouse. Ledit contract passé pardeuant Comtesse, & Rousseau, Notaires au Chastellet de Paris, le Samedy dix septiesme May, mil cinq cens quarante quatre, estant en parchemin, signé desdits

Notaires, seellé, & endoßé de quitances. DEVX ACTES Cotté par F.
*paßez pardeuant le Lieutenant Ciuil de la Preuosté de
Paris.* LE PREMIER D'ICEVX, *en datte du
vingt-septiesme May, mil six cens, est la creation d'vn Tuteur, par aduis, & conseil des parens, et amis, assemblez,
de Charles de Combauld, lors aagé de vingt ans (pere du
demandeur) qualifié, fils de Noble homme Gilbert de Combauld, nostre Conseiller, Secretaire, et de feuë Damoiselle
Marie de Pomereu, de la personne dudit Maistre Gilbert
de Combauld, pere.* ET LE SECOND, *du pre-* Item, par F.
*mier Iuin, mil six cens deux, est l'emologation, de l'aduis
donné par les parens, & amis dudit mineur, pour renoncer
à la succeßion de Damoiselle Marie Guibert, son ayeulle
maternelle, jadis femme de Noble homme Michel de Pomereu, sieur de la Bretesche: lesquels parens, assistans à ladite assemblee, sont ainsi nommez, & qualifiez. Noble homme Gilbert de Combauld, Conseiller, & Secretaire de la
maison, & Couronne de France, & de ses Finances, sieur
des Clayes, tant en son nom, que comme Tuteur, & Curateur de Charles de Combauld, fils de luy, & de feuë Damoiselle Marie de Pomereu, viuante, fille dudit sieur Michel de Pomereu, & de ladite Damoiselle Marie Guibert.
Noble homme Maistre François de Combauld, Docteur és
Droicts, Oncle paternel. Noble homme Maistre Iacques
de Pomereu, Conseiller, Secretaire, & Controolleur en la
Chancellerie de France, Oncle maternel. Raoul Coignet,
Escuyer sieur de Sainct Aubin, Oncle maternel à cause de
sa femme. Noble homme Maistre Iacques de la Porte,
cousin maternel, & Noble homme Maistre Iacques La-
nel, Conseiller au grand Conseil, cousin maternel à cause de
sa femme, & Noble homme Maistre Iean Fauier, aussi
cousin maternel dudit mineur, lesdits actes estans en par-*

Cottee par G.
Pour les charges
Et
Les longs seruices
de Gilbert de Com-
bauld, ayeul du de-
mandeur.

chemin, signez Droüart, et seellez. VNE AT-
TESTATION EN PAPIER, dattee du dou-
ziesme Feurier mil six cens vingt-sept, signee de vingt quatre des plus anciens de nos Conseillers, Notaires et Secretaires de nostre maison et Couronne de France, qui certi-
fient auoir veu et cogneu Maistre Gilbert de Combauld,
sieur des Clayes, par eux specifié estre ayeul du demandeur,
dans les charges de Controolleur, & Garde des Roolles de
la Chancellerie, et de grand Audiancier de France, et
nommément en celle de nostre Conseiller, & Secretaire, du
nombre des six vingts Boursiers, qu'ils attestent auoir exercé plus de quarante ans, & en estre mort, reuestu, apres auoir
seruy cinq ou six Roys, bien aimé d'iceux, & specialement le
feu Roy, nostre tres-honoré Seigneur & pere: lequel il n'auroit iamais abandonné, ains tousiours suiuy et seruy tres-
dignemēt, sous plusieurs Chāceliers & Gardes des Seaux,
ausquels, pour sa probité, fidelité et capacité, il se seroit tellement rendu recommandable & necessaire, qu'ils l'auroiēt
tous successiuement continué et confirmé prés de quarante
ans, dans les charges de Controolleur & Garde des Roolles
des Offices: lesquelles auroient esté pareillemēt par luy exercees au contentement des Roys nos predecesseurs, & du public, auec vne grande reputation, et tousiours vescu en
homme de bien et d'honneur, autant que nul autre qui
auroit iamais entré esdites charges. LES LETTRES
DE PROVISION donnees par le Roy Charles-
neusiesme, à Sainct Maur des Fossez, le vingt-troisiesme
Iuin mil cinq cens soixante treize, à Maistre Gilbert de
Combauld, ayeul du demandeur, de l'Office de Secretaire
de la Maison & Couronne de France, vaccant par le dé-
ceds de Maistre —————— de Fontenay, pour iouyr par luy
des gages, droicts de Manteau, & de moitié de Bourse, ensemble

Item, par G.

semble des collations, authoritez, prerogatiues, prééminen-
ces franchises, libertez, droicts, profits & esmolumens appartenans à icelle charge. Lesdites Lettres estans en parchemin. Signees sur le reply, Par le Roy, la Royne sa mere presente, PINART. Et seellees du grand Seau, de cire iaune. Sur
lequel reply est l'acte de serment presté par ledit de Combauld, audit Estat & Office, ès mains du Chancelier, le
vingt-troisiesme Aoust, mil cinq cens soixante treize. Signé NICOLAS. LETTRES PATENTES *Item, par G. Idem.*
EN PARCHEMIN, du Roy Henry troisiesme,
donnees à Bloys, le seiziesme Decembre mil cinq cens quatre
vingts. Signees sur le reply, Par le Roy, PINART. Et seellees
sur double queuë, du grand Seau, de cire iaune, par lesquelles
ledit sieur Roy, en consideration des seruices qu'il declare luy
auoir esté faits à luy & à ses predecesseurs Roys, par ledit
Gilbert de Combauld, l'espace de quinze ans & plus, en la
garde & maniment des Roolles, Registres & papiers de la
Chancellerie de France, sous les Chanceliers de l'Hospital,
Moruilliers, Cardinal Chancellier de Birague, & lors encores par ledit Gilbert continuez sous le sieur de Chiuerny,
Garde des Seaux, & du peu de recompense par luy receuë,
le crée, ordonne & establit son Conseiller & Secretaire de
ses Finances, & luy donne pouuoir, authorité & commission de signer & expedier tous mandemens, acquits, com-
missions, estats, lettres Patentes, missiues, & autres expe-
ditions, touchant & concernant le faict de Finance, pour
estre de tel effect & valeur, que s'ils auoient esté faits par
l'vn des anciens Secretaires desdites Finances. Sur le reply
desquelles lettres est l'acte du sermēt par luy presté és mains
dudit sieur Chiuerny, Garde des Seaux, le dix-neuf Decembre, mil cinq cens quatre vingts. Signé CHAVDET. Et à costé, sur le mesme reply est l'Arrest de verification desdites

L

Lettres en la Chambre des Comptes, du cinquiesme Iuin mil cinq cens quatre vingts & vn. Signé DANES. VNE COPIE *en papier, collationnee par Chesnard, nostre Secretaire, & de nostre maison & Couronne de France, des Lettres Patentes du Roy Charles huictiesme, du mois de Feurier, mil quatre cens quatre vingts quatre, portans en Latin les priuileges par luy donnez de Noblesse, de quatre degrez, aux Secretaires de la maison & Couronne de France, non nobles d'extraction, & aux Nobles de race, d'accroissement & augmentation à leur generosité, & à tous de capacité d'entrer en l'ordre de Cheuallerie, tant Militaire, que Royale, à la fin de laquelle copie est transcrit l'enregistrement desdites Lettres au grand Conseil, du huictiesme May, mil cinq cens septante six.* AVTRE COPIE *collationnee du mesme Chesnard, des Lettres Patentes du Roy Henry second, donnees à Compiegne, au mois de Septembre mil cinq cens quarante neuf, portans confirmation desdits priuileges, verifiez au grand Conseil, le huictiesme Iuillet mil cinq cens septante six.* LES LETTRES DE PROVISION, *donnees par Louys de Bourbon, Duc de Montpensier, à Gilbert de Combauld, qu'il qualifie Conseiller, & Secretaire du Roy, lors regnant, & de la maison & Couronne de France, de l'Estat & Office & charge de son Bailly au Duché de Montpensier, de Capitaine de la ville & Chasteau d'Aigueperse, & ce, entre autres causes y declarees, sous la confiance de sa vaillance & experience au faict des Armes. Lesdites Lettres estans en parchemin, donnees au Camp de Iazeneuil, le dix huictiesme Octobre, mil cinq cens soixante quatorze. Signees Louys de Bourbon, Et sur le reply, Par ledit seigneur, Coustureau. Et seellees de son grand Seau, sur double queuë, de cire rouge. Estant encores sur ledit reply d'icelles, l'acte de presta-*

tion de ferment par ledit de Combauld, fait esdites charges, le deuxiesme Mars mil cinq cens septante cinq. Signé le Beauclerc. VN ACTE en parchemin, contenant la prise de possession faite par ledit Gilbert de Combauld, és qualitez que dessus, desdits Offices & charges en ladite ville d'Aigueperse, en datte du premier Feurier mil cinq cens septante cinq. Signé Sebastier & Matthieu, Greffiers. Et seellé en placart, de cire rouge, du Seel dudit Duché. LETTRES en parchemin, de François de Bourbon, Duc de Montpensier, donnees à Paris, le vingtiesme Auril, mil cinq cens quatre vingts quatre. Signees François de Bourbon. Et sur le reply, Par ledit Seigneur de la Lande. Et seellees de son grand Seau, sur double queuë, de cire rouge, portans confirmation des Lettres de prouision de feu Louys de Bourbon, Duc de Montpensier, son pere, donnees audit Gilbert de Combauld. AVTRES LETTRES de pareille confirmation, donnees à Mantes, le quinziesme Auril mil cinq cens nonante trois, és mesmes qualitez que dessus, par Henry de Bourbon, Duc de Montpensier, desdits Offices & charges de Bailly de Montpensier, & de Capitaine d'Aigueperse : lesquelles il declare auoir esté long temps auparauant exercees par ledit de Combauld, du viuant de ses ayeul & pere, Duc de Montpensier, Icelles Lettres estans signees Henry de Bourbon. Et sur le reply, Par ledit seigneur, Brasset. Et aussi seellees de son grand seau, sur double queuë, de cire rouge. LE CONTRACT DE MARIAGE dudit Gilbert de Combauld, y prenant qualité de Noble homme, & de Conseiller, Notaire, & Secretaire du Roy, lors regnant, auec Marie de Pomereu, qualifiee en iceluy, Damoiselle, fille de Noble homme Maistre Michel de Pomereu, sieur de la Bretesche Saint-pom, & de Vaulxmartin, Conseiller du Roy, et Royne de

Nauarre, Tresorier, & Receueur General de leurs Finances, en leurs terres & seigneuries de Picardie, & Flandres,
et de Damoiselle Marie Guybert sa femme, stipulan pour
ladite future espouse, leur fille, passé pardeuant le Noir, &
Lusson, Notaires au Chastellet de Paris le Lundy treiziesme Feurier, mil cinq cens septante six. Auquel ont assisté les
parens & amis de part & d'autre, ainsi specifiez, et qua-
lifiez, du costé dudit de Combauld, Noble homme Louys
Gilbert de Combauld, Tresorier de la Gendarmerie de
France, Frere du futur espoux, Maistre Iean Chattard,
Professeur en Theologie, Maistre Edoüard Mollé, Conseiller en la Cour de Parlement de Paris, Michel Desfor-
mes, vallet de Chambre ordinaire du Roy Henry troisiesme,
tous alliez dudit Combauld, futur espoux, & du costé de
ladite Damoiselle Marie de Pomereu, future espouse, ses
pere & mere, Michel de Pomereu, & Marie Guybert, és
qualitez que dessus, Noble Dame Gillette de la Porte, femme du sieur Alexandre Deschinonria, Baron de Prema-
rim, Cheualier de l'Ordre dudit sieur Roy, & Maistre
d'Hostel ordinaire de la Royne sa Mere, ayeulle maternelle,
Noble homme Maistre Guillaume Bauldry, Conseiller dudit sieur Roy, & General en sa Cour des Monnoyes, Cousin paternel, tant en son nom que comme Procureur, et au
nom de Noble homme, & sage, le sieur Maistre Nicolas
Alixant, Conseiller dudit sieur Roy, & President au Parlement de Bretagne, Cousin paternel, à cause de Damoiselle Magdelaine Baudry sa femme, Loüis de la Grange, Escuyer, sieur de Trianon, Conseiller, & Maistre d'Hostel ordinaire de ladite Dame Royne Mere, Oncle maternel à
cause de Damoiselle Loüise Guybert sa femme, & Estienne Guybert, sieur de Neufuille, Notaire, & Secretaire dudit sieur Roy, aussi Oncle maternel de ladite future espouse.

Ledit

Ledit contract estant en parchemin, signé desdits Notaires, & seellé, & endossé de quittance. LE CONTRACT DE MARIAGE dudit Michel de Pomereu, qualifié en iceluy, Noble homme, & Controolleur de la Maison du Roy de Nauarre, & fils de Noble homme Guillaume de Pomereu, sieur de la Bretesche, & de Damoiselle Marie le Masson sa femme, auec Marie Guybert, aussi qualifiee Damoiselle, & fille mineure de deffunct Noble homme Claude Guybert, viuant sieur de Neufuille sur Oize, & de Damoiselle Gillette de la Porte, veufue dudit Guybert, & lors femme de Noble homme Maistre Iacques Mendin, sieur d'Allery, Aduocat en Parlement, auquel traicté ont assisté les parens & amis de part & d'autre desdits futurs espoux, ainsi nommez & qualifiez, du costé dudit Michel de Pomereu, Guillaume de Pomereu son pere, és qualitez que dessus, Noble Maistre Iean de Pomereu, licentié és Droicts, frere aisné du futur espoux, & Maistre Robert Bauldry, Conseiller au Tresor, Oncle paternel; et du costé de la dite future espouse, le sieur d'Allery, auec Noble homme Maistre Nicolle Collas, Aduocat audit Parlement, Tuteur de la future espouse, & stipulans pour elle auec ladite Damoiselle Gillette de la Porte sa mere, Noble homme Maistre Eustache de la Porte, & Nicolas Fauier, Conseillers en la Cour de Parlement de Paris, Charles de la Porte, Aduocat en icelle Cour, & Denys de la Porte, Prieur de Sainct Iean lez Houdan, tous Oncles maternels de ladite Marie Guybert, future espouse, ledit contract passé pardeuant Contesse, & Bourgery, Notaires au Chastelet de Paris, le troisiesme Iauier, mil cinq cens cinquante deux, signé, & seellé. LETTRES DE RETENVE, en parchemin, du feu Roy, nostre tres-honoré Seigneur, & pere, données à Sainct Germain en Laye, le vingt-sixiesme

---

Marginal notes:

Cotté par N.
Michel de Pomereu (pere de Marie, ayeulle du demandeur) fille de Guillaume de Pomereu, & de Marie le Masson.
Et Marie Guybert [femme dudit Michel] fille de Claude Guybert, & de Gillette de la Porte.

DE POMEREV, d'azur à vn cheuron d'argent, accompagné de 3. pommes d'or. 2.1.

Item par N.
Pour l'ancienne Noblesse de la maison de Pomereu.

Nouembre, mil cinq cens nonante quatre, Signees Henry. Et plus bas, Par ledit Seigneur Roy, Rusé. Et seellees du seel de son secret, en placart, de Cire Rouge, Par lesquelles, ledit Seigneur, en consideration des seruices qu'il declare auoir esté faits, tant à sa Maiesté, qu'à celle de ses predecesseurs Roys, en sa Maison de Nauarre, l'espace de cinquante ans, par ledit Michel de Pomereu, le retient en l'estat & charge de l'vn de ses Conseillers, & Maistre d'Hostel ordinaire.

Cotté par O. idem. VNE SENTENCE donnee par le Preuost de Paris, le septiesme Ianuier, mil cinq cens quarante quatre.

Item par O. idem. VN ARREST de la Cour de Parlement de Paris, du dix-huict Iuillet, mil cinq cens cinquante. ET AVTRES TILTRES, tous en parchemin, signez

Item par O. idem. et seelleZ, par lesquels, Guillaume de Pomereu (pere dudit Michel) est qualifié Noble, Escuyer, & seigneur de la Bretesche Saintnom.

Cotté par S. VN CONTRACT passé sous le seel de Montpensier, portant ratification faite par Iean de Combauld, prenant en iceluy qualité de, Noble, d'vne

GILBERT, fils de IEAN II. vente faite de la terre Doilhat, à Gilbert de Combauld, qualifié, & nommé audit tiltre, fils dudit Iean, & Conseiller, & Secretaire du Roy, lors regnant, et Bailly du Duché de Montpensier, et ce pour le prix & somme de cinq mil liures, iceluy contract estant en parchemin, datté du vingt-troisiesme Nouembre, mil cinq cens quatre vingts huict, passé pardeuant Grimauld, Notaire à Aigueperse, de luy signé, & seellé sur double queuë, aux armes dudit Duché.

Item par S. idem probae. AVTRES PIECES en parchemin, & papier, par lesquelles appert que ledit Gilbert de Combauld estoit fils de Iean de Combauld, és qualiteZ que dessus.

Cotté par T. VN ACTE DE NOTORIETE, du Ieudy dernier Septembre, mil six cens vingt sept, donné iudiciairement, les plaids tenans en l'Auditoire du Bailliage de Montpensier, en la

ville d'Aigueperſe, par Maiſtre Noël Couſin, noſtre Conſeiller , & Lieutenant general au Bailliage, Duché, &
Pairie de Montpenſier, & Iean de Benoiſt , Lieutenant
Particulier audit Bailliage, en preſence, & du conſentement de l'Aduocat Fiſcal en iceluy, par lequel, ouy, & ce
requerant Maiſtre Iacques Gulhat, Aduocat audit Bailliage, pour, & au nom dudit demandeur, en execution de
l'Arreſt de noſtredite Cour, eſtre faite entiere, & parfaite preuue de la Nobleſſe, & ancienne extraction de la famille des Combaulds, Maiſtre Gabriel Bargirot, Preſtre,
Chanoine , & Chantre de l'Egliſe Noſtre Dame de la
ville d'Aigueperſe, Iacques Meſchin, & Genaix du Lac,
auſſi Preſtres, & Chanoines de ladite Egliſe, tous trois aa-
gez de ſoixante dix, & ſoixante & douze ans , Gilbert
Lamy, Eſcuyer, ſieur de Treſſat, Maiſtre des Eauës & Fo-
reſts dudit Duché de Montpenſier , aagé de ſoixante ſix
ans, Maiſtre Durant Bargirot , Procureur Fiſcal audit
Bailliage, aagé de ſoixante huict ans, Guillaume Gilhard,
Procureur & Notaire Royal , aagé de quatre vingts ans,
Pierre Gilhard, Procureur, & Notaire Royal audit lieu,
aagé de ſoixante dix ans, François Grimauld, auſſi Procureur & Notaire audit Bailliage, aagé de ſoixante dix ans,
Vincent Godemel, Notaire Royal, aagé de ſoixante douze
ans, Iean Paſchier, Bourgeois de ladite ville, aagé de quatre
vingts deux ans , Gilbert Girauld, auſſi Bourgeois d'icelle
ville, aagé de ſoixante quinze ans, & Gilbert Coquelaine,
aagé de ſoixante huict ans. Apres auoir tous preſté le ſerment en tel cas accouſtumé, ont vnanimement , concorda-
blement, & d'vne meſme voix, dit, entr' autres choſes, qu'il
eſtoit publiquement, & vniuerſellement notoire, & ſçau-
oient, tant par tradition, que de leur cognoiſſance, que la
famille des Combaulds eſtoit originaire dudit Duché; Que

les predecesseurs dudit demandeur (tousiours aisnez d'icelle)
auoient, de tout temps, vescu noblement dans la profession
des armes, & en qualité de Gentils-hommes, és plus honorables charges de la maison de Montpensier, & autres qualitez recommendables dans les armees, pour le seruice des
Roys, proche les Princes de Montpensier. ET nommément qu'ils auroient veu & cogneu Iean de Combauld, dit
Bouche-d'or, bisayeul de Charles de Combauld, sieur de
Fercourt, demandeur, & qu'ils estoient bien certains & asseurez, que ledit Iean estoit d'extraction noble, yssu de Gentils-hommes fort estimez en leur temps, & qu'il auoit long-
temps porté les armes pour le seruice des Roys, nos predecesseurs, en plusieurs occasions, & principalement aux guerres de Piedmond, & nommement au siege de Carmagnolles, pour l'auoir ainsi souuent ouy raconter audit Iean de
Combauld, & à plusieurs autres, qui l'auoient accompagné esdites guerres, esquelles il auoit long temps seruy en qualité de Gend'arme, & depuis en celle de Capitaine de Gens
de pied, ausquelles guerres il s'en estoit allé trois, ou quatre
moys apres auoir espousé Damoiselle Gabrielle Baile, &
l'auoir laissé grosse & enceinte, dont auparauant son retour,
& lors qu'il estoit employé esdites guerres, elle auoit accou-
ché de son fils aisné, qui auoit esté nommé Gilbert: lequel ils
auoient dis depuis veu & cogneu és charges de Secretaire,
de Garde des Roolles des Offices de grand Audiancier de
France, de Bailly du Duché de Montpensier, en Robe
Courte, en laquelle qualité ils l'auoient veu au siege dudit
Bailliage, l'Espee au costé, & les Esperons aux pieds, plusieurs fois, & en la charge de Capitaine, Gouuerneur de la
ville & Chasteau d'Aigueperse, & que ledit Gilbert de
Combauld auoit exercé cinquante ans, ou enuiron, toutes
icelles charges, auec honneur & reputation: desquelles at-

testations

Idem probat.

POINCT DECI-
SIF DV PRO-
CEZ.

testations & declarations, ledit Lieutenant General a
donné ledit acte de notorieté audit Culhat, au nom, & comme dessus, iceluy estant en parchemin, Signé Magnet, Greffier dudit Bailliage. Et seellé en placart, de Cire Rouge, aux
armes du seel de Montpensier, pour seruir au demandeur,
ce que de raison. LETTRES DE RETENVE, *Cottees par V.*
du neufiesme Octobre, mil cinq cens septante sept, par lesquelles appert, que le sieur Duc de Montpensier, Pair de
France, en consideration des bons & agreables seruices, qu'il
declare luy auoir esté rendus par ledit Iean de Combauld, *Iean de Combauld, bisayeul du demã-*
qu'il qualifie Capitaine de son Chasteau & maison d'Ai *deur, Capitaine du Chasteau d'Aigue-*
gueperse, le retient pour estre de son Conseil. Lesdites lettres *perse, Et du Conseil*
estant en parchemin, signees, Louys de Bourbon, contre-si- *de Mõsieur de Mõt-*
gnees Coustureau, Seellees du seel de son secret, en placart, de *pensier, (qui estoit*
Cire Rouge. Ledit original accompagné de sa copie, com- *Louys 1. Duc.)*
pulsee à Paris, de l'Ordonnance de nostredite Cour, par ledit
sieur de Machault, Commissaire deputé. AVTRES *Cottees par X.*
LETTRES DE RETENVE, en parchemin,
du feu Roy, nostre tres-honoré Seigneur & pere, donnees à
Sainct Denis, le neufiesme Aoust, mil cinq cens quatre
vingts treize, Signees Henry. Et plus bas, Ruzé. Et seellees
du seel de son secret, en placart, de Cire Rouge, par lesquelles,
ledit Seigneur retient en l'Estat de sõ Aumosnier, Maistre
Gilbert de Combauld, qu'il qualifie Thresorier & Cha- *Gilbert de Com-bauld, arriere grãd*
noine de la saincte Chapelle Sainct Louys d'Aigueperse: *oncle du deman-deur, pourueu de la*
auquel Estat d'Aumosnier il a esté receu, & fait serment, *charge d'Aumos-nier du Roy.*
és mains du grand Aumosnier de France, le douziesme
Octobre, mil cinq cens quatre vingts quatorze: ainsi qu'il
appert par l'acte estant au bas desdites lettres, Signé Dauf-
sainctz. LES LETTRES DE PROVISION *Item, cottees par X.*
octroyees audit Gilbert de Combauld, prenant qualité de
Conseiller & Aumosnier dudit Seigneur Roy, par le sieur

Duc de Montpenſier, de l'Eſtat & Office de ſon Chancellier, & garde des Seaux de ſon Duché de Montpenſier,
eſtans auſſi en parchemin, Signees Henry de Bourbon. Et
ſur le reply, Par ledit Seigneur, & Pair. Lomeron. Et ſeellees ſur double queuë, de ſon grand Seau, de Cire Rouge, dō-
nees à Lizieux, le quinzieſme Feburier, mil cinq cens qua-
Item cottees par X. tre-vingts quatorze. LETTRES DE RETENVE,
octroyees par ledit ſieur Duc de Montpenſier, audit Maiſtre Gilbert de Combauld, Threſorier de ladite Saincte
Chappelle, en l'Office de l'vn de ſes Conſeillers, donnees à
Paris, le vingt-deuxieſme Auril, mil cinq cens ſeptante
cinq, eſtans en parchemin, Signees Louys de Bourbon. Et
ſur le reply, Par ledit Seigneur, Couſtureau. Et ſeellees de
Item, par X. ſon grand Seau de Cire Rouge, ſur double queuë. AV-
TRES LETTRES DE PROVISION,
donnees par ledit ſieur Duc de Montpenſier, à Roüen, le
premier Nouembre, mil ſix cens vn, à Gilbert de Cōbauld,
prenant qualité de Secretaire du Roy, noſtre tres-honoré
Seigneur & pere, & de Bailly de Montpenſier, de l'E-
ſtat & Office de Chancellier, & Garde des Seaux audit
Duché, qu'il declare eſtre vaccant par la mort du ſuſdit
Maiſtre Gilbert de Combauld, Oncle d'iceluy Gilbert,
Bailly de Montpenſier, & luy eſtre par luy octroyé, en con-
ſideration des ſeruices par luy rendus aux ſieurs Ducs de
Montpenſier, ſes ayeuls, pere, & luy, Icelles lettres eſtans
Cotté par Y. auſſi en parchemin, Signees Henry de Bourbon. Et ſur le re-
IEAN II. ply, Par ledit ſieur Duc, & Pair, De Lomeron. Et auſſi
fils de ſeellees de ſon grand Seau, comme deſſus. CONTRACT
LOVYS II.
& de DE MARIAGE dudit Iean de Combauld, biſayeul
PERRINELLE dudit demandeur, prenant, par iceluy, qualité d'Eſcuyer, &
DE SOLLIER de fils de Louys de Combauld, dit le Capitaine, Eſcuyer,
Perrinelle de Sollier, ſieur de Larbour, & de Damoiſelle Perrinelle de Sollier,
fille de
Gabriel de Sollier,
& de
Martine Regnault.

auec *Gabrielle Baile,* y prenant aussi qualité de Damoiselle,
& de fille de Noble *Christophle Baile, Escuyer, sieur de
Montchenō, Tressat,* & *Champ Guillaume, Bailly d'Auuergne,* à *Montferrand,* auquel ont assisté de part & d'autre, les parens d'icelles parties, ainsi nommez & qualifiez
en iceluy, du costé dudit *Iean de Combauld,* ses pere & mere, és qualitez que dessus, stipulans, & faisans fort pour *Ieā
de Combauld, Escuyer,* leur fils, futur espoux, & Damoiselle *Martine Regnault,* veufue de feu Noble homme *Gabriel de Sollier,* ayeulle maternelle dudit *Iean de Cōbauld,*
futur espoux, & du costé de ladite Damoiselle *Gabrielle
Baile,* future espouse, (tant pour les traictés & accords dudit mariage, que pour donner leur aduis en l'eslection d'vn
Curateur, à ladite *Gabrielle,* ainsi qu'au commencement
dudit contract, il appert de ladite *Assemblee* & creation
de Curateur, par authorité de *Iustice,*) Noble Damoiselle
Anthonia Rauail, lors veufue dudit *Christophle Baile,*
son mary, mere de la future espouse, Noble *Estienne Marie,*
Cousin paternel, & Curateur d'icelle *Gabrielle Baile,*
Noble homme *Gilbert Bayart,* Baron de la *Fons,* Sainct
Magherant, Conseiller du Roy lors regnant, & Secretaire
de ses Finances. Autre sieur *Gilbert Bayart, Cheualier,
Anthoine de Serrieres, Escuyer,* tous Cousins paternels de
ladite *Gabrielle,* Iceluy contract passé sous le seel dudit Bailliage de *Montpensier,* pardeuant *Garrot,* Notaire en la ville d'*Aigueperse,* le septiesme *Iuin,* mil cinq cens trente quatre, estant en parchemin, Signé *Garrot,* & seellé, & ledit
original accompagné de sa copie, compulsee à *Aigueperse.*
VN COMMITTIMVS obtenu par ledit *Louys
de Combauld,* trisayeul du demandeur, où il est qualifié le
Capitaine *Louys de Combauld, Escuyer,* & parent du Duc
de *Bourbon.* Donné à *Paris,* par le Roy *François* premier,

N ij

le vingt-quatriesme Feurier, mil cinq cens dix-neuf, estant en parchemin, Signé, Par le Conseil, Durant. Et seellé sur queuë. Auquel original est attachée vne copie d'iceluy, compulsée de l'ordonnance de nostredite Cour, par ledit sieur Conseiller, Rapporteur du present Arrest, à ce commis. VN LIVRE IMPRIME IN QVARTO, Intitulé, Desseins & professions Nobles & publiques, du sieur de Laual, nostre Conseiller & Geographe: dans lequel est inserée l'Histoire de Boarbõ, autresfois composée par Marillac, Secretaire de Charles, Connestable de Bourbon: laquelle Histoire fait grande mention dudit Louys de Combauld, dit le Capitaine, trisayeul dudit demandeur; et signamment au fueillet deux cens soixante cinq, verso: Auquel lieu, sur le discours de la Iournee de Marignã, & de la deffaicte des Suisses, & prise de Milan, par ledit sieur Roy François, sont ces mots: Que sur ce propos arriua vn Gentil-homme d'armes, des Ordonnances; lequel, le Capitaine Combauld enuoyoit vers ledit sieur de Bourbon, en l'auant garde, pour l'aduertir que ledit Capitaine Combauld auoit veu vne grande poussiere en l'air, venant du costé de Milã, & qu'il se doutoit que ce fust trouppes de gens qui venoient; & pource que ledit hõme d'armes n'auoit trouué ledit sieur de Bourbon en l'auant-garde, il le vint chercher où il estoit, auec ledit sieur Roy, & luy dit lesdites nouuelles, qui estoient correspondantes à ce que ledit sieur de Bourbon auoit dit: Et en parlant de ce mesme propos, arriua sur l'heure, autre message dudit Capitaine Combauld, qui dit, que c'estoient les Suisses qui venoient en bon ordre & bonne diligence, & qu'il estoit vray semblable que c'estoit

pour

pour combattre, pourquoy le Roy, & ledit sieur
de Bourbon, se tindrent pour suffisamment ad-
uertis. *Et à la marge du mesme fueillet & page, sont ces
autres mots:* Seruice signalé du Capitaine Cōbauld,
subiect, & suiuant le sieur de Bourbon, homme
d'armes de sa compagnie, & ayant eu charge de
gens de pied. *Et ensuite de ce, le sieur de Laual adiouste
à ladite marge:* De luy sont descendus les sieurs de
Combaulds, grand Audiancier, l'Intendant des finances, & autres de ce nom, à Aigueperse. LES
LETTRES DE PROVISION *octroyees
(par Charles Comte de Montpensier, audit de Combauld,
qualifié par icelles, le Capitaine Louys de Combauld, Escuyer dudit sieur de Montpensier, de la charge de Capitaine
de son Chasteau Descolle,) à Molins, le deuxiesme Octobre mil cinq cens trois: Estans icelles lettres en parchemin,
Signees sur le reply, Par ledit seigneur, Comte Dauphin,
Les sieurs de Leage & de Condé, presens, Cornillier. Et
scellees sur double queuë, du grand Seau, de Cire Rouge, dudit sieur, Et endossees de la prestation du serment, par ledit
de Combauld fait, de ladite charge, és mains du sieur de
Leage, le troisiesme des mesmes mois & an, Aussi signé
Cornillier: Auquel original est attachée vne copie en parchemin d'iceluy, compulsee à Paris, par ledit sieur Commissaire en ceste partie, de l'ordonnance de nostredite Cour.* VN
CONTRACT EN FORME DE TRAN-
SACTION, *fait entre Catherine de Vaulgris, prenāt
qualité de noble Damoiselle, & de veufue du sieur Iean de
Combauld, viuant, Cheualier, seigneur de Larbour, & Chā-
bellan du sieur Comte de Montpensier; & Louys de Com*
bauld, *prenant qualité d'Escuyer, & seigneur dudit lieu de
Larbour, & autres: & de fils desdits Iean de Cōbauld, &*

Margin notes:

*Coïtees par CC.
Louys de Cōbauld,
dit le Capitaine,
(trisayeul du demā-
deur) Escuyer, dés
l'an 1503, de Char-
les de Bourbon de-
puis Connestable de
France.*

Cotté par GC.

LOVYS II.
fils de
IEAN I.
& de

CATHERINE DE VAVLGRIS.

VAVLGRIS.
d'azur, à vne face d'or.

d'icelle Catherine de Vaulgris, stipulant auec ladite veufue sa mere, d'vne part; Et Pierre Rendant Queux, de la Comtesse de Montpensier, d'autre part : Iceluy contract de transaction, passé sous le seel de Montpensier, pardeuant Cellerier, Notaire à Aigueperse, le dix-huictiesme Iuillet, mil quatre cens quatre vingt seize, estant en parchemin, Signé Cellerier. Et seellé; Et ledit original accompagné de sa copie, aussi compulsee à Aigueperse. LE CON-TRACT DE MARIAGE dudit Iean de Combauld, quatriesme, ayeul dudit demandeur, auec ladite Catherine de Vaulgris, passé sous le seel de Montpensier, le

Cotté par H.H.

IEAN I.
Chambellan de Gilbert, Comte de Môt-pensier, dés l'année 1469.
fils de
LOVYS I.
Cheualier,
Et de
IEANNE
legitimee
DE BOVRBON,
Et
CATHERINE DE VAVLGRIS,
femme dudit Iean I. fille de Iean de Vaulgris, & de Martine de Dorne.
DORNE
d'azur à vne pan de rets d'argét, & de gueule.

premier Octobre, mil quatre cens soixante neuf, pardeuant Garrot, Notaire à Aigueperse; par lequel appert ledit futur espoux, comparant, & stipulant pour soy, d'vne part, & prenant qualité de Cheualier, seigneur de Larbour, et Hondiciere, & Chambellan, & Escuyer du sieur Louys, Comte de Montpensier, estre fils de noble seigneur, le sieur Louys de Combauld, Cheualier, seigneur desdits lieux, & de Dame Ieanne, legitimee de Bourbon, & ladite Catheri-ne de Vaulgris, future espouse, y prenant aussi qualité de Damoiselle, estre fille de noble homme Iean de Vaulgris, Escuyer, sieur en partie, Descolle, et autres lieux; & de Damoiselle Martine de Dorne sa femme, presens au con-tract, & stipulans pour leur fille, et auoir esté assistee de Iean de la Roche Dapchon, sieur dudit lieu, vn des Escuyers du sieur Comte de Montpensier, Dauphin d'Auuergne, et de Damoiselle Morize de Vaulgris, sa femme, sœur d'elle future espouse, Iceluy contract, original, estant en parche-min, signé dudit Garrot, & seellé pareillement, attaché à sa copie, compulsee à Aigueperse, par le Commissaire deputé audit lieu, comme il appert en son procez verbal, cy-deuant

Ité, Cotté par H.H. mentionné. VN CONTRACT EN FORME

de transaction, passé sous le seel Royal de Montferrand, en
Auuergne, pardeuant Chenut, Notaire audit lieu, le
vingt-quatriesme Feurier, mil quatre cens quatre vingts
neuf, entre noble homme Pierre de Chabannes, Sieur de
Chabannes, & Damoiselle Valentine de Vaulgris, sa femme, d'vne part: Et Iean de la Roche Dapchon, & ledit
Iean de Combauld, qualifié Escuyer du sieur Comte
Montpensier, Dauphin d'Auuergne, et stipulant, comme
commun en biens, auec ledit Dapchon, & tous deux comme
Oncles d'icelle Valentine, à cause de leurs femmes. Ledit
contract estant en parchemin, Signé Chenut. Et seellé sur
double queuë, de Cire iaune. AVTRE CONTRACT,
en forme de partage, faict entre ledit Iean de la Roche Dapchon, prenant, par iceluy, qualité d'Escuyer du sieur Gilbert,
Comte de Montpensier, Dauphin d'Auuergne, d'vne part.
Et ledit Iean de Combauld, qualifié pareillement audit
tiltre, Escuyer, & Maistre d'Hostel du Sieur Comte de
Montpensier, d'autre part; des biens à eux aduenuz & es-
cheuz, à cause de leurs femmes, Damoiselles Catherine, &
Morize de Vaulgris. Ledit contract passé sous ledit seel de
Montferrand, pardeuant Chenut, Notaire audit lieu, le
vingt-vniesme Iuillet, mil quatre cens quatre vingts quatorze, estant en parchemin. Signé Chenut Et aussi seellé sur
double queuë, de Cire iaune. LETTRES EN FOR-
ME de partage, passees sous le seel de la Preuosté de Paris,
pardeuant de Callais, et Charpentier, Notaires au Chastellet d'icelle ville, le Mercredy vingt-cinquiesme Ianuier,
mil quatre cens quatre vingts vnze. Entre ledit Iean de
Combauld, prenant qualité de, Noble Seigneur, Cheualier, & de sieur de Larbour, Hondiciere, & Sambers, d'vne
part: Et Maistre Iean de Combauld le ieune, qualifié, par
ledit tiltre, Prote-Notaire du Pape, & Chanoine de Sainct

O ij

BOVRBON, bastard, D'azur à 3. Fleurs de Lys d'Or, au Baston de gueules à gauche.

En 1491. le Comte de Mõtpensier, Gilbert de Bourbon recognoist double parenté auec Iean de Combauld (4. ayeul du demandeur) par ce partage.

MARGVERITE D'ALLEGRE. ayeulle de Iean de Combauld I. du nõ (4. ayeul du demandeur.) ALLEGRE, De Gueules à la Tour d'Argẽt, costoyee de six Fleurs de Lys d'Or en pal, 3. à 3.

Cotté par LL.

IVLIEN DE COMBAVLD, (7. ayeul du demãdeur, l'an 1409. Chambellan du Roy Charles sixiesme, il auoit esté pourueu de ceste charge sous Charles 5.)

Quentin en Vermandois, des biens & successions nobles, de leurs feu pere & mere, pareillement qualifiez Nobles, Seigneur, & Dame, le sieur Louys de Combauld, Cheualier, sieur desdits lieux de Larbour, & autres, Et Dame Ieanne de Bourbon, B. legitimee, pere & mere des parties: Lesquels Freres, appert par iceluy tiltre auoir fait ledit partage, en presence, de l'aduis, et du consentement de haut & puissant Prince, le Seigneur Gilbert, Comte de Montpensier, prenant la qualité en iceluy, de Seigneur, Cousin paternel, & maternel d'iceux contractans, du Seigneur Iulien de Beaumont, Cheualier, sieur de Midry, de Noble Seigneur Ilbert Malorde, sieur de Moüy, en qualité de beaux Freres d'icelles parties, à cause de leurs femmes, & de plusieurs autres, leurs prochains parens & amis. DANS lequel partage est faict mention, qu'iceux Freres, Iean, & Iean de Combauld, auoient pour ayeulle, encores lors viuante, Marguerite Dallegre, prenãt qualité de Dame, & de Doüairiere de quelques terres de leurdit pere, dont lesdits Freres font ensẽble la diuision, par icelles lettres de partage, qui sont saines & entieres, en parchemin, signees desdits Notaires, Callais, & Charpentier, & seellees du seel de la Preuosté de Paris. Auquel original desdites lettres de partage est attachee la copie d'icelles en parchemin, compulsee à Paris, de l'Ordõnance de nostredite Cour, par ledit sieur Conseiller, commis. LE TESTAMENT de Iulien de Combauld, prenant, par iceluy, qualité de Cheualier, Seigneur de Larbour, Hondiciere, & Sambers, Chambellan du Roy, & premier Maistre d'Hostel de son Seigneur le Duc de Bourbon, Iceluy estant en parchemin, sain & entier, escrit de sa propre main, en son Chasteau de Larbour, le Mercredy vingtiesme May, mil quatre cens neuf. Signé I. de Combauld, Et seellé sur double queuë, du seel de ses armes. PAR

lequel,

lequel, entr'autres choses, il desire, sous la permission & bon
plaisir du Duc de Bourbon, son Seigneur, & Maistre, que
son corps soit porté à Escolle, au Tombeau de sa famille, proche ses ayeul, & pere, qu'il nomme tous deux, Messires Marcels de Combauld, et proche sa Mere, qu'il nomme & qualifie Dame Perrinelle de Courtenay. ORDONNE, &
enioint ledit Testateur, que les fondations qu'il dit & specifie
auoir esté faictes iadis à Bourbon, & Molins, par ses predecesseurs, Messires Archambauld, Sire de Bourbon, & Combauld de Bourbon, Freres, soient, par ses heritiers entretenuës, & continuees, mesmes celles qu'il dit auoir esté faites
ausdits lieux, par les Dames de Mellou, & de Saintré, (qu'il
specifie auoir esté femmes de ses deux predecesseurs) estre par
iceux heritiers refondees, & renouuellees. NOMME,
& eslist les executeurs de son testament pour en auoir la
charge, sous ledit Seigneur Duc de Bourbon, les sieurs de Cru-
rac, son Cousin, de Chazeron, son beau Pere, & Dame
Anne de la Tour, son ayeulle, ainsi par luy qualifiez. ET en
fin, INSTITVE pour ses heritiers, Nicolas de Combauld,
qu'il dit estre son fils aisné, & qu'il specifie estre marié à ladite Damoiselle Dallegre, Nicolas le puisné, Marie, & Iulienne de Combauld, Lesquels tous il dit estre enfans natu-
rels, legitimes, & mineurs de luy, & de feuë Anthoinette de
Chazeron, sa compagne & espouse, qualifiee par luy Dame: Iceluy Testament, original, attaché auec vne copie d'i-
celuy, en parchemin, compulsee à Paris, de l'Ordonnance de
nostredite Cour, par ledit sieur Conseiller, Commissaire en
ceste partie. LE PROCEZ VERBAL de com-
pulsoire, cy deuant allegué, faict le quatriesme Octobre, mil
six cens vingt sept, par le Lieutenant general de l'Eslection
de Gannat, en execution d'Arrest de nostredite Cour, des
Tableaux, en forme d'Epitaphe, Bulle, Armes, & autres

fils de
MARCEL II.
& de
PERRINELLE
DE
COVRTENAY,
petit fils de
MARCEL I.
Et issu de pere en
fils de
COMBAVLD
DE
BOVRBON,
Et de
LA DAME DE
SAINTRE',
Femme dudit Com-
bauld, Frere d'Ar-
chambauld, Sire de
Bourbõ, dit le Grãd.
ANNE DE LA
TOVR,
Femme de Marcel
de Combauld, I. du
nom.
NICOLAS
DE
COMBAVLD,
(marié à ladite Da-
moiselle d'Allegre)
fils de
IVLIEN DE
COMBAVLD,
& de
ANTHOINETTE
DE
CHAZERON.
Et par ainsi ledit
Nicolas estoit ayeul
de Iean de Com-
bauld I. du nom 4.
grand pere du de-
mandeur
COVRTENAY,
d'òr à Trois Tour-
teaux de gueules.
I.
LA TOVR
D'azur semé dé
France à la Tour
d'Argent.
SAINTRE',
De gueules à la bã-
de d'Argent, au
Lãbeau de mesme,
de 4 pieces.

CHAZERON,
D'or au chef, em-
mäché de trois pie-
ces d'Azur.

Toute la genealo-
gie des Combaulds,
depuis Cõbauld de
Bourbon, iusques à
Iean 1.dãs vn an-
cien Epitaphe, en
l'Eglise de S. Blai-
se Descolle, mis en
l'an 1485.
MARCEL I.
Chãbellã de Louys,
1. Duc de Bourbon,
avoit
pour pere,
FIACRE II.
faict CheualierBã-
neret par le Roy S.
Louys, en son 1.
voyage de la terre
sainct-,en l'ã 1270.
pour mere,
DIANE.
pour ayeul,
FIACRE I.
Pour bisayeul,
GABRIEL.
pour trisayeul,
NOEL
COMBAVLD.
Et pour 4 ayeul,
COMBAVLD
DE
BOVRBON,
dit depuis
DE LARBOVR
Cotté par M.M.

Memoriaux, trouuez en l'Eglise Sainct Blaise d'Escolle, faisans mention de la Genealogie, & ancienne Noblesse des Combaulds, où, dans le Tableau mis & posé en ladicte Eglise, en l'annee mil quatre cens quatre vingts cinq, par Iean de Combauld (quatriesme ayeul du demandeur) en la deduction de la Genealogie, & descente dudit Iean, depuis les Archambaulds de Bourbon, iusqu'à luy, Apres auoir enoncé, qu'il estoit Fils de Louys de Combauld, & de Ieanne legitimee de Bourbon, petit fils de Nicolas de Combauld, & de Marguerite Dallegre, Dit, qu'il estoit en fin descendu en ligne masculine, & de Pere en Fils, de Marcel de Combauld, & d'Anne de la Tour. *Et adiouste,* Qu'iceluy Marcel auoit esté en son viuãt, Escuyer, & Chambellan du sieur Louys, premier Duc de Bourbon, & Cheualier d'honneur de la Dame Duchesse sa femme; Qu'il auoit eu pour Pere Fiacre de Combauld, faict Cheualier Banneret par le Roy, lors regnant, au voyage de la terre Saincte: Et pour Mere, vne Damoiselle Diane; Qu'il auoit eu pour ayeul vn autre Fiacre, Pour bisayeul, Gabriel, Et pour trisayeul, Noël Combauld, dit le Capitaine Furieux: Et que tous lesdits Combaulds auoient, en leurs temps, pris qualité d'Escuyers, & auoient tousiours suiuy les Archambaulds de Bourbon, depuis qu'ils estoiét autresfois yssus & descédus d'eux, par Combauld, Fils puisné d'vn d'iceux Sieurs de Bourbon. VN TILTRE FORT ANTIQVE, *& en vieil caractere, & langage Picàrt, passé à Clermont en Beauuoisis, datté l'An de l'incarnation de nostre Seigneur, l'An mil deux cens quatre vingts neuf: Lequel Tiltre est vn Contract de vente, faicte par Messire Robert, prenant qualité*

de Comté dudict Clermont, & de Sire de Bourbon, & par
Madame Beatrix, qualifiée femme dudict sieur Robert,
Comte de Clermont (de quelques droicts sur Larbour, restez
à Archambauld, par partage faict, auec Combauld son
Frere) audict douziesme ayeul du demandeur ; Messire Gabriel Combauld, de Larbour, Escuyer, parent de ladite Dame Beatrix. Ce qui se voit & recognoist, reïteré en plusieurs
endroits dudit tiltre, quoy que pour son ancienneté il soit de
fort difficile lecture; Iceluy tiltre estant en parchemin, sain,
& entier, auec deux vieils Seaux, de mediocre grandeur,
de Cire verte, pendans sur lacqs de Soye, qui paroist auoir
esté Rouge, dans le premier desquels, estant en Ouale, est fi-
gurée vne grande Fleur de Lys, à l'ãtique, auec lettres à
l'entour, où au commencement l'on voit ce mot, Robert.
Et dans le second, en forme ronde, est vn Lyon rampant
(dans vn Escu) entouré de Coquilles. LES AV-
TRES PROCEZ VERBAVX, cy deuant al-
leguez, par lesquels sont iustifiez plusieurs des faicts. PLV-
SIEVRS CELEBRES ET CONSIDE-
RABLES HISTOIRES, manuscrites, & im-
primees, par lesquelles appert, qu'Archambauld, huictiesme
du nom, Sire de Bourbon, dit le grand (& par consequent,
Combauld de Bourbon, depuis dit de Larbour, quatorzies-
me ayeul du demandeur, qu'il a iustifié auoir esté Frere puisné dudict Archambauld huictiesme, dit le Grand, mary de
la Dame de Mellou,) ESTOIT fils de Guy, Sire de Bourbon, & de Dampierre, & de Dame Marguerite, Dame de
Bourbon, PETIT FILS d'Archambauld, septiesme
du nom, Prince de Bourbon, & d'Alix de Bourgongne (du
Sang de France) ARRIERE petit fils d'Archam-
bauld, sixiesme du nom, aussi qualifié en iceux liures, Prince
de Bourbon, & d'Agnes de Maurienne (à present de Sa-

Marginal notes:

Ledit Gabriel de Cõbauld (douzies-me ayeul du demã-deur) en 1289. reco-gneu pour parẽt par Madame Beatrix, Dame de Bourbon, & par Mõsieur Ro-bert, Comte de Cler-mont, [Fils du Roy S. Louys.] son mary, source ensemble de la Royale maison de Bourbon.

Armes anciẽnes de la premiere maison de Bourbon.

COMBAVLD DE BOVRBON, (14. ayeul du demã-deur) fils de GVY, petit fils de ARCHAMBAVLD VII. *Prince de Bourbon. Arriere petit fils de* ARCHAMBAVLD VI. *Prince de Bourbon.*

Extraict de l'eque-
ste faicte en la ville
de Paris, & aux
Clayes.
Des
tesmoins nommez
aues leurs qualitez
cy deuant, fol 21.
& 22. du present
Arrest.
Dont la pluspart
sont personnes tres-
qualifiees & tres-
considerables, &
pour la grandeur
de leur merite, &
pour l'authorité de
leur rang.

uoye) ET EN FIN descendu des autres Princes de
Bourbon, precedens, qualifieZ Souuerains en leurs terres, des
plus puissans Barons en France, & proches parens, & alliez des Roys, lors regnans, nos predecesseurs. VNE EN-
QVESTE faicte en vertu de l'Arrest de nostredite
Cour, par le susdit Conseiller en icelle, à ce commis, en la ville de Paris, & au bourg & village des Clayes, à la requeste dudit demandeur, en laquelle ont esté ouys les tesmoins
cy deuant nommeZ, auec leur aage & qualitez, ou par la
deposition de neuf d'iceux, ouys par ledit Rapporteur, aux
Clayes, ou à Paris, appert (entre autres choses) que le demandeur est fils de Charles de Combauld, Escuyer, sieur des
Clayes, & de Damoiselle Marie de Pajot, & petit fils de
Gilbert de Combauld, Seigneur dudit lieu des Clayes, nostre Secretaire, & grand Audiancier de France, Bailly du
Duché de Montpensier, & Capitaine, Gouuerneur de la
ville d'Aigueperse, & de Damoiselle Marie de Pomereu,
sa femme ; Et qu'ils ont veu ledit Gilbert de Combauld,
faire tousiours profession des Armes, aux occasions qui se
sont presentees de son temps, mesmes en l'Armee de nostre
tres=honoré Seigneur, & Pere, à la bataille d'Yury, armé
de pied en cap, estant au troisiesme rang, sous la Cornette
Blanche, proche la personne dudit Seigneur, combatant
tres valeureusement, sans en auoir voulu iamais prendre
aucune recompense. Comme aussi à Yuetot, à Arques, à
Dieppe, deuant Paris, & en toutes les autres ; Et qu'audit
lieu de Dieppe il eut l'honneur de receuoir dudit Seigneur
Roy, son Baston de Guerre, pour se faire obeyr en l'absence de
sa Maiesté, en quelque commandement, où il fust par elle
employé sur l'armee, Estant audit lieu de Dieppe, sadite
Maiesté pratiquant lors, ce qu'ils déposent qu'elle faisoit
d'ordinaire, d'appeller ledit Gilbert de Combauld, son

Gilbert de Cõbauld
(ayeul du deman-
deur] se trouue
à la bataille d'Iury,
au troisiesme rãg,
proche la persone du
Roy Henry le Grãd,
le mesme
A Yuetot,
A Arques,
A Dieppe,
Auquel dernier lieu
il reçoit du Roy son
baston de guerre,
pour se faire obeyr
en l'absence de sa
Maiesté, en vn com-
mandemêt auquel
elle l'employe sur sõ
armee.

PERE

PERE, à cause de sa grande probité, & vieilleße. Comme aussi, disent iceux tesmoins, qu'ils ont veu & cogneu és dernieres occasions, Charles de Combauld, Escuyer, sieur des Clayes (Pere du demandeur) aagé lors de quatorze ans, auec ledit Gilbert son pere, sous ladite Cornette blanche, & tousjours depuis, en toutes les occasions qui se sont presentees pour nostre seruice, & nommément en nostre armee conduite par nostre Cousin, le Mareschal de Bois-Dauphin, en l'an mil six cens quinze. Et par les dépositions des autres tesmoins, ouys en la mesme enqueste, estans lors à la suite de nostre Cour, qui sont du pays d'Auuergne, appert qu'ils ont veu & cogneu, mesmes familierement frequenté Iean de Combauld, dit Bouche-d'Or pour sa grande eloquence, Capitaine du Chasteau d'Aigueperse, qu'ils sçauent, que dés sa ieunesse il auoit tousiours faict profession des armes, & auoit eu plusieurs enfans, & entre autres, ledit Gilbert de Combauld, nostre Secretaire, grand Audiancier de France, & Bailly de Montpensier, Et Louys Gilbert, Intendant, & Controolleur general des Finances. Et que par Tradition ils ont appris de leurs parens, que ledit Iean de Combauld, dit Bouche d'Or, estoit fils du Capitaine Louys de Combauld, qui auoit esté, de son temps, Escuyer du Duc de Bourbon, en laquelle qualité il l'auoit accompagné sur les Murs de Rome, & l'auoit couuert mort de sa cazaque d'Armes, pour le cacher des yeux des soldats; Ce qui auroit esté cause de la victoire; Et qu'iceluy de Combauld auroit entouré la Banniere de ses Armes, de sadite Cazaque, pour marque de ce seruice, & pris la nouuelle deuise mentionnee ausdits faicts, & depuis luy tous ses descendans. Et en outre, qu'ils ont ouy dire pareillement, que ledit Capitaine Combauld estoit fils d'un autre Iean de Combauld, tous lesquels s'estoient alliez en maisons Nobles, auoient faict profession des armes, &

Q

s'estoient employez és charges honorables, pour le seruice des Roys, nos predecesseurs; proche les sieurs Comtes & Ducs de Montpensier; Et que pour preuue de leur dire, estoient encores dans le Duché de Montpensier, plusieurs marques & vestiges anciens, & illustres, de la Noblesse desdits Combaulds. AVTRE ENQVESTE faicte en la ville de Moulins, en execution dudit Arrest, en laquelle le Commissaire a ouy deux tesmoins, cy-deuant nömez, qui deposent, entre autres choses, auoir cogneu, & familieremēt conuersé auec ledit Iean de Combauld: Lequel, lors de ceste cognoissance, viuoit Noblement, estant Capitaine du Chasteau d'Aigueperse: Lequel estoit tenu et reputé lors vniuersellement, pour auoir esté fils du Capitaine Louys de Combauld, Escuyer de Charles, dernier Duc de Bourbon, Comte de Montpensier, Connestable de France, & petit fils de Iean de Combauld, Escuyer de Gilbert, Comte de Montpensier, dont ils disent auoir veu tiltres, et pieces iustificatiues, dans les papiers de la maison de Montpensier, et dans plusieurs Memoriaux, Chartres, & Epitaphes, qu'ils disent auoir veu en l'Eglise Sainct Blaise d'Escolle, à Aigueperse, & ailleurs. Et deposent, en outre, de leur cognoissance & science certaine, que ledit Iean de Combauld, Capitaine du Chasteau d'Aigueperse, auoit eu, entre autres enfans, ledit Gilbert de Combauld, grand Audiancier de France, Et Louys Gilbert de Combauld, Intendant, & Controolleur general des Finances, & qu'ils les ont veu porter les armes és armees dudit feu Seigneur Roy Henry le grand, nostre tres-honoré Pere, tant à Dieppe, Tours, qu'ailleurs. Et en outre, dans la deposition du premier d'iceux tesmoins, a esté transcrit par ledit Commissaire, & extraict de l'Histoire manuscrite de Bourbon, composée par Marillac, il y a plus de cent ans. (De laquelle, iceluy tesmoin a represēté

l'Original) vn demy fueillet, où il est faict grande mention
d'vn seruice signalé, rendu par le Capitaine Combauld, au
Roy François, premier du nom, en la iournee de Marignan;
Icelle collation & extraict, trouué conforme à la copie d'i-
celuy, imprimee dans vn liure, composé par ledit tesmoin, cy-
deuant transcrit. AVTRE ENQVESTE fai-
ste à Aigueperse, par le Lieutenant general en l'Eslection
de Gannat, à ce commis, en laquelle ont esté ouys les quatre
tesmoins, nommez au procez verbal mentionné. Les deux
premiers desquels, disent & deposent, se bien ressouuenir d'a-
uoir veu Perrinelle de Sollier, viuante noblement, & qualifiee Damoiselle, dans le pays, residante lors au Chasteau
d'Aigueperse, depuis la mort de son Mary, que l'on disoit
auoir esté Louys de Combauld, Escuyer de Charles de Bourbon: lequel il auoit suiuy sur les murs de Rome; Que l'on le
tenoit originaire d'Escolle, et estre yssu d'vne ancienne, et
Noble famille. Deposent, en outre, iceux tesmoins, qu'ils ont
veu et cogneu les enfans, yssus de ladite Damoiselle Perrinelle de Sollier, & dudit Capitaine Louys de Combauld,
Escuyer dudit Charles de Bourbon, Sçauoir, Hector, qui
estoit Gendarme en compagnie d'ordonnance. Gilbert, Aumosnier dudit feu Seigneur Roy, nostre tres-honoré Pere,
& Iean de Combauld, aisné d'iceux enfans, dit Bouche-
d'Or, Capitaine du Chasteau d'Aigueperse : lequel Iean,
auoit espousé Damoiselle Gabrielle Baile, fille du Bailly
d'Auuergne, qu'icelle Gabrielle (son mary estant aux guerres de Piedmont, employé pour le seruice des Roys nos predecesseurs, en charges considerables) estoit accouchee dudit
Gilbert de Combauld, leur fils aisné, qu'ils asseurent estre celuy mesmes, lequel du depuis, de leur cognoissance, a esté grãd
Audiancier de France, & Bailly de Montpensier, & qui
est l'ayeul du demandeur. Et le troisiesme d'iceux tesmoins

---

*Extraict de l'en-
queste faicte à Ai-
gueperse.*

*En laquelle,
Les tesmoins [cy-
deuant nommez, a-
uec leurs qualitez,
fol. 27. du present
Arrest) sõt si vieux,
qu'ils deposent, en-
tre autres choses, de
leur cognoissance,
de Perrinelle de Sol-
lier, (trisayeulle du
demandeur) femme
du Capitaine Louys
de Combauld, Es-
cuyer de Charles de
Bourbon.
Et parlẽt du serui-
ce que ledit Capi-
taine rendit audit
Prince, sur les Murs
de Rome, lors qu'il
y fut tué. Entre les-
quels tesmoins est
le sieur Cousin, Lieu-
tenant general du
Duché de Montpẽ-
sier, aagé de 61. an,
aussi personnage de
singuliere eruditiõ,
tesmoignee en l'Hi-
stoire de Bourbon,
qu'il compose, &
par consequent plus
considerable en sa
deposition.*

DECISION DV
PROCEZ.

dépose, outre partie de ce que dessus, que faisant ses recherches pour l'Histoire de la maison de Bourbon, qu'il compose, qu'il a trouué que Iean, premier du nom, quatriesme Duc de Bourbon, a eu vne fille bastarde, nommee Ieanne, legitimee par ledit Seigneur, sœur de Iean, Bastard de Bourbon, Euesque du Puy, & Abbé de Cluny, Laquelle a espousé vn Gentil-homme, du surnom de Combauld, deuancier du demandeur, & pour preuue de son dire, specifie, dans sa déposition, les tiltres & papiers veuz par luy, sur ce subiect. Et par la plus part des dires desdits tesmoins, des trois enquestes, appert de l'incendie arriué, de leur cognoissance des principaux meubles, tiltres, & papiers des Combaulds, en l'annee mil cinq cens septante quatre, par l'embrazemét dudit Chasteau d'Aigueperse, où Iean de Combauld, Capitaine lors d'iceluy (bisayeul du demandeur) auoit mis tout ce qu'il auoit de meilleur. Et par les dépositions, generalemét de tous iceux tesmoins, se voit que les armes articulees, & mentionnees aux faicts du demandeur, desquels les tesmoins ont pris lecture, sont les vrayes armes de ses predecesseurs, par eux portees, en toute la forme & maniere qu'elles y sont blasonnees, estans pareilles à celles qu'ils ont veu à Aigueperse, Estolle, aux Clayes, à Paris, & autres lieux, où les sieurs de Combauld ont habité. TOVS LESQVELS TILTRES, ET AVTRES INVENTORIEZ, Ensemble lesdits procez verbaux, enquestes, et autres pieces, ledit demandeur ayant produit et mis au Greffe de nostredite Cour, les premier, & vingt-deuxiesme Decembre, mil six cens vingt-sept. AVROIT ESTE' PASSE' APPOINTEMENT en nostredite Cour, entre ledit demandeur, & lesdits habitans du Village des Clayes, ledit iour vingt-troisiesme Decembre, par lequel auroit esté donné acte ausdits habitans, de leurs declaratiõs, qu'ils n'entendoient

tendoient estre parties contre ledit de Combauld , & iceluy
ioint à l'instance, pour en iugeant, y auoir tel esgard que de
raison, & sans despens. ET ESTANT L'INSTAN-
CE EN ESTAT de iuger, ledit demandeur au-
roit, ledit iour vingt-troisiesme Decembre, presenté RE-
QVESTE à nostredite Cour, à ce qu'encores qu'il eust
obtenu lettres, pour estre releué de la pretenduë dérogation à
Noblesse, alleguee contre Iean de Combauld, son bisayeul,
ayant neantmoins suffisamment iustifié, ledit Iean n'auoir
faict aucun acte dérogeant, au moins qui eust peu interrō-
pre la suite continuë de la Noblesse, transmise par luy , de
ses predecesseurs, à ses descendans, ains au contraire, auoir fidellement seruy les Roys nos predecesseurs, dans la profession
des armes, toute sa ieunesse, en qualité de Gendarme, dans
vne compagnie d'Ordonnance; Et depuis en celle de Capitaine d'vne compagnie de gens de pied, estant nommément
employé en ceste derniere qualité, lors de la naissance de
Gilbert, son fils aisné, ayeul dudit demandeur ; IL
PLEVST à nostredite Cour, sans s'arrester, ny auoir
esgard ausdites lettres de relief, le declarer purement Noble,
yssu de noble race, de tous costez. Et ce faisant, ordonner,
que luy, ses enfans, posterité, & famille, ioüiroient pleinement & paisiblement de la qualité de Noble, portans
Armes en Banniere, Timbrees, & Lambrequinees, en la
mesme forme et maniere que ses predecesseurs Cheualiers,
Cadets de l'Illustre maison des Archambaulds, Sires de
Bourbon, en auoient de tout temps bien et deuèment ioüy,
& vsé, ensemble de tous les autres droicts, dignitez, libertez, immunitez, exemptions, franchises, rangs, grades, &
honneurs, dont iouïssent, & ont accoustumé de iouyr les autres Nobles de cestuy nostre Royaume, tant, & si longuement, qu'il ne feroit acte dérogeant à Noblesse, & nous

R

seruiroit: Sur laquelle Requeste luy auroit esté donné acte, & ordonné qu'elle seroit mise au sac. ET AYANT LE TOVT esté communiqué à nostredit Procureur general, il auroit baillé ses conclusions par escrit; Par lesquelles il auroit requis pour nous, que sans s'arrester ausdites lettres, ledit demandeur fust declaré Noble de race & extraction, mesmes de haute & illustre Noblesse, & Cheualerie, permis à luy porter Armes timbrees en Banniere, telles que ses predecesseurs, Cheualiers Bannerets ; Qu'il iouyroit des droicts, immunitez, et priuileges appartenans aux Nobles de ce Royaume, tant, & si longuement qu'il viuroit noblement, nous seruiroit et ne feroit acte dérogeant. ET ICELLES CONCLVSIONS, productions, enquestes, tiltres, & pieces, ayant esté mises par deuers nostredite Cour; LEDIT demandeur l'auroit supplié, vouloir proceder au iugement deladite instance, & luy faire droict diffinitiuement sur les fins & conclusions susdites. SVRQVOY, le iour et dattes des presentes; VEV PAR NOSTREDITE COVR DES AYDES, L'instance pendante en icelle, ENTRE CHARLES DE COMBAVLD, Escuyer, Seigneur de Fercourt, la Boissiere, et autres lieux, demandeur à l'entherinement de nos lettres Patentes, du vingt-deuxiesme d'Octobre, mil six cens vingt six, & en Requeste par luy presentee à nostredite Cour, le vingt-troisiesme Decembre, mil six cens vingt-sept , d'vne part. ET NOSTREDIT PROCVREVR GENERAL, en nostredite Cour, deffendeur, d'autre. LESDITES LETTRES , en forme de relief de Noblesse, signees de nostre main. Et plus bas, Le Beauclerc. Et seelles de nostre grand seau, octroyees à Sainct Germain en Laye, à Charles de Combauld, demandeur, adressantes à

noſtredite Cour; Par leſquelles, Nous mandons , que s'il luy
apparoiſſoit du contenu en icelles, ledit demandeur eſtre yſſu
de Noble race, & ſes Pere, & ayeul auoir touſiours veſcu noblement, & eſtre yſſus & deſcendus de predeceſſeurs
Cheualiers Bannerets, En ce cas, elle le fiſt iouyr, ſa poſterité,
& famille, pleinement, & paiſiblement , de la qualité de
Noble, portans armes timbrees, auec Cimier, & tenans enſemble, iouyr de tous les droicts, dignitez, & exemptions
attribuees aux autres Nobles de ce Royaume, le tout en forme & maniere que ſes predeceſſeurs, ſans en celuy faire, ny
ſouffrir eſtre faict, ny à ſes hoirs, ny ſucceſſeurs, aucuns em-
peſchemens au contraire; Nonobſtant, & ſans auoir eſgard
à la dérogeance pretenduë faicte par ledit Iean de Combauld, (biſayeul dudit demandeur) dont, pour les conſidera-
tions y contenuës , nous l'aurions deſchargé par leſdites lettres. ARREST de noſtredite Cour, du vingt-ſixieſme
Octobre, mil ſix cens vingt ſix, Par lequel, auparauant
que proceder à l'entherinement deſdites lettres, auroit eſté
ordonné, que ledit demandeur articuleroit plus amplement
ſes faicts de Genealogie, & Nobleſſe, auec noſtredit Procureur general, en noſtredite Cour, & habitans des lieux, de
ſon domicile, aux champs, informeroit deſdits faicts pardeuant noſtre Amé & Feal Conſeiller en noſtredite Cour,
Maiſtre Louys de Machault, l'aiſné , tant auec noſtredit
Procureur general, qu'auec les manans & habitans deſdits
lieux, de ſon domicile, aux Champs, & ce tant par tiltres,
que teſmoins: et à cet effect luy auroit eſté permis de compulſer pardeuant noſtredit Conſeiller, Commiſſaire, tous tiltres, contracts, lettres, enſeignemens, Epitaphes & memoriaux, concernans ſa Genealogie & Nobleſſe, pour le tout
fait, communiqué à noſtredit Procureur general; Veu, et
rapporté, eſtre, par noſtredite Cour fait droict ainſi que de

raison. SIGNIFICATION dudit Arrest, fai-
cte à nostredit Procureur general, le vingt-neufiesme Octobre, mil six cens vingt-six. AVTRE SIGNIFI-
CATION d'iceluy aux habitans des Clayes, par Exploict du vingt-neufiesme Nouembre, au it an. ACTE
d'assemblee desdits habitans par eux faicte, le dernier dudit
moys de Nouembre, à yssuë de Vespres, & declaration pardeuant Guyon, Commis du Tabellion de Ville-Preux, par
laquelle ils auroient declaré, qu'ils ne vouloient, & n'entendoient estre parties dudit demandeur, pour disputer sadite Noblesse, attendu qu'ils ont veu, & cogneu, luy, ses pere, & ayeul, viuans Noblement, tenus & reputez pour
Gentils-hommes, & estimez par les autres Nobles du pays.
LES FAICTS de Genealogie, Noblesse, & Cheua-
lerie de ses predecesseurs, tant du costé paternel, que maternel, que de tous costez, articulez par ledit demandeur, &
accordez auec nostredit Procureur general, pour faire enqueste d'iceux. L'ENQVESTE faite par nostredit
Conseiller, Commissaire, à Paris, & aux Clayes, les vingt-
neufiesme Octobre, & vingtiesme Decembre, audit an, mil
six cens vingt six, huictiesme, treiziesme Feurier, & douziesme Mars, mil six cens vingt-sept, & close le vingt-
vniesme May ensuiuant. EXPLOICTS d'assigna-
tions donnees aux tesmoins, pour déposer en ladite enqueste.
LE PROCEZ verbal d'icelle, du vingt-huictiesme
Octobre, mil six cens vingt six, & autres iours suiuans, cõ-
tenant aussi Collations auoir esté faites de plusieurs tiltres
compulsez, iustificatifs desdits faits; ET la declaration
desdits habitans des Clayes, reïteree en iceluy, comparans
par Robert Massot, leur Procureur Sindic, deuant nostredit
Conseiller, Commissaire, confirmatiue de la precedente declaration. AVTRE Arrest de nostredite Cour, du sixiesme

me Feurier, mil six cens vingt-six, par lequel, le premier de
nos Esleuz de Moulins, & Gannat, ou plus proche Eslection des lieux, chacun en leur ressort, est commis pour l'execution de l'Arrest d'icelle, du vingt-sixiesme Octobre, mil
six cens vingt sept. ENQVESTE faite par Maistre
Louys Guillouet, Esleu en l'Eslection de Moulins, du dix-
neuf Feburier, mil six cens vingt-sept, & close le vingt-
deuxiesme desdits moys & an. EXPLOICTS d'assignations donnees aux tesmoins qui ont esté ouys en icelle.
LE PROCEZ verbal de ladite enqueste, du dix-
septiesme dudit mois de Feburier. AVTRE enqueste faite à Aigueperse, par Maistre Guillaume Rouher, Lieutenant en l'Eslection de Gannat, du vingt-huictiesme Septembre, audit an. EXPLOICTS d'assignations donnees aux tesmoins ouys en ladite enqueste, & à autres personnes, pour representer tiltres concernans ladite Genealogie, & Noblesse. PROCEZ verbaux faits à Aigueperse, & Escolle, tant de ladite enqueste, que de compulsoire,
& collations de tiltres, Armes, Epitaphes, Tóbes, Chartres d'Eglise, & autres marques, & enseignemens concernans ladite Genealogie, & Noblesse, par ledit Rouher,
les vingt cinq, & vingt septiesme Septembre, et autres
iours ensuiuans. AVTRE Arrest de nostredite Cour,
du dix-septiesme Decembre, audit an, mil six cens vingt-
sept, portant reception desdites enquestes, sauf à debattre les
procez verbaux d'icelles, & les parties appointees à produire, bailler Contredits, & Saluations, dans le temps de
l'Ordonnance. APPOINTEMENT passé par les
Procureurs des parties, le vingt-troisiesme dudit moys de
Decembre, Entre ledit demandeur, d'vne part ; Et lesdits
habitans des Clayes. Par lequel, apres qu'iceux habitans ont
declaré, qu'ils n'entendoient estre parties à l'encontre dudit

demandeur. Noſtredite Cour leur auroit donné acte, &
ioint à l'inſtāce de lettres, pour icelles iugeant, y auoir tel eſgard que de raiſon. PRODVCTION dudit de-
mandeur. REQVESTE par luy preſentee ledict iour,
à ce que d'autant qu'il auoit amplement iuſtifié, tant par tiltres, que teſmoins, que Iean de Combauld, ſon Biſayeul, auquel on imputoit quelque deſrogeance, ſubiect deſdites lettres, & du proceʒ, n'en a iamais faict aucune qui ayt peu
preiudicier à la ſuite continuë de la Nobleſſe à luy tranſmiſe
par ſes Anceſtres; Il pleuſt à noſtredite Cour, ſans auoir eſgard, ny s'arreſter auſdites lettres de relief, le declarer Noble
de race, & extraction, de tous coſtez, & ce faiſant, ordonner que luy, ſes enfans, poſterité, & famille, ioüiroient pleinement & paiſiblement de ladite qualité de Noble, portans
armes en Banniere, Timbrees, et Lambrequinees, en la
meſme forme & maniere que ſes predeceſſeurs, Cheualiers,
Cadets, de l'Illuſtre maiſon des Archambaulds, Sires de
Bourbon, en auoient de tout temps bien & deuëment ioüy,
& vſé, enſemble de tous les autres droicts, exemptions, &
priuileges attribueʒ aux Nobles de ce Royaume, de laquelle
requeſte luy auroit eſté donné acte, & miſe au ſac, de l'ordō-
nance de noſtredite Cour. CONCLVSIONS de
noſtre Procureur general ; Auquel le tout auroit eſté communiqué. Et tout conſideré, CE qui faiſoit à voir, &

conſiderer en ceſte partie. ICELLE noſtredite
Cour, par ſon Iugement, & Arreſt diffinitif, ſans
auoir eſgard à noſdites lettres, A declaré, & declare
(ledit demandeur) Noble, extraict de Noble race, &
ancienne lignee de Nobleſſe. A ordonné, & ordonne,
que luy, ſes enfans, & poſterité, nee, & à naiſtre, en loyal
mariage, ioüiront des priuileges, franchiſes, & immuni-
teʒ attribueees aux autres Nobles de ceſtuy noſtre Royau-

me, *&* ce, tant qu'il viura Noblement, *&* ne fera acte
desrogeant à Noblesse. En tesmoin de ce nous auons faict
mettre nostre Seel à ces presentes. DONNE' à Paris, en nostredite Cour des Aydes; ET prononcé le vingt-troisiesme iour de Feburier, l'An de grace, mil six cens vingt-huict.
Et de nostre regne, le dix-huictiesme. Collationné. Signé DELAISTRE. Et seellé du grand Seau de Cire
jaune. Et contre-seellé.

9 782013 069649